北京市社会科学理论著作
出版基金资助

博雅史学论丛／中国史

清初满蒙关系演变研究

哈斯巴根 —— 著

北京大学出版社
PEKING UNIVERSITY PRESS

图书在版编目(CIP)数据

清初满蒙关系演变研究 / 哈斯巴根著 . —北京：北京大学出版社, 2016.9
（博雅史学论丛·中国史系列）
ISBN 978-7-301-27618-1

Ⅰ. ①清… Ⅱ. ①哈… Ⅲ. ①满族－民族关系－蒙古族－研究－中国－清前期　Ⅳ. ① K282.1 ② K281.2

中国版本图书馆 CIP 数据核字 (2016) 第 237019 号

书　　　名	清初满蒙关系演变研究 QINGCHU MANMENG GUANXI YANBIAN YANJIU
著作责任者	哈斯巴根　著
责任编辑	张　晗
标准书号	ISBN 978-7-301-27618-1
出版发行	北京大学出版社
地　　　址	北京市海淀区成府路 205 号　100871
网　　　址	http://www.pup.cn　　新浪微博：@北京大学出版社
电子信箱	pkuwsz@163.com
电　　　话	邮购部 62752015　发行部 62750672　编辑部 62767315
印　刷　者	北京大学印刷厂
经　销　者	新华书店 650 毫米×980 毫米　16 开本　15.5 印张　240 千字 2016 年 9 月第 1 版　2016 年 9 月第 1 次印刷
定　　　价	40.00 元

未经许可，不得以任何方式复制或抄袭本书之部分或全部内容。
版权所有，侵权必究
举报电话：010-62752024　电子信箱：fd@pup.pku.edu.cn
图书如有印装质量问题，请与出版部联系，电话：010-62756370

目　录

导　言 / 1

第一章　早期满蒙关系中的名号与官号 / 1
  第一节　汗 / 2
  第二节　扎尔固齐 / 21
  第三节　巴克什 / 31
  第四节　达尔汉和巴图鲁 / 47
  第五节　小　结 / 59

第二章　满蒙交往中的制度：盟誓、质子和九白之贡 / 60
  第一节　盟誓与满蒙关系 / 60
  第二节　清初政治中的质子习惯 / 98
  第三节　九白之贡：喀尔喀和清朝朝贡关系建立过程再探 / 108
  第四节　小　结 / 131

第三章　后金(清)对漠南蒙古的管辖 / 132
  第一节　太宗朝对漠南蒙古的约束和管辖措施 / 132
  第二节　清初的封爵与蒙古贵族的分流 / 167
  第三节　小　结 / 192

总结与余论 / 198

参考文献 / 209

索引(人名、地名、部落名) / 225

导　言

一、问题的提出与研究思路

东北亚地区及其族群在历史上的角色和地位,耐人寻味。早期,南部的秦汉王朝与北部的匈奴对立,就当时整个东亚来说,东北亚充其量只是一个配角,对历史走向的影响微乎其微。不过随着东北亚地区渐次形成国家政权形态,开始显露出强烈的对外扩张的态势。从鲜卑到契丹,东北亚种族势力不断推进,有时还占据了华北地区。10世纪晚期至12世纪初期,形成了宋、西夏、辽朝的三足鼎立。嗣后,从金朝开始,女真人入主中原,与南宋并立,东北亚人群开始逐渐扮演中国历史的主角。元亡后,明朝与北元对立,双方皆明显呈现衰败的迹象,而处于较为边缘地带的东北亚女真各部之一的建州女真即满洲却渐露锋芒,创立后金国,后改国号为大清,不久入主中原。概括而言,在亚洲北部、东北部的历史中,除了亚洲南北部两个强大的族群之外,兴安岭以南的东北亚历史世界总是呈现出另一种可能性,这种可能性在一定时期改变了整个东亚历史格局。

满洲人,崛起于东北亚,并建立了清朝这个前近代帝国,是这种可能性的有力实践者。16—17世纪之交,满洲从东北亚一个弱小部落逐渐发展强大,1644年入关占据整个原明朝的版图。其后,又通过康熙、雍正和乾隆前期的发展,至18世纪中叶,将其领土拓展到内亚广大区域。满洲何以能建立包括中原汉地和内亚广大地区在内的强大帝国?如何理解清朝统治的特色？抑或说清代政治成功的奥秘？考察满洲建立广域帝国的原因，必须重视其在王朝初期历史发展进程中所呈现出来的政治文化特征。其中，包括蒙古在内的内亚政治文化背景对新王朝的发展起着不可忽视的作用。

从当时的地理位置来看，后金政权处于明朝、北元和朝鲜之间，彼此具有很深的历史渊源。通过梳理元亡明兴以后女真各部历史，知晓其纷繁复杂、颠沛流离的迁徙和流变过程，以及当时女真人与以上各朝、各族及其文化的交融和相互影响，我们首先认识到的是，清朝是中国历史上少数族群建立的持续时间最长的政权，其疆域辽阔，文化多元。但是，一般的看法是，清朝继承明制。毋庸置疑，在清朝的中央官制、汉地的地方官制中，明朝的痕迹随处可见。这种早已形成定式的研究状况因日本学者的学术贡献而发生一些变化。日本学者对明代女真史、①朝鲜和女真关系②的探究，独树一帜。这些研究，一方面证明元亡以后女真与明朝存在较为频繁的交往关系，另一方面，也验证了当时女真各部接受李朝朝鲜影响的状况。比如，明将元亡以后的女真族分为建州、海西、野人等三大部分，这三大部中的部分人众在明朝的大部分时间里受明朝的羁縻统治，政治上的羁縻（卫所的设置和贡敕制的推行）伴随的是经济上的控制和文化上的渗透。在此期间，女真各部与朝鲜朝廷的关系往来也是较为频繁的，建州各部甚至有一段时间受朝鲜方面的官职委任。这个问题前人有深入探讨，不再赘述。然而，最近二十多年来，美国的"新清史"研究异军突起，强调从满洲民族认同的视角讨论清朝国家特质问题，③强调"满族"在清朝的主体地位。那么，不可回避的是，在满洲的历史发展进程初期，与女真各部密切相邻的蒙古对满洲的影响或者说二者之间的关系就自然而然地摆到了研究者面前。换言之，蒙古在清朝的地

---

① 参阅〔日〕稻叶君山：《光海君时代满鲜关系》，国书刊行会，1976 年（1933 年初版）。园田一龟：《明代建州女直史研究》，国立书院版，1948 年；《明代建州女直史研究（续篇）》，东洋文库，1953 年。和田清：《东亚史研究·满洲篇》，东洋文库，1955 年。江岛寿雄：《明代清初女直研究》，中国书店，1999 年。

② 主要研究有〔日〕河内良弘：《明代女真史研究》，同朋舍出版社，1992 年。

③ 有关中文发表的论著主要有，定宜庄：《对美国学者近年来研究中国社会史的回顾》，载《中国史研究动态》2000 年第 9 期。刘凤云、刘文鹏编：《清朝的国家认同——"新清史"研究与争鸣》，中国人民大学出版社，2010 年。汪荣祖主编：《清帝国性质的再商榷——回应新清史》，"中央大学"出版中心，2014 年。

位是怎样的？围绕这一问题，迄今为止还缺少深入探究的成果。

讨论蒙古的影响问题，更确切地说，内亚传统是如何通过蒙古施加于满洲的影响问题，当然涉及政治、经济、文化等各个方面，考虑到先行成果和所需时间，本书主要从政治制度和与其相关的政治文化的角度，来阐释满洲崛起过程中蒙古的影响和蒙古背景问题。

满洲霸权的建立得益于诸多因素，其中对蒙元遗产的继承是一个关键因素。蒙元遗产可以分为两种：一是有形遗产，包括人口、土地等；二是无形遗产，包括传国玉玺、护法神麻哈噶喇佛像和政治制度中的名号、官号等政治性符号及意识观念。清初的这种经历和经验，为清入主中原和长时期的统治奠定了政治基础。当然，我们观察和评价关外满洲的蒙古化和继承蒙元遗产的历史进程时，不能仅仅把它看作是制度的复制过程。满洲在继承的基础上又发展、创造了新的制度。

在概念上，文中采用"蒙元遗产"时，不仅涵盖大蒙古国和元朝时期(1206—1368)，还包括北元时期(1368—1634)。本书拟从后金(清朝)继承蒙元遗产(分为有形和无形)的角度出发，以政治制度史为研究中心，将纷繁复杂的清初满蒙关系的演变分为三个阶段，即学习阶段、同盟阶段和管辖阶段。

第一阶段从努尔哈赤早期政权的建立到后金国和内喀尔喀订立攻守同盟关系的1619年，这一阶段是满洲学习、模仿蒙古的时期。这一时期，汗、扎尔固齐、巴克什、达尔汗、巴图鲁等官号、名号，为满洲所继承，虽有流变，却极大地影响到努尔哈赤早期政权的构造。这是蒙元政治文化背景下满洲初期国家形态显著的特征。

第二阶段从1619年开始至天聪朝之始。1619年，是满蒙关系的转折点，后金从此不仅与明朝对抗，也开始和蒙古林丹汗争夺内亚世界的霸权。满洲统治者采用的是满蒙地区的惯用作法——盟誓、质子等制度运作方式，拉拢、分化蒙古各部。例如清廷通过九白之贡制度建立了与喀尔喀的朝贡关系，就是上述方式在蒙古地区成功的实例。另外，本书对之前学界普遍认同的一些观点提出质疑，并推出自己的观点。

第三阶段是后金(清)有效管辖漠南蒙古的阶段。进入天聪朝以后，科尔沁、喀喇沁、敖汉、奈曼、阿鲁等蒙古各部纷纷归附后金，后金与蒙古的关系发生了新的变化,迫切需要建立一种更为适合新形势的新制度。书中通过梳理早期后金对蒙政策、制度的演变历程,对册封蒙古王公、会盟制度、蒙古衙门和初期理藩院的机构及职权行为等焦点问题进行探讨。

二、学术史的回顾

在中国大陆地区,目前虽然还没有与本书所涉及的研究课题直接相关的专著问世,但几代学者在研究相关论题时也注意到了满蒙关系中的一些制度问题。其中,张晋藩、郭成康的《清入关前国家法律制度史》(辽宁人民出版社,1988年)是国内最早研究有关清初政治制度的专著。书中有些章节准确地叙述了巴克什、扎尔固齐制的演变。赵云田的《清代蒙古政教制度》(中华书局,1989年)一书中的有些章节也涉及理藩院、盟旗制等清初有关蒙古的制度。刘小萌的《满族从部落到国家的发展》(辽宁民族出版社,2001年,初版为1995年)则用一节的篇幅探讨了蒙古文化对满洲的影响,内容涉及经济、语言、宗教、政治制度、地理、社会组织等领域。

达力扎布的早期著作《明代漠南蒙古历史研究》(内蒙古文化出版社,1998年)的最后一章概述了漠南蒙古归附后金(清)的过程、理藩院的设置和盟旗制的建立。随着一部分清初蒙古文档案的公布,他的另一部著作《明清蒙古史论稿》(民族出版社,2003年)也涉及了蒙古部落与后金的关系问题。乌云毕力格的《喀喇沁万户研究》(内蒙古人民出版社,2005年)探讨明末清初喀喇沁部的历史变迁时,提及喀喇沁部与后金的同盟关系。他的论文集《十七世纪蒙古史论考》(内蒙古人民出版社,2009年)所辑14篇论文中,大部分内容涉及明末清初满蒙关系,澄清了诸多模糊的史实。另外,赵志强的《清代中央决策机制研究》(科学出版社,2007年)的相关章节讨论了有关"汗"的问题,提出自己的一些新观点。杜家骥的《八旗与清朝政治论稿》(人民出版社,2008年),从满洲领主分封制入手,探究以八旗为特色的清朝政治演变轨迹。虽与蒙古关系的内容不多,但对本课题很有启发。

另外,还有一些论著也涉及了清代制度的特殊性问题。其中,白新良在《清史考辨》(人民出版社,2007年)一书中谈到满洲早期旗制、左右翼等问题。姚念慈的《清初政治史探微》(辽宁民族出版社,2008年)是具有独特研究视角的论著,内容涉及五大臣、扎尔固齐等。白初一的博士学位论文《清太祖时期满蒙关系若干问题研究》(内蒙古大学博士学位论文,2005年)较为系统地梳理了明末清初满蒙关系,内容涉及盟誓惯例。李勤璞的博士学位论文《蒙古之道:西藏佛教和太宗时代的清朝国家》(内蒙古大学博士学位论文,2007年)一文,明显借鉴了美国"新清史"和日本学界的成果,探讨了蒙古人信仰的藏传佛教在清朝国家意识形态上的表现。王宝平的硕士学位论文《明初至后金兴起前蒙古与女真关系研究》(内蒙古大学硕士学位论文,2008年),在利用前人研究(日本学者和田清等)的基础上,梳理了整个明代蒙古与女真的关系。

此外,台湾学者的著作也涉及相关问题。陈捷先的《满洲丛考》(《台湾大学文史丛刊》)谈到了清初官制问题。林士铉的著作《清代蒙古与满洲政治文化》(政治大学历史系,台北,2009年)是在其博士论文基础上修订而成的,主要谈论清中后期的问题,但与早期满蒙关系也有关联。

在研究论文方面,台湾学者黄彰健的《论清太祖于称汗后称帝,清太宗即位时亦称帝》(《明清史研究丛稿》,台湾商务印书馆,1977年)是涉猎相关课题的第一篇中文文章。与本课题直接相关的第一个专题论文是蔡美彪先生的《大清国建号前的国号、族名与纪年》(《历史研究》1987年第3期)。文章提出:"努尔哈赤在立汗号的同时所建立的国家统治机构,在许多方面也采取了蒙古的制度。""在大清国的统治机构中,蒙古贵族在许多方面依然起着重要作用。但就国家总体制度来说,却由依仿蒙古汗国制转变到依仿汉族王朝的体制。皇太极的建号乃是这一转变的重要标志。"此外,阎崇年的论文《满洲初期文化满蒙二元性解析》(《故宫博物院院刊》1998年第1期),从历史、地理、语系、习俗、政治等因素入手讨论了清初满洲文化的满蒙二元性。

还有一些作者和他们的个别论文中也谈到了与本课题有关的话题。如白翠琴的《明代前期蒙古与女真关系述略》(《中国蒙古史学会论文选集》,内蒙古人民出版社,1983年)、滕绍箴的《试论明代女真与蒙古的关系》(《民族研究》1983年第4期)、《浅论明代女真与蒙古关系演变中的经济问题》(《辽宁师范大学学报》1986年第2期)、李红的《清代笔帖式》(《历史档案》1994年第2期)、白初一的《试论明朝初期明廷与北元和女真地区的政治关系》(《内蒙古社会科学》2006年第5期)、沈一民的《清初的笔帖式》(《历史档案》2006年,第1期)、季永海的《清代赐号考释》(《满语研究》1993年第2期)、奇文瑛的《满蒙文化渊源关系浅析》(《清史研究》1992年第4期)、邹兰欣的《简述满语赐号"巴图鲁"》(《满族研究》1999年第4期)、齐木德道尔吉的《"蒙古衙门"与其首任承政阿什达尔汉》(《内蒙古大学学报》2007年第4期)、祁美琴的《组织、官号与明末清初的满族社会》(《纪念王钟翰先生百年诞辰学术文集》,中央民族大学出版社,2013年)、达力扎布的《清代外藩蒙古会盟制度浅探》(《纪念王钟翰先生百年诞辰学术文集》)、钟焓的《从〈满文老档〉的相关记事看满洲文化中蒙古—突厥因素》(《纪念王钟翰先生百年诞辰学术文集》),等等。

国外研究领域内,日本学者的研究较为丰厚。首先涉及此领域的是稻叶君山,其著作《清朝全史》(但焘译订,上海社会科学院出版社,2006年;1914年日文初版)中考察了清初满蒙关系问题,不乏真知灼见。其后,著名满蒙史家和田清的《东洋史研究·满洲篇》(东洋文库刊,1955年)和《东洋史研究·蒙古篇》(汉译本《明代蒙古史论集》上下,商务印书馆,1984年;1959年日文初版)两部巨著中,缜密地考证和梳理了明初对女真地区的经略、建州女真的迁徙、蒙古兀良哈三卫、内喀尔喀等各部有关内容,最早系统地论述了明代蒙古与女真的关系,对本课题的深入研究颇为有益。田山茂《清代蒙古社会制度》(潘世宪汉译本,商务印书馆,1987年)在符拉基米尔佐夫(《蒙古社会制度史》,汉译本,中国社会科学出版社,1980年)和安部健夫(《清代史研究》,创文社,1971年)的研究基础上探讨了清初蒙古"和硕"制的演变过程等问题。

与本课题直接相关的国外研究当中,值得注意的是三田村泰助的研究(《清朝前史之研究》,1965年)。他第一次提出以下观点:"在统治机构组织方面,蒙古和女真是极其相似的。"文中虽然没有展开讨论相关问题,但其敏锐的发现,令人赞叹。冈田英弘的文章《清初满族文化中的蒙古要素》(《松村润先生古稀记念清代史论丛》,汲古书院,1994年),显现出作者独具慧眼的研究视角。论文从太宗日常训话中的两段故事出发,指出清初蒙古文化影响满洲文化的情形。他的另一篇探讨宏观历史问题的论文《蒙古帝国及其继承国家》(《地域文化研究》2,1997年),放眼观察蒙古帝国及其后起的奥斯曼帝国、沙俄帝国、印度莫卧儿帝国、明朝等国家政权的数百年的历史传承问题,并指出,从东面的朝鲜半岛、中国一直到西面的地中海为止,几乎全部的国家都由成吉思汗的蒙古帝国产生出来的,可以说是成吉思汗创造了世界。这种世界史的宏观视野和见地,对仅仅纠缠于地域历史的学者来讲,其震撼力不言而喻。新近的研究有真下裕之的《关于莫卧儿帝国的巴克什——在大巴克什职的运用中人的要素》(《东洋史研究》第71卷第3号,2012年),通过考察就任者的经历和亲属关系,解析在莫卧儿帝国军事部门任职的巴克什和在中央政府任职的大巴克什职责的实际运行情况,为我们提供了蒙元帝国遗产在其他后成吉思汗帝国中的传承和发展的事例。

此外,在老一辈日本学者当中,神田信夫的《清朝史论考》(山川出版社,2005年)和细谷良夫的《清初八旗制度的"gūsa"和"旗"》(《满学研究》第二辑,民族出版社,1994年)等文章,虽未直接涉及满蒙关系,但也值得参考。

在日本学者的研究中,还应注意的是石桥秀雄(《清初的伊尔根》,《日本女子大学纪要》14,1964年;《清初的汗——从太祖到太宗》,《世界史研究》155,1993年)和石桥崇雄(《大清帝国》,讲谈社,2000年)父子对满蒙制度关系的研究。楠木贤道的几篇文章《天聪年间爱新国对蒙古诸部的法律支配进程》(《蒙古史研究》第七辑,内蒙古大学出版社,2003年)、《清太宗皇太极的册封蒙古王公》(《满学研究》第七辑,民族出版社,2002年)和《编入清朝八旗的扎鲁特部蒙古族》(达力扎布主编《中国边疆民族研究》第二辑,中央民族大学出版社,2009年),等等,也涉及清初对蒙古管理和蒙古台吉们的分流等问题,视角新颖。

在国外满学研究中,美国学者的成果也较为丰富。有些博士学位论文是有关本课题的,如保罗·赫伯特·巴罗·高登林的《满蒙关系:一项关于政治结合的研究》(*Mongol Manchu Relations: A Study of Political Integration*,明尼苏达大学博士论文,1967年),有参考价值。文章考察了1636年以后满蒙政治结合的背景、合法性、效果、现实要求等。还有一些"新清史"研究中出现的成果,也是本课题参考和吸纳的对象,具体情况已在文中注明。

总之,有关清初满蒙关系中包括制度的政治文化问题研究,在国内外学人的共同努力下,从发现问题到逐渐深入,取得了一些成绩,为我们今后的深入研究提供了良好的基础。

不过,如从本书的问题意识来考察,前人研究中还存在一些不足之处,为进一步研究留下了空间。以往满蒙关系的研究主要集中在联姻、八旗、文字等个别事件上或个别蒙古部与满洲后金(清)之间的关系上,很少有人注意到清与蒙元之间全面的历史传承和发展关系,也不会从后金(清)继承和发展蒙元遗产、资源的角度去探讨双方的关系问题。基于此,本书从这一视角出发,试图恰如其分地解释和评价清初三朝(包括太祖、太宗和世祖时期)满蒙关系中的诸多制度性问题,并分辨出其中存在的女真因素;探究满洲在崛起中,学习蒙古、结盟蒙古,借助蒙古力量最终入主中原,统治全中国的历史现象;澄清当时满蒙关系中的诸多事实,进而探讨蒙古在清代的地位问题,并解释清朝国家政权的特征等,以努力深化相关研究。在具体的制度史方面,对汗、扎尔固齐、巴克什等后金借用的蒙古制度的来龙去脉进行清楚梳理,从另一个侧面把握早期满洲的历史经历。

本课题难度在于,入关前后,清统治者因统治的现实需要,极力在政权中"去内亚因素"或模糊化"蒙古因素",为后世学界理解其入关前的政治文化带来困难。加之,前人研究不足,学者们的思想意识受到所谓"正统王朝论"和近代以来的民族主义的束缚。换言之,迄今为止,束缚和困扰当下民族史研究发展的最大障碍并不是语言工具或研究方法,而是传统的历史观念。不仅元、清两朝的统治者为成为中原正统王朝而殚精竭虑,就是目前学界的研究视角也仍然多关注元、清入主中原以后的历史,而很少探究其入主中原以前的历史文化渊源。由此导致清入关以后在政治文化上的特色很难解释清楚,或一语断言其统治的稳定性取决于他们接受中原文化的程度,云云。

这种情况给美国"新清史"的崛起提供了机遇。本书无意展开对"新清史"得失的讨论,只是应该肯定的一点是,新清史思潮从"满洲"的立场、视角来努力评价清朝国家政权特征,在某些方面弥补了以往我们研究的不足。也就是说,清朝能够入主中原建立一个庞大的复合式政体的国家政权,与其入关前的政治文化经历有相当关系。早期与明朝、北元的关系是清朝后来能建立庞大国家的关键因素之一。因而探究清朝的内亚因素(主要是蒙古因素),对进一步理解满洲人何以能够成功建立起拥有广阔版图的国家政权,无疑是有益的。

第一章 早期满蒙关系中的名号与官号

名号一词,蒙古语为 čula,满语为 gebu。在内亚历史上,取名号、官号的习惯由来已久。通常是某些人因某种功绩而获得新的一个名号、官号,从此他就有了新的身份标志。其最大的特色是惟一性。① 罗新分析匈奴、鲜卑等北族的名号结构时,指出政治名号由官号和官称构成。但这种分类法并不完全适用于蒙元、清朝时期的情形,因为满蒙地区的名号有时只是一个美称,不一定是一个官号或官称。

追溯早期满蒙关系的源流,可以上溯到海西女真各部与蒙古的关系。叶赫首领的"始祖蒙古人,姓土默特",由北南迁时改称纳喇氏。乌拉部首领满泰、布占泰的族属也来自蒙古,是"蒙古苗裔"。哈达部王忠、王台的族属和乌拉部同系。即便是建州女真即满洲部首领也有蒙古血统,如其首领李满住的三位夫人之一就是蒙古女子。女真各部在与蒙古部长期的接触交往中,经历着蒙古化的过程,尽管濡染程度不一,但其政治、经济、文化中蕴涵着诸多蒙古因素,这是毋庸置疑的。努尔哈赤及皇太极时代满洲政权构建中的名号和官号,就有鲜明的蒙古因素。

---

① 罗新:《中古北族名号研究》,北京大学出版社,2009 年,第 2 页。

第一节 汗

在满洲崛起的初期,满洲统治者一度使用"汗"号,努尔哈赤和皇太极称汗前后长达三十余年。虽然太祖晚期建后金国称帝,但满、蒙文史料中仍称之为"汗"。遗憾的是,有关早期满洲最高统治者的名号、官号问题,始终没有得到学界应有的重视,专门探讨这一问题的著作极少。基于此,本节力图对这一满洲政治制度中至关重要的问题进行系统的源流探索。

一、汗号源流

汗(或可汗、合罕),作为北亚首领的名号很早就开始使用了。对此,日本学者白鸟库吉在《可汗及可敦称号考》①《汗及可汗称号考》②等两篇文章中做了专门探讨,首先得出结论说汗号是蒙古系柔然族所创立。另外一位日本学者内田吟风对北亚游牧民的汗号及其相关的可汗号进行进一步研究后指出:"可汗这一称号则是东胡鲜卑系统各族自古以来用来称呼君长的,社仑不过是袭用了这个称号,决不是他的首创。"③并考证,公元2世纪中叶的拓跋氏初期就已经使用了可汗号。柔然以后的突厥、回纥和蒙古都把可汗作为与中原皇帝相当的名号来使用。而柔然君长的世子是用与可汗意义相同的汗(khan)来称呼的。④ 中国学者韩儒林在其《突厥官号考释》⑤一文中,引用突厥碑文和汉文正史等史料,也对突厥汗和可汗问题进行过令人叹服的研究。⑥ 不过,先行研究对汗尤其是清初三汗的源流和背景问题未能给予应有的重视。

---

① 〔日〕《东洋学报》第11卷第3号,1921年。
② 〔日〕《帝国学士院记事》第11卷第6号,1926年。
③ 〔日〕内田吟风著,辛德勇译:《柔然族研究》,《日本学者研究中国史论著选译》第九卷,中华书局,1993年,第50页。
④ 同上书,第48—58页。
⑤ 韩儒林:《突厥官号考释》,《穹庐集》,河北教育出版社,2002年。最近的研究,还有罗新《可汗号之性质——兼论早期政治组织制度形式的演化》,《中古北族名号研究》,北京大学出版社,2009年。
⑥ 韩儒林:《突厥官号考释》,《穹庐集》,河北教育出版社,2002年。另有耿世民的研究:《古代突厥文碑铭研究》,中央民族大学出版社,2005年,第94—95页。

关于蒙古兴盛时期汗或可汗的使用情况,在1225年所刻《移相哥石碑》中可以看到"成吉思汗"几个字。当时蒙古文音写确实用činggis qan①二字,而并非用合罕(qaqan 或 qaγan)字样。由此表明,汉语译写作"成吉思汗",是完全准确的音译。

伯希和曾写道,在蒙古史的范围内,"最先采用合罕称号的是窝阔台,而它只是某种属于个人的名号,以至于后来'合罕——汗'甚至成了他的特定指称。只有忽必烈治下,它才被当作专用于大汗的称号"②。最近,姚大力对成吉思汗的称呼问题进行重新探讨,指出:"蒙古政治体系采纳'合罕'作为最高统治者的正式称呼,乃始于蒙哥时期。"③

入主中原建立元朝之后,遵循汉地传统,蒙古"合罕"也称为"帝",但与皇帝对应的蒙古语一直是 qaqan。这种情况一直延续到元末最后一个合罕顺帝(其蒙古汗号为 uqaγatu qaqan),随后又发展到退居草原后的历代北元合罕。据《华夷译语》,汉文的"皇帝"与蒙古文的"合罕"意义是相同的。④

据《蒙古源流》载,蒙古中兴之帝"答言合罕"(亦写作"达延汗")即位时的情况如下:

原文转写:

mön tere ging bars-ǰil-e, dayan ulus-i eǰelekü boltuγai kemeǰü, dayan qaγan kemen nereyidün, esi qatun-u emüne, qan oron-a saγulγaγad.⑤

汉译:

就在那庚寅当年,给他奉上尊号为"答言合罕",意思是让他做天下之主。[答言合罕]在也失合屯[神主]前被扶上合罕之位。⑥

据与《蒙古源流》同时代的蒙古文文献记载,在两种情况下使用 qan 词,

---

① 道布整理、转写、注释:《回鹘式蒙古文文献汇编》,民族出版社,1983年,第3—4页。
② 〔法〕伯希和:《马可·波罗注》卷一,巴黎,1959年,302页。
③ 姚大力:《"成吉思汗",还是"成吉思合罕"?——兼论〈元朝秘史〉的成书年代问题》,《北方民族史十论》,广西师范大学出版社,2007年,第205页。
④ 《华夷译语·人物门》,《涵芬楼秘笈》第四集,北京图书馆出版社,2000年,第179页。
⑤ 乌兰:《〈蒙古源流〉研究》,辽宁民族出版社,2000年,第650页。
⑥ 同上书,第285页。

一个是 qan köbegün①，另一个是 qan oron。乌兰把前者汉译为"王子"。但他与一般的王子不同，是被指定为继承汗位的人。后一种情况，在上述达延汗即位时已提到过。

达延汗时期，蒙古合罕即大汗的权力得以复兴，其宗主国地位重新得到诸部的认同。他把自己的诸子分封到蒙古各部，这也为以后蒙古各部的分崩离析埋下伏笔。大汗权力旁落，诸汗的出现是北元或北亚16至17世纪初期政局演变之特征。蒙古右翼土默特部的俺答汗（altan qaɣan）、喀喇沁的昆都伦汗（kündülün qaɣan）、外喀尔喀的瓦齐赉赛音汗（wačirai sayin qaɣan）、扎萨克图汗（jasaɣtu qaɣan）及车臣汗（secen qaɣan）等都是属于这种性质的汗王。

据考察，在蒙古诸部中首先称汗而不听从大汗命令的是土默特部俺答汗。据17世纪成书的《俺答汗传》和佚名《黄金史纲》载，俺答的称呼是 qaɣan（合罕），而并不是 qan（汗）。② 这可能与当时小汗们的权力膨胀到和大汗并无多大区别有关。

俺答称汗之后，蒙古各强部的首领相继称"汗"或"合罕"，右翼喀喇沁的"昆都伦合罕"③即为其一。文献明确记载的喀喇沁鄂托克的第一个封主，是达延汗第三子巴尔斯博罗特的第四子巴雅斯哈勒（1510—1572）。这位巴雅斯哈勒，在明代汉籍中以"老把都"著称。他在喀喇沁称汗后，自取号"昆都伦汗"（Kündülün qaɣan，意为"尊贵的汗"或"恭敬汗"）。明人称之为"昆都力哈"，"哈"即汗之另一种音译。昆都伦汗经常与其兄鄂尔多斯部主衮必力克吉囊和土默特部主俺答汗一起活动。1547年，俺答汗与察哈尔大汗博迪、鄂尔多斯吉囊、喀喇沁昆都伦汗共同商定，如明朝同意与蒙古互市贸易，他们将约束蒙古部落，"东起辽东，西至甘凉，俱不入犯"。明人称他们为蒙古"四大头目"。可见昆都伦汗在蒙古右翼中的地位。据《万历武功录》载，昆都伦汗"常以精兵三万，政自强大也"。④ 巴雅斯哈勒世代称汗，正是以此实力为基础。因其长子黄把都儿先死，巴雅斯哈勒长孙白洪大继而称昆都

---

① 朱风、贾敬颜译：《汉译蒙古黄金史纲》，内蒙古人民出版社，1985年，第191页。
② 同上书，第201页；珠荣嘎校注：《阿拉坦汗传》，民族出版社，1984年，第192、200页等。
③ 珠荣嘎校注：《阿拉坦汗传》，第201页。
④ （明）瞿九思：《万历武功录》卷九，中华书局，1962年。

伦汗,总管部落,为该部第二代汗。白洪大的长子是"汗阿海绰斯奇卜","汗阿海"意为"汗殿下"。1628年与后金天聪汗缔结同盟条约的喀喇沁汗就是他。①

由此可见,与归化城土默特部的历代首领一样,喀喇沁的首领们也是世代称汗。细致观察后发现,有限的文书档案说明后金称喀喇沁首领为"汗"。② 但我们看到的喀喇沁方面的文书,却把后金和自己的君长都称之为"合罕"。③ 不同的只是文书格式当中抬高的程度而已。零星的记载也证明鄂尔多斯的统治者济农后来也称汗。

蒙古左翼中首先拥有汗号者并不是人们所熟知的科尔沁部奥巴,而是茂明安部的君长。据史料记述,有名的兀捏孛罗王(或译乌讷博罗特王)的儿子为孛罗乃。孛罗乃的长子为鄂尔图海布延图④,其子锡喇奇塔特,号土谢图汗。其长子多尔济及其子车根也相继分别拥有布颜图汗和瓦齐儿汗号。⑤ 因鄂尔图海布延图一系为长子,当初拥有茂明安部,其势力在整个科尔沁万户当中应比孛罗乃次子图美扎雅气(奥巴祖先)一系更强大。但后来茂明安与后金对抗几乎被消灭,势力骤减,而奥巴一系的地位逐渐上升。和科尔沁部缔结同盟之际,努尔哈赤才赐给奥巴"土谢图汗"号:

> (天命十一年六月)初七日,八旗置八十桌,宰八羊,筵宴。赐科尔沁奥巴黄台吉名号,书曰:"天谴恶逆,其业必败,天佑忠义,其业必盛,使之为汗。总之,乃天意也。察哈尔汗发兵,欲戮奥巴黄台吉。天拟以眷顾奥巴黄台吉,蒙天眷佑之人为汗。故仰承天意,特赐奥巴黄台吉以土谢图汗之名号,赐图梅以岱达尔汉之名号,赐布塔齐以扎萨克图杜棱

---

① 乌云毕力格:《喀喇沁万户研究》,内蒙古人民出版社,2005年,第63页。
② 李保文整理:《十七世纪蒙古文文书档案(1600—1650)》,内蒙古少儿出版社,1997年,第86页。
③ 同上书,第120页。
④ 《蒙古回部王公表传》(卷四十传第二四《茂明安部总传》)写为鄂尔图蕭布延图。文中除特殊注明外,《蒙古回部王公表传》皆用《四库全书》本。
⑤ 答里麻著,乔吉校注:《金轮千辐》(蒙古文),内蒙古人民出版社,1987年,第277—278页;《蒙古回部王公表传》卷四十传第二十四"茂明安部总传"。

之名号,赐和尔和推以青卓里克图之名号。"彼等皆系土谢图汗之兄弟。①

以上两段有关茂明安和科尔沁奥巴一系历史的记载,显示奥巴的"土谢图汗"号是后金太祖努尔哈赤有意为之的结果,意在抬高同盟者奥巴在科尔沁部甚至在整个蒙古部落中的地位。但是,到天聪六年(1632)奥巴死去时,政局已经发生了很大的变化。皇太极再也不允许有人和他同样称汗。第二年让奥巴长子巴达礼继承的是"土谢图济农"。不久察哈尔灭亡,汗号在漠南蒙古不复存在。

据文献记载,阿鲁部之一阿鲁科尔沁部长归附清朝时也称车根汗。② 另一个左翼部落内喀尔喀扎鲁特部长称汗亦是16世纪后期的事情。据《蒙古回部王公表传》载:

> 元太祖十八世孙乌巴什,称伟征诺颜,号所部曰扎鲁特。子二:长巴颜达尔伊勒登,次都喇勒诺颜。巴颜达尔伊勒登子五:长忠图,传子内齐,相继称汗。次庚根,次忠嫩,次果弼尔图,次昂安。都喇勒诺颜子二:长色本,次玛尼。初皆服属于喀尔喀。③

《金轮千辐》的记述和《蒙古回部王公表传》的出入很大。如前书说乌巴什伟征诺颜有六个儿子,巴颜达尔伊勒登有八个儿子。不过两书也有统一之处,如忠图、内齐都属于乌巴什伟征诺颜的长子一系,也都拥有汗号等记载。内齐汗、色本、昂安等都是清太祖、太宗时代的人物,将会相继出现于清初的历史当中。由此可以推想,扎鲁特部也和茂明安、科尔沁等部相同,在其独立发展的初期其君长都称汗。

比起漠南各汗的情况,居于漠北的外喀尔喀诸汗的事迹更为清晰。在外喀尔喀部首先称汗的是阿巴泰。他是达延汗季子格哷森扎扎赉尔珲台吉第三子诺诺和的长子。诺诺和号伟征诺颜,是外喀尔喀部左翼之长。阿巴

---

① 《满文原档》(台北"故宫博物院",2005年)第一册,第46—47页;中国第一历史档案馆:《内阁藏本满文老档》19,辽宁民族出版社,2009年,第259—260页;《清实录》卷十,天命十一年六月戊寅,中华书局,1986年。

② 《清太宗实录》卷十三,天聪七年二月癸亥朔。

③ 《蒙古回部王公表传》卷二九传第十三《扎鲁特部总传》。

泰于 1580 年称赛音汗,喀尔喀始有汗号。1586 年,他被三世达赖喇嘛授予"佛法大瓦齐赉汗"号。后来阿巴泰孙衮布始称"土谢图汗"(tüsiyetü qaγan),其子察珲多尔济降清后,土谢图汗号和喀尔喀其他两个汗号一样被固定并得以承袭。喀尔喀右翼长赉瑚尔当初被阿巴泰立为汗。赉瑚尔之子素班第的扎萨克图汗号是从 1596 年的塔喇尼河会盟上被喀尔喀贵族们推举为汗开始的。而左翼车臣汗称汗最晚,是在察哈尔势力日衰的 1630 年前后。当时,原林丹汗属下的乌珠穆沁、苏尼特、浩齐特等部投奔过来,推举硕垒为"共戴马哈撒嘛谛车臣汗",简称"车臣汗"。①

综上所述,分析 16、17 世纪之际出现的蒙古汗号,可以得出以下结论:第一,蒙古势力强大的大部分部落之长都自取汗号。第二,诸部汗号含义各异。大部分汗取特定称呼,如土谢图汗、昆都伦汗、车臣汗等。但内喀尔喀的扎鲁特部汗只有通称汗号,并没有特定称呼。第三,汗号的来源或授予者不同,或是达赖喇嘛授予,或是各部共推。又如赉瑚尔的汗号是实力派人物阿巴泰授予的。此外,还有自封的。

另外值得注意的是,当初蒙古人的称呼较多混乱,对诸多大小汗,或称汗或称合罕(或合汗)。但是,入清后其称呼发生了一些变化,包括林丹汗在内的蒙古各部"合罕"都被称之为"汗",《清实录》《蒙古回部王公表传》等官修史书也都统一书写为"汗",这与满语习惯有关。实际上,当时蒙古人的写法并非如此。

二、清太祖的汗号

有关满洲初期的汗号问题,台湾学者黄彰健在《论清太祖于称汗后称帝,清太宗即位时亦称帝》一文中做过专门的探讨。但此文尚未采用满蒙文献,有关研究也只是局限于太祖、太宗的汉文尊号上。应该看到,满洲初期在对外交涉当中使用的太祖、太宗的尊号各有不同,对明朝、蒙古、朝鲜等不同势力均有特殊的表达形式。

翻开女真的历史,公元 1113 年,阿骨打从其长兄那里继承"都勃极烈"号。"勃极烈",女真语是 bogile。这个词即后来在满语中出现的 beile(贝

---

① 参阅乌云毕力格的相关研究:《喀尔喀三汗的登场》,《历史研究》2008 年第 3 期。

勒)一词。据明末会同馆《女真译语》解释,"背勒"(beile)等同于汉语的"官"。① 其实这一词与中原的"官"很不相同,而是专指清代的爵位,本意为"头目、酋长"。② 在金初官制中,有各种冠名"勃极烈"号者,而都勃极烈是其部落联盟的最高君长。③ 占领华北地区以后,金朝最高掌权者的名号,始终为汉语借用词"皇帝"。可以推测,只是到了元代或明初时与"汗"对应的词汇才从蒙古传入女真。

会同馆《女真译语》载,女真语的"哈安"和汉语的"皇帝"相对应。④ 据史书记载,努尔哈赤称汗之前,女真各部中确有人称汗。哈达部长称为万汗、乌拉部长称为布占泰汗。哈达、乌拉各为海西四部之一。史料介绍道:

> 兀喇国,本名胡笼,姓纳喇,后因居兀喇河岸,故名兀喇。始祖名纳奇卜禄,生上江朵里和气,上江朵里和气生加麻哈芍朱户,加麻哈芍朱户生瑞吞,瑞吞生杜儿机,杜儿机生二子,长名克世纳都督,次名库堆朱颜。克世纳都督生辙辙木,辙辙木生万,(后为哈达国汗)。⑤ 库堆朱颜生太栾,太栾生补烟,尽收兀喇诸部,率众于兀喇河洪尼处筑城称王。补烟卒,其子补干继之。补干卒,其子满太继之。
>
> 哈达国汗姓纳喇,名万,本胡笼族也。后因住哈达处,故名哈达,乃兀喇部辙辙木之子,纳奇卜禄第七代孙也。其祖克世纳都督被族人八太打喇汉所杀,万遂逃住什白部瑞哈城。其叔王住外郎逃至哈达部为酋长。后哈达部叛,王住外郎被杀,其子泊儿混杀父仇人,请兄万为部长。万于是远者招徕,近者攻取,其势愈盛,遂自称哈达汗。彼时夜黑、兀喇、辉发及满洲所属浑河部,尽皆服之。凡有词讼,悉听处分,贿赂公行,是非颠倒,反曲为直,上既贪婪,下亦效由。凡差遣人役,侵渔诸部,但见鹰犬可意者,莫不索取。得之,即于万汗前誉之。稍不如意,即于

---

① Daniel Kane, *The Sino-Jurchen Vocabulary of the Bureau of Interpreters*. Bloomington: Indiana Universioy, 1989, p. 265.
② 参见〔德〕傅海波、〔英〕崔瑞德编:《剑桥中国辽金西夏金元史(907—1368年)》,中国社会科学出版社,2006年,第274页。
③ 〔日〕池内宏:《关于金建国前完颜氏君长的称号》,《满鲜史研究》中世第一册,吉川弘文馆,1923年,第510页。
④ Daniel Kane, *The Sino-Jurchen Vocabulary of the Bureau of Interpreters*. p. 265.
⑤ 括号内原为小字。

万汗前毁之。万汗不察民隐,惟听谮言,民不堪命,往往叛投夜黑,并先附诸部尽叛,国势渐弱。万汗卒,子胡里干袭位。八月而卒,其弟康古鲁袭之。康古鲁卒,弟孟革卜卤袭之。①

兀喇国即乌拉部,满太是布占泰汗之兄。可见建州女真满洲部之长努尔哈赤借用蒙古汗号之前,地理位置更为邻近蒙古的海西各部中早已开始使用汗号。在时间上说,与蒙古地区对比,女真地区汗号拥有者出现得稍晚,是16世纪后半期的事情。

《太祖武皇帝实录》对努尔哈赤兴起时的女真社会的评论,颇似《蒙古秘史》所述蒙古高原情况:

> 时各部环满洲国扰乱者,有苏苏河部、浑河部、王家部、东果部、折陈部、长白山内阴部、鸭绿江部、东海兀吉部、斡儿哈部、虎儿哈部,胡笼国中兀喇部、哈达部、夜黑部、辉发部,各部蜂起,皆称王争长,互相战杀,甚且骨肉相残,强凌弱,众暴寡。太祖能恩威并行,顺者以德服,逆者以兵临,于是削平诸部,后攻克大明辽东诸城。②

满洲兴起之前,在女真诸部中哈达部是强部。正因如此,崛起中的努尔哈赤对哈达施行过联姻政策。戊子年(1588)四月,"有哈达国万汗孙女阿敏姐姐(胡里罕贝勒女也),其兄戴鄯送妹与太祖为妃,亲迎之"。③ 而努尔哈赤与哈达、乌拉交恶是后期的情况了。

当初,努尔哈赤号称为贝勒(beile)。1583年,他以祖、父的十三副遗甲,联络对尼堪外兰不满的各部,攻克土伦城。同年,又取萨尔浒城,控制了苏克素护部。次年,又经过几个月的征战,最终占领东南不远处的董鄂部翁科洛城。1585年,兵伐北邻的哲陈部,取得浑河战役的胜利。1586年,又征服西邻的浑河部,并擒斩逃遁于该部的尼堪外兰。在势力和地盘不断壮大的情况下,努尔哈赤于1587年在费阿拉建城,宣布"定国政,凡作乱、窃盗、

---

① 台北"故宫博物院":《清太祖武皇帝实录》卷一,《图书季刊》第一卷第一期,1970年。《满洲实录》卷一,中华书局影印,1986年。

② 《清太祖武皇帝实录》卷一。

③ 《清太祖武皇帝实录》卷一;《满洲实录》卷二。括号内原为小字。

欺诈,悉行严禁"。①

与建州毗邻的朝鲜地方官员的一份情报内称:

> 左卫酋长老乙可赤(即努尔哈赤——引者)兄弟以建州卫酋长李以难等为麾下属,老乙可赤则自中称王,其弟则称船将。②

这里所说"王"与女真官号"贝勒"相符。

努尔哈赤汗号的来历,早期的《太祖武皇帝实录》《满洲实录》及历代修改过的《实录》都有记述。据《太祖武皇帝实录》记载:

> 是年(乙巳年[1605]),蒙古胯儿胯部把岳卫打儿汉贝勒之子恩格得力台吉进马二十匹来谒。太祖曰,越敌国而来者,不过有所希图而已,遂厚赏之。
>
> 丙午年十二月(1607),恩革得力又引蒙古胯儿胯部五卫之使,进驼马来谒,尊太祖为崑都仑汗(即华言恭敬之意)。从此蒙古相往不绝。③

胯尔胯部即喀尔喀部,是指蒙古内喀尔喀五部。恩格(革)得力,又作恩格德尔,是内喀尔喀五部之一巴约特部之长的儿子。相同的内容,《满洲实录》也有记载:

> 是年(乙巳年[1605]),蒙古喀尔喀巴约特部达尔汉贝勒之子恩格德尔台吉,进马二十匹来谒。太祖曰,越敌国而来者不过有所希图而已,遂厚赏之。
>
> 丙午年十二月(1607),恩格德尔又引蒙古喀尔喀部五贝勒之使,进驼马来谒,尊太祖为崑都仑汗(即汉语恭敬之意)。从此蒙古朝贡不绝。④

以上是努尔哈赤称汗的最早记录。在此之前他被称为 sure beile,蒙古语为 sečen noyan(车臣诺颜),汉语为"聪睿贝勒"。恩格德尔上汗号以后,满文称为 sure kundulen han,简称 kundulen han 或 sure han,该号一直持续到天命

---

① 《清太祖武皇帝实录》卷一;《满洲实录》卷二。
② 吴晗:《朝鲜李朝实录中的中国史料》第四册,中华书局,1980年,第1530页。
③ 《清太祖武皇帝实录》卷二。
④ 《满洲实录》卷三。

元年(1616)。《太祖武皇帝实录》言,"崑都仑"意为"恭敬"。① 该号并非努尔哈赤第一次使用。据上述记载,蒙古喀喇沁部的君长也使用过这一名号。相比之下,与蒙古各部使用汗号的实例不同的是,授努尔哈赤"崑都仑汗"的是地位比他低的巴约特部首领之子,这与蒙古接受汗号的惯例不同。在一般情况下,汗号是从比他地位高的人那里得到或共推取得的。如前面提到的俺答的汗号是从蒙古大汗那里取得的。后期的外喀尔喀土谢图汗的汗号是从达赖喇嘛那里获得的。外喀尔喀车臣汗是共推之汗。那么,努尔哈赤之汗号,也许这样解释更符合满蒙当时的情形,即随着努尔哈赤势力的强大,他急需一个尊号,一方面可以统一部落内部的权力,另一方面能与其他邻近地区的汗平等相处。从此,努尔哈赤在部落内部占据了唯一的汗的位置,在政治斗争中占据了优势,与另一个贝勒舒尔哈齐不同了。

据满文原档,1607 年,"把那兀拉的兵击败以后,瓦尔喀的赫席赫、佛讷赫路的人仍然服从兀拉的布占泰。淑勒崑都仑汗对二处的人说:'我们为一国呀! 因为居住的地方太远,被兀拉隔绝,所以你们才降服兀拉而生活啊。我们国中已有了汗,将兀拉的兵击败了。现在你们要对本国的汗服从。'"② 这就更具体地说明当时努尔哈赤急于拥有汗号和汗号的号召力。

在日本学者石桥崇雄看来,从努尔哈赤到雍正时期的汗权变迁轨迹是从一个普通贝勒到集权于一身的专制皇帝的转变过程。③ 如果放宽视野,努尔哈赤政权初期面临的问题并不止于这些。当时努尔哈赤所面临的不仅有满洲部内部的挑战,也有外部的挑战,他统一满洲部后当上贝勒只能说明他在部落内部的权力得到初步的建立,但并不稳固。设法称汗,这是他下一步面临的难题。此时,努尔哈赤已经准确地判断了东北亚的局势,认为拥有汗

---

① 蔡美彪(《大清国建号前的国号、族名与纪年》,《历史研究》1987 年第 3 期)解释"淑勒昆都伦汗"说:"《武皇帝实录》省作'昆都伦汗',并注云:'即华言恭敬之意。'这当是依据满语的 kundu。但尊号称恭敬汗,意有未合。《高皇帝实录》译淑勒昆都伦为'神武',当是依据蒙古语义,于义为近。"笔者认为,此处《高皇帝实录》和蔡美彪的汉译和解释有误。"昆都伦",蒙古语,意为"恭敬"是正确的。"淑勒"是满语,意为"聪睿"。努尔哈赤和皇太极都有这一个名号,子继父号也是满蒙的一个传统惯例。

② 广禄、李学智译注:《清太祖朝老满文原档》第一册,1970 年,第 4—5 页。

③ 〔日〕石桥崇雄:《清初汗权的形成过程》,《榎博士颂寿记念东洋史论丛》,汲古书院,1988 年。

号才能证明他拥有整个部落甚至地域政治中的地位。因此,他不顾一切地要获取这一名号,而不在乎该号的来源是否符合惯例。

在《十七世纪蒙古文文书档案(1600—1650)》中有一个自称为达尔汉台吉的人曾写过一份文书,是给后金"ködelkü ulus-un eǰen boloɣsan kömün-i (ü) qan arslan boɣda sečen qaɣan"(作为众游牧国之主汗的阿尔萨兰博格多车臣合罕)①努尔哈赤的。李保文判断这个达尔汉台吉是科尔沁部人,这一判断应该是准确的。其实达尔汉台吉的名字多次出现在《十七世纪蒙古文文书档案(1600—1650)》有关科尔沁的文书中,他就是杜尔伯特部首领阿都齐达尔汉台吉。② 天命九年(1624),达尔汉台吉即阿都齐达尔汉和科尔沁部奥巴、郭尔罗斯部戴青蒙科等首先与后金努尔哈赤订立攻守同盟。顺便要说明的是,文中出现的"洪台吉"并非如李保文所说是满洲的皇太极,而是指科尔沁的奥巴。由此判断,该文书应该成书于天命十年(1625)年底,当时察哈尔林丹汗出兵科尔沁,奥巴求援于后金,但达尔汉台吉没有留下来和奥巴做伴,而似乎躲到了其他地方。因此,达尔汉台吉受责于后金汗努尔哈赤。为此,他给努尔哈赤写信解释此事。

达尔汉台吉对努尔哈赤或称"汗",或称"合罕",表明蒙古地方使用该称呼的混乱。文书也表明了科尔沁部落首领对后金国主努尔哈赤的尊崇。文书显示,称后金国主为"博格多汗或圣汗"并非从崇德元年(1636)开始,在努尔哈赤时代已经有些蒙古部落使用了"圣汗"这一新称呼。"阿尔萨兰"(arslan)意为狮子,这一称呼的引进与中亚、西亚历史传统有关。③ 文书中出现的其他称呼,如崑都仑合罕、车臣合罕(即聪睿汗)等都是对努尔哈赤一贯的尊称。

蒙古文文书档案似乎也表明当时的满洲人对"合罕"和"汗"两个称呼的区别并不明确。那么,满洲方面的记载又是如何呢?从一封由车臣合罕(即满洲皇太极——引者)给喀喇沁部首领们的蒙古文信中似乎可以看出一些

---

① 《十七世纪蒙古文文书档案(1600—1650)》第一分文书,第4页。
② 达力扎布:《蒙古文档案研究——有关科尔沁部档案译释》,《明清蒙古史论稿》,民族出版社,2003年。
③ 相关研究参阅尚永琪:《莲花上的狮子——内陆欧亚的物种、图像与传说》,商务印书馆,2014年。

端倪。文书中皇太极把自己和察哈尔、喀喇沁、归化城土默特、鄂尔多斯等蒙古各部之长通称为"合罕"。同时,把喀喇沁"合罕"和归化城土默特"博硕克图合罕"字头抬高,比"车臣汗"还要高一些。① 从中也可以窥探到当时后金政权在整个亚洲北部地区的地位之一般。

据《满洲实录》,汉文"崑都仑汗"对应满语是 kundulen han,蒙古文是 kündelen qaγan。② 可见,满洲语没有 haγan,只有 han。而《满文原档》所载努尔哈赤的汗号如下:

> sure kundulen han③
>
> sure han④
>
> amba genggiyen han⑤

这样的记载出现在多处。《太祖武皇帝实录》《满洲实录》的满文一直称努尔哈赤为 han。据以上两个文献,除了"崑都仑汗"以外,有时还把努尔哈赤称为"明汗""英明汗":

> 是时,有识见之长者言,满洲必有大贤人出,戡乱致治,服诸国而为帝。此言传闻,人皆妄自期许。太祖生,凤眼大耳,面如冠玉,身体高耸,骨骼雄伟,言词明爽,声音响亮,一听不忘,一见即识,龙行虎步,举止威严。其心性忠实刚果,任贤不二,去邪无疑,武艺超群,英勇盖世,深谋远略,用兵如神。因此,号为明汗。⑥

《高皇帝实录》与上段记载相对应的是:

> 先是望气者言,满洲将有圣人出,戡定众乱,统一诸国而履帝位。及上生,龙颜凤目,伟躯大耳,天表玉立,声若洪钟,仪度威重,举止非常,英勇盖世,骑射轶伦,雄谋大略,用兵如神,而又至诚御物,刚果能断,任贤不贰,去邪不疑。凡所睹记,一经耳目,终身不忘,众称为英明

---

① 《十七世纪蒙古文文书档案(1600—1650)》,第 138 页。
② 《满洲实录》卷三。
③ 《满文原档》第一册,第 7、15、16 页。
④ 同上书,第 18 页。
⑤ 同上书,第 153、159 页。
⑥ 《清太祖武皇帝实录》卷一;《满洲实录》卷一。

主云。①

那么,这一汗号又是从何而来呢?《满洲实录》与"明汗""英明汗"对应的满文是 genggiyen han,蒙古文是 gegen qan,意思都相同。可见努尔哈赤当初没有这一汗号,拥有这一汗号应该是在天命元年(1616)建立后金国时。《满文老档》有较为详细的记载:

> 丙辰年(1616),聪睿恭敬汗五十八岁。正月初一日,申日,国中诸贝勒大臣及众人会议曰:"我国因未立汗,深受其苦,天乃生汗以安国人也。汗既天生,仁抚贫困国人,豢养贤达,即应上尊号。"议定后,八旗诸贝勒大臣率众成四面四角,立于八处,有八大臣持书自八旗出跪于前,八旗诸贝勒大臣率众跪于后。立于汗右侧之阿敦侍卫及立于汗左侧之巴克什额尔德尼,各由一侧出迎,接八大臣跪呈之书,置于汗前御案。巴克什额尔德尼立于汗之左前方,赞曰"天任抚育列国之英明汗"。赞毕,诸贝勒大臣起,继而各处之人起后,汗离座出衙门,叩天三次。叩毕回返升座,八旗诸贝勒大臣依次庆贺元旦,各向汗行三叩首礼。②

据《满文原档》该满语汗号的全称是:

abka geren gurun be ujikini seme sindaha genggiyen han③
天　诸　国(部)把　养育　云　授任　英明　汗

可以直译为:天授养育诸国(或部)英明汗。"天授"与"天命"意义相近。在蒙古和满洲的萨满教信仰中,天是主宰一切的神。托言天授,自是崇高的称谓。《满文老档》太祖朝天命四年(1619)七月初八日记:"奉天承运英明汗谕曰,皇天佑我,授以基业。"④类似的话在清初的资料中多次出现。满洲的这种传统与成吉思汗时期的蒙古传统很相似,因为自13世纪以来成吉思汗最

---

① 《清太祖实录》卷一。
② 〔日〕满文老档研究会译注:《满文老档》1 太祖 1,东洋文库,1955 年,第 67 页;《内阁藏本满文老档》19,第 15 页。
③ 《满文原档》第一册,第 141 页。
④ 〔日〕《满文老档》1 太祖 1,第 161 页;《内阁藏本满文老档》19,第 34 页。

常用的别称之一是 tngri-yin ǰayaɣatu(天命)。①

蔡美彪解释说,"养育诸国"当指被征服的海西、建州诸部,按照古老的氏族收养惯例,均被视为同族。《太祖武皇帝实录》译此汗号为"列国沾恩明皇帝",《高皇帝实录》译为"覆育列国英明皇帝"。这表明,他已不同于由各部之长共同尊奉的可罕或大汗,而是收养各部为一部的最高首领,是比可罕更高贵的汗。② 努尔哈赤从一部之长汗成为女真各部的共主汗。

三、清太宗和世祖的汗号

英明汗努尔哈赤不仅统一了女真诸部,还征服了原明朝统治下的辽东地区。同时,蒙古诸部中的内喀尔喀也基本归附后金国。天命十一年(1626)八月努尔哈赤辞世时,后金国已经具有一定的实力,明朝和蒙古察哈尔等势力也不敢轻易再和它动干戈了。

努尔哈赤之后皇太极即汗位之事,《满文原档》《满文老档》等原始的档案史料中都没有记载,似乎皇太极有做手脚之嫌。我们先看康熙本《清实录》几段相关的记述:

> 丙寅年八月十一日,太祖高皇帝崩,大贝勒代善二子岳托贝勒、萨哈廉贝勒兄弟共议,至其父代善所告曰:"国不可一日无君,邦家大事宜早定。大贝勒皇太极才德冠世,深得人心,众皆悦服,当速继大位。"代善云:"此吾夙心也,汝等之言,正合我意。"遂与二子岳托、萨哈廉共议作书。次日,诸贝勒大臣聚于朝,代善以戴上为君之书出示大贝勒阿敏、莽古尔泰及诸贝勒。阿巴泰、德格类、济尔哈朗、阿济格、多尔衮、多铎、杜度、硕托、豪格等皆喜曰:"善。"议遂定,乃请上即位。
>
> 遂择九月朔庚午吉日,三大贝勒、诸贝勒大臣及文武百官,聚于朝。大驾卤簿全设,焚香奏乐,率诸贝勒群臣,告天行九拜礼毕,乃上即位。时,上年三十五矣。诸贝勒大臣、文武官员行三跪九叩头礼毕,奉为天聪皇帝。
>
> 是日,天气清明,日朗风静,人皆欣欣然有喜色。时,国中文士谓,

---

① 〔美〕戴维·M.法夸尔:《满族蒙古政策的起源》,《中国的世界秩序——传统中国的对外关系》,中国社会科学出版社,2010年,第190页。

② 蔡美彪:《大清国建号前的国号、族名与纪年》,《历史研究》1987年第3期。

太祖名第八子为皇太极者,殆天意笃生,有为君之福者也。国中原不知汉与蒙古书籍文义,太祖初未尝有必成帝业之心,亦未尝有此子可继世为君之心。后国运渐盛,请习文义,及太祖称帝,阅汉与蒙古书籍,汉之储君曰皇太子,蒙古之继位者曰皇太极,由是观之,其命名默相符合者,盖天意已预定云。是年丙寅,仍用太祖年号,以明年丁卯为天聪元年。①

汉语的"天聪皇帝",原满语为"sure han"(淑勒汗),蒙古语为"sečen qaγan"(车臣汗),是皇太极从其父努尔哈赤那里承袭而来。车臣汗(元代汉译为薛禅汗)是元朝创始人忽必烈的蒙古语汗号。忽必烈公平推行政教二道而被后世的满蒙大小首领所推崇,正因如此,努尔哈赤父子也沿用了这一汗号。当然,以上的记载可能是后期经过文官们修改后形成的文本,反映了皇太极继位后官方的态度和立场。皇太极不是努尔哈赤的嫡长子,他是在与其兄弟争权斗争中称汗的。从这个角度看,皇太极的危机感更强。文官们解释的"皇太极"的意思,是为了附会所谓"天意预定"而编造的,存在多处谬误。"皇太极",蒙古语,确实是从汉语"皇太子"演变而来的。但对皇太极而言,他的名字并不意味着其他含义。当时对他的即位也没有起到什么作用。从皇太极继位的过程来看,使其登上汗位的主要原因还是他的实力和才能。正因如此,他才得到了大贝勒代善父子三人的支持,顺利登上了汗位。

据黄彰健的研究,天聪初期,皇太极和明朝将军袁崇焕讲和,不称帝而称汗。②但是否称帝只对明朝及其属国朝鲜有意义,而满蒙关系当中根本不存在这一问题,满蒙关系中的文书往来一直称后金国主皇太极为汗,没有发生过变化。但是皇太极称汗,并不意味着独揽大权。天聪汗即位之初,后金实行八和硕贝勒共治国政制,国家大政由八旗旗主、旗王共商决定。其中又以四大贝勒权势最大,皇太极、代善、莽古尔泰、阿敏"按月分直",轮流掌理政务,朝会时四人并排而坐。之后的几年当中,皇太极在内外的政治斗争中

---

① 康熙本《清太祖实录》卷一,天命十一年八月庚戌。齐木德道尔吉、巴根那编:《清朝太祖太宗世祖朝实录蒙古史史料抄——乾隆本康熙本比较》,内蒙古大学出版社,2001年,第102—103页。

② 黄彰健:《论清太祖于称汗后称帝,清太宗即位时亦称帝》,《明清史研究丛稿》,台湾商务印书馆,1977年。

逐渐消除异己分子,从天聪六年(1632)元旦起,他成为"南面独尊"①的后金汗,这表明后金国的最高权力逐渐集中到了皇太极一人手中。

太宗天聪年间,后金国的霸业得到了巩固和大发展。尤其是漠南蒙古的逐渐归附,为后金政权的升级提供了实际的条件。初期对内喀尔喀五部、科尔沁、阿鲁诸部及最后对察哈尔部的征服,使后金的版图从长城东段的辽东一直延伸到了长城西段的河套地区。蒙古本部察哈尔的灭亡、获取蒙元"传国玉玺"及和朝鲜订立和约等因素,不断促使着后金政权地位升级。

据《即大汗位档》的记录,天聪十年(1636)四月八日,内外满、蒙、汉诸王、大臣等上表文:

> 恭惟我皇上承天眷佑,应运而兴,修德体天,逆者以兵威之,顺者以德抚之,宽温之誉,施及万姓。征服朝鲜,混一蒙古,更获玉玺,内外化成。上合天意,下协舆情。是以臣等仰体天心,敬上尊号。②

三天后,四月十一日:

> 汗率诸贝勒大臣祭上帝神位毕,汗即大位。是日,一等公扬古利率满、蒙、汉诸臣祭太祖庙,诵读祝文。③

这是《满文原档》和《满文老档》等史料中有关1636年皇太极被奉上新汗号当天有限的记录,对新的汗号名称、国号名称和建元等事情都没有交待清楚。而相比之下,后期纂修的《实录》,却有明确的交待:

> 乙酉,上以受尊号祭告天地。受宽温仁圣皇帝尊号,建国号曰大清,改元为崇德元年。④

满文汗号为 gosin onco hūwaliyasun enduringge han。对此今天能看到的清内秘书院蒙古文档案也可以佐证。据蒙古文记载,当时所定国号为 daičing

---

① 《清太宗实录》卷十,天聪五年十二月丙申。
② 据《清内秘书院蒙古文档案汇编》(内蒙古人民出版社,2003年,第一辑,第1页),这一档册的名字为《丙子夏四月即大汗位档》。
③ 《满文原档》第十册,第118页;中国第一历史档案馆整理编译:《内阁藏本满文老档》20,第691页。
④ 《清太宗实录》卷二八,天聪十年四月乙酉。

ulus，汗号为 aγuta örüsiyegči nairamdaγu boγda qaγan，①与汉语的"大清"和"宽温仁圣汗"是对应的。

石桥崇雄对《即大汗位档》有研究。他比较满语汗号与汉语汗号，联系这一汗号与前述表文的关系，指出本号的满语不仅表示皇帝具备的德心，还象征着"内外化成"的多民族国家君主的意义。②蔡美彪也注意到蒙古制度影响满洲国家制度及其演变，认为"在大清国的统治机构中，蒙古贵族在许多方面依然起着重要作用。但就国家总体制度来说，却由依仿蒙古汗国制转变到依仿汉族王朝的体制。皇太极的建号乃是这一转变的重要标志。"③然而，石桥崇雄进一步认为，清朝的统治秩序是由以北京的中国皇帝为中心的"中华王朝体制"、以承德的汗为中心的"汗体制"和以沈阳为中央的"旗体制"等三重构造形成的制度。④

楠木贤道研究崇德元年（1636）册封蒙古王公后认为："皇太极虽然依据中华王朝体制登上了皇帝宝座，并依据同样体制举行了册封诸王活动，但他通过等级建立起来的政权却是一个内外两重的同心圆式的、北亚所特有的汗体制，在这个体制中，皇太极将自己率领的两黄旗置于一个同心圆的中心地位，其外围是由宗室诸贝勒所率领的另六旗，再外围是由蒙古诸首长所率领的各扎萨克旗。"⑤

如果把"征服朝鲜、混一蒙古、更获玉玺"当成定新国号、建新汗号的必要条件的话，其中后两个条件是最关键的。因为，后金出兵朝鲜割断其与明朝的关系是在天聪元年（1627），此事对后金制度没有多大影响。倒是皇太极称汗后沿用了较多的中原制度，早在天聪五年（1631）设六部就已经达到了一个高潮。总之，1636年的"大清"国的建立，最关键因素还在于蒙古。

崇德八年（1643）八月，淑勒汗皇太极突然逝世。其后，通过一番宫廷权力斗争，皇太极第九子、年仅六岁的福临继位。和硕郑亲王济尔哈朗、和硕

---

① 《清内秘书院蒙古文档案汇编》第一辑，第10—13页。
② 〔日〕石桥崇雄：《大清帝国》，讲谈社，2003年，第102—104页。
③ 蔡美彪：《大清国建号前的国号、族名与纪年》。
④ 〔日〕石桥崇雄：《大清帝国》，第46—47页。
⑤ 〔日〕楠木贤道：《清太祖皇太极的册封蒙古王公》，北京社科院满学研究所主办《满学研究》第七辑，民族出版社，2002年。

睿亲王多尔衮当为辅政。① 目前难以看到顺治元年(1644)的满文档。从清内秘书院蒙古文档中可以看到顺治帝的蒙古文名号依然是"汗",②可以想象其对应的满文号也必然是"汗"。有些蒙古文档案文献也写作"合罕",和太祖、太宗朝的情况没有区别。

福临在盛京继位不到两个月,后金国迁都北京。当年十月一日,福临又一次上演了登基仪式。那么,在北京登基意味着什么?据内秘书院档记载:

tngri-yin köbegün quwangdi saɣurin-dur saɣuǰu(即天子皇帝位)③

此次福临登上的是 yeke saɣurin(大位),④当上了"大国之皇帝"。这才是满洲汗真正升级到统治满、蒙、汉等多族在内的中国皇帝的标志。

蒙古正统大汗虽然不存在了,但满洲汗延续、继承了蒙元帝国的遗产。后来,蒙古外喀尔喀的三汗在大清汗的准许下沿用其汗号,只是有名无实罢了。

综上所述,在北元后期,出现了诸多汗号拥有者及其政权,如土默特部的俺答汗、喀喇沁部的昆都仑汗、扎鲁特部的内齐汗、茂明安部的土谢图汗等。与此相应,在女真地区首先拥有汗号者是哈达部的万汗和乌拉部的布占泰汗。这种诸汗林立的状态就是努尔哈赤称汗时期的政治文化背景。合罕、汗等称呼对于崛起的满洲领袖努尔哈赤有着极大的影响和吸引力,效仿蒙元传统,选取汗号成为一种时尚,一种权力的象征,也是符合当时东北亚社会历史背景和发展逻辑的。

1607 年努尔哈赤所取"崑都伦汗"号,意为"恭敬汗",与蒙古喀喇沁部的汗号是相同的。进而 1616 年努尔哈赤当上的是"汗中之汗",或大汗。这样解释才能符合努尔哈赤重新被奉上汗号的现实意义。如前所述,蒙古答言汗即位时所取汗号也隐含类似"天下之主"的含义。天命八年(1623),后金国出使科尔沁部台吉奥巴处的使臣伊巴里、希福返回,带回奥巴的一封信。奥巴台吉致书曰:"犹如众小金山环绕山王之须弥山、安居于诸小国汗

---

① 《清世祖实录》卷一,崇德八年八月乙亥。
② 《清内秘书院蒙古文档案汇编》第二辑,第 7 页。
③ 同上书,第 24 页。
④ 同上书,第 33 页。

贝勒中之英明汗"①等等,更进一步证明努尔哈赤所称"天任抚育列国之英明汗"的意义。此时,后金汗的影响已涉及蒙古地区。

追溯早期历史,女真各部在和蒙古的长期接触交往过程中,经历着深浅不一的蒙古化过程,其政治、经济、文化中蕴涵着丰富的蒙古因素。汗号是通过蒙古各部传入包括满洲在内的女真各部的。不管亚洲东北部满蒙地区的各部落内部组织如何,它们在政治权力的构造上已经形成了共同的制度文化。

在以往的研究中,没有充分注意清早期最高首领名号的历史渊源和蒙古背景问题。因此对清初三汗时期国家所面临的问题和政权逐渐升级的历史进程,无法有一个充分的把握和认知。我们可以把这一过程归纳如下:

满洲贝勒──→满洲汗──→女真汗──→满蒙汉三族汗──→多族皇帝
（1587）　（1607）　（1616）　　（1636）　　　（1644）
（费阿拉）（赫图阿拉）（赫图阿拉）　（盛京）　　　（北京）

以上归纳的五个时间和五个地点,在清初历史上意义相当重大。从太祖努尔哈赤,经过太宗、世祖,到1644年入关定都北京为止,满洲人成功实现了几次国家政权的升级。从1587年开始,努尔哈赤正式成为满洲部的一个贝勒,到1607年,努尔哈赤获得汗号,击败政敌,统一了部落内部的权力。再至1616年,努尔哈赤成为女真诸部的大汗。之后,蒙古本部察哈尔的灭亡和漠南各部的归附为"大清"国的建立提供了必备条件和关键要素。此时的"大清"国以盛京为首都,"宽温仁圣汗"已经是满蒙汉三族共同的统治者了。1644年入关定都北京后,"大清"国汗登基成为"大国"之汗或皇帝。

---

① 《满文老档》2太祖2,第630页;《内阁藏本满文老档》19,第147页。

第二节 扎尔固齐

明末清初,官号 jargūci,或汉译贾儿古赤、扎尔固齐、札尔固齐、扎儿胡七,原为蒙古语,后为满语借用,意为"断事官"。对此,前人主要从制度史的角度出发多有研究。① 其中,日本学者三田村泰助②注意到了扎尔固齐与蒙古的关系,但他直接把努尔哈赤时期的情况与大蒙古国相比较,没有注意到该号的历史演变。本节专门从满蒙关系的视角考察清早期扎尔固齐问题,并试图在时间和空间经纬上拓宽研究视野,把握清早期国家特征中的另一个"蒙古因素"。

一、扎尔固齐源流

扎尔固齐这一官号的渊源,可以追溯到蒙古汗国和元朝时期。蒙古语 ǰarquči(突厥语 zarγu-,判决)的音译,汉译"断事官"。当时汉译一般称札鲁忽赤,又作札鲁火赤、札鲁花赤。1202 年,成吉思汗命其弟别里古台整治外事,审断斗殴、偷盗、诈伪等案件。1206 年建大蒙古国后,又命养弟失吉忽秃忽为也可扎鲁忽赤,即大断事官,掌百姓分配家产、治盗贼、察明诈伪之事。他是当时大蒙古国最高司法行政长官。随着蒙古向外扩张,版图扩大,各诸王投下都设札鲁忽赤。入元以后,札鲁忽赤从总揽各种政务的官员变为司法长官。元朝立大宗正府,以诸王主持府事,设从一品高秩的札鲁忽赤,成宗以后员额达 40 人左右,审理四怯薛、诸王、驸马投下蒙古、色目人的犯罪案件和婚姻、驱良等户籍争讼,也审理汉人、南人的重大刑事案件,按检诸路刑狱。仿照札鲁忽赤制度,中书省、枢密院等中央机关也各设三品断事官数员。③ 这种制度一直持续到元朝失去中原统治地位为止。

---

① 郑天挺:《清史语解》,载《清史探微》,北京大学出版社,1999 年;张晋藩、郭成康著:《清人关前国家法律制度史》,辽宁人民出版社,1988 年,第 564—565、590—594 页;刘小萌:《满族从部落到国家的发展》,辽宁民族出版社,2001 年,第 146—148;赵志强:《清代中央决策机制研究》,科学出版社,2007 年,第 73、77—79 页;姚念慈:《清初政治史探微》,辽宁民族出版社,2008 年,第 81—96 页。

② 〔日〕三田村泰助:《从族籍表看满洲国的统治机构、穆昆塔坦制成立的背景和意义》,载《清朝前史研究》,同朋舍,1972 年。

③ 〔日〕田村实造:《元朝札鲁忽赤考》,载《中国征服王朝研究》,1971 年;亦邻真:《札鲁忽赤》,载中国大百科全书中国历史《元史》,中国大百科全书出版社,1985 年,第 151 页。

蒙古退居草原之后，原来的制度发生了较大的变异和丢失，但札鲁忽赤制得以保存下来。例如，明洪武二十年(1387)北元辽阳行省左丞相纳哈出率所属军民数十万人投降，其较低级官员名单中就出现"断事"官一名。① 正统四年(1439)，明朝遣使赏赐脱脱不花可汗及其妻，并诸多臣僚。其所列官号中也出现"断事官"。② 脱脱不花可汗后来又曾出兵经略女真诸部。达力扎布研究认为，明景泰年间(1450—1456)北元还保留有元朝三大中枢机构(中书省、枢密院、御史台)的很多官职。其中"断事官"是属于枢密院的官职。③ 据文献载，扎尔固齐这一官号一直使用到北元晚期，这可以从天聪九年(1635)前来归附的察哈尔官员名单中得到证明。④ 这种制度之所以能延续下来，是由其本身的特点及当时社会需求所决定的。

17世纪初，冯瑷任开原参政期间，编成《开原图说》上下卷，提供了女真、蒙古部落的分布、首领世系及其活动等方面的丰富资料。该书卷下《东虏二十二营枝派图》里列有题为《卜儿亥等七营图》的世系表，详列内喀尔喀部著名首领虎喇哈赤之子答补的系派，并附记说：

　　一营耳只革，系答补次男，已故，生四子：所南、卜答舍力、所宁、赖卜答。部落二千余，精兵一千骑。领兵用事红大贾儿古赤，往来上关通事元头等。

　　一营额孙大，系答补五男，生子所宁、那兔、那速户、撒哈儿寨。部落八百余，精兵六百骑。酋长年近四十岁，负性狡猾。领兵用事阿卜大贾儿古赤，往来上关通事孩子、桶挖儿等。

　　一营歹安儿，系老思次男，生子把洪。部落千余，精兵五百骑。酋长年近三十岁，负性狡猾。领兵用事贾儿古赤，往来上关孩子等。⑤

上文记载了酋长的系派、年龄、性格、兵数，及领兵用事、上关通事之人名等信息。日本学者和田清对此有初步的研究，他考证这些人名认为，答补就是

---

① 《明太祖实录》，洪武二十年八月丁丑。达力扎布：《北元政治制度的演变及其历史分期》，载《明清蒙古史论稿》，民族出版社，2003年。
② 《明英宗实录》，正统四年正月癸卯条。
③ 达力扎布：《北元政治制度的演变及其历史分期》。
④ 《清太宗实录》卷二二，天聪九年正月癸酉。
⑤ 冯瑷：《开原图说》卷下，玄览堂丛书本。

虎喇哈赤的第四子,他的长子名叫卜儿亥、次子名耳只革、三子名老思、四子名卜儿罕骨(古)、五子名额参大(额孙大)。耳只革就是清人所说的额尔济格。① 他们是内喀尔喀一支巴约特部的台吉。众所周知,内喀尔喀地处与女真接壤的辽西一带。和田清还指出"那个领兵用事的贾儿古赤可能是断事官(Jarghuchi)"。② 在此,肯定和田清论断的同时应该注意的是,他们每一营都各有一个扎尔固齐。《三云筹俎考》中所说首领就是指此职,该书解释"首领"一职言:"是各台吉门下主本部落大小事情断事好人。"③《开原图说》又记虎喇哈赤后裔其他分支的情况,有些营中没有扎尔固齐,"领兵用事"的是"榜什"即巴克什。

另外,《东房二十二营枝派图》记载了《舍剌把拜等十三营枝派图》,也多次提到了扎尔固齐(贾儿古赤):

> 一营脱卜户,系惟正次子,已故,生男孛罗达、打剌汉台州。部落各二百余。二酋年各十三岁,负性朴实。领兵用事把卜贾儿古赤,往来上关土力赤。
>
> 一营舍剌把拜,系以儿邓长男,惟正之孙,生子果儿兔、把什汉、剌把什。部落七百余。酋长年近五十岁,负性狡猾。领兵用事搜事贾儿古赤,往来上关班石等。
>
> 一营粧兔,系以儿邓四男,惟正孙,生子阿卜大台州、我速苦利。部落一千余,精兵五百骑。酋长年三十余岁,负性狡猾。领兵用事蟒谷贾儿(之)[古]赤,往来上关耳只革等。
>
> 一营果丙兔,系以儿邓七男,惟正孙,生子三袄儿。部落千余,精兵四百骑。酋长年近三十岁,负性狡猾。领兵用事贾儿古赤,往来上关克失等。
>
> 一营昂革台州,系孥台哈屯男,惟正重孙,生子未报。部落三百余,酋长年近三十岁,负性狡猾。领兵用事舍剌贾儿古赤,往来上关桶

---

① 〔日〕和田清著,潘世宪译:《明代蒙古史论集》下,商务印书馆,1984年,第496—497页。
② 《明代蒙古史论集》下,第497页。
③ 王士琦:《三云筹俎考》卷二《封贡考·夷语解说》,《国立北平图书馆善本丛书》第一集。

事革。①

据《金轮千辐》记载,舍剌把拜是虎喇哈赤长子渥巴什威征诺颜之孙、巴颜达喇伊勒登之子。② 上述引用文献进一步证明了扎尔固齐在这些蒙古部中普遍存在的事实。据《满文原档》,天命十年(1625),奥巴台吉致书努尔哈赤告知察哈尔将前来征讨时,还提到有个叫洪巴图鲁的人遣温吉哲克依扎尔固齐为使者,告称察哈尔将往征科尔沁之事。③ 据前后文判断,此处洪巴图鲁应该是内喀尔喀五部之一乌济业特部秒花洪巴图鲁。

又据《满文原档》,天命六年(1621),科尔沁老人囊苏喇嘛来朝见努尔哈赤,同部明安老人之使者多诺依扎尔固齐与该喇嘛同来。④ 查明安系谱,哈布图哈萨尔十四传至奎蒙克塔斯哈喇,有子二:长子博第达喇,博第达喇子九;次子纳穆赛,号都喇勒诺颜,纳穆赛子莽古斯、明安。⑤ 明安系奥巴洪台吉的叔父。据内秘书院档记载,莽古斯(孝端文皇后之父)也是扎尔固齐。⑥ 文献记载也证明,原居住在兴安岭北面的阿鲁部也有扎尔固齐官。⑦ 从《满文老档》所记天命七年(1622)赏赐前来之各部台吉、塔布囊之妻的记录来看,还有"头等扎尔固齐(uju jergi jargūci)"官。⑧ 可见在蒙古东部的各部中,普遍存在扎尔固齐这一职官。

据《清太宗实录》天聪五年(1631)的记载,在右翼喀喇沁、阿苏特等部落中也有扎尔固齐官。⑨《白桦法典》里也出现过"扎尔固齐"这个官名,说明地处漠北的外喀尔喀地区也有"断事官"制度。图雅认为,喀尔喀政治生活中的扎尔固齐是当时的执政大臣之一。⑩

远离女真的西部卫拉特的情况有更详尽的记载,据18世纪末德国学者

---

① 〔明〕《开原图说》卷下。
② 答里麻著,乔吉校注:《金轮千辐》(蒙古文),内蒙古人民出版社,1987年,第217页。
③ 《满文原档》第四册,第305页。
④ 《满文原档》第二册,第101页。
⑤ 《蒙古回部王公表传》卷十七传第一《科尔沁部总传》。
⑥ 《清内秘书院蒙古文档案汇编》第三辑,第85—86页。
⑦ 《内阁藏本满文老档》20,第595页。
⑧ 《满文老档》2太祖2,第543页。
⑨ 《清太宗实录》卷一〇,天聪五年十一月癸酉。
⑩ 图雅:《〈桦树皮律令〉研究——以文献学研究为中心》,内蒙古大学博士学位论文,2007年。

帕拉斯所述：

> 准噶尔的台吉和土尔扈特部的汗，一直至最后逃离的渥巴锡，都设有一个议事会（札尔固，sarga）。他们随其所好挑选他们的僚属和上等人（宰桑，saissan）充任议事会的成员。
>
> 议事会的头儿由汗亲自担任，成员的数量根据古老的习俗为 8 名，准噶尔部和土尔扈特部都曾照此设立议事会。议事会的会场设在一个特别为此目而营建的帐篷中，法典也保存于斯。议事会不但行使着管理汗属臣民的行政工作，还向下属的王公们发布必要的敕令；它接受这些王公的臣民提出的申诉，根据汗位权力等级的不同分别予以实施。议事会做出的决议和发布的命令必须经汗批准，汗若表示同意就在文纸上签名或盖上红色或黑色的印玺。
>
> 与最高层的议事会相同，每一位王公（台吉）也设有他的议事会，来处理他的臣民之间的各种法律纠纷，维护法律稳定。这种议事会也由上等宰桑组成，王家的亲属也可由王公选任为成员。本兀鲁思的最高僧侣享有充任高级法官（扎鲁花赤，Sargatschi）的当然权利，这种权利任何人不得剥夺。高级法官以下设若干普通法官（Jergatschi），其任务主要是遣送有关人员，调解人民之间的小纠纷，押送被告出庭以及监督执行判决等。①

在此，帕拉斯以追述的方式叙述了卫拉特四部中的两部即土尔扈特和准噶尔的议事会及其成员扎鲁花赤即扎尔固齐的情况：第一，两部都有个叫"札尔固"的议事会，行使着"管理汗属臣民的行政工作"。据《西域图志》所载"准噶尔部旧官制"："扎尔扈齐，此佐图什墨尔理事者也，兼办一切刑名贼盗案件。员缺有六。盖次于图什墨尔云。"②说明扎尔固齐是行政司法官。第二，汗的札尔固由汗及其下属 8 名成员组成。第三，每一位小领主即台吉也设有他们自己的札尔固，充任其高级扎尔固齐者是部落里的最高僧侣，下设若干普通扎尔固齐。这里模糊地反映了与蒙元时期断事官制度的相似点，

---

① 〔德〕P. S. 帕拉斯著：《内陆亚洲厄鲁特历史资料》，云南人民出版社，2002 年，第 185—186 页。

② 《西域图志》卷二九《官制一·附准噶尔部旧官制》。

尤其是没有行政、司法之分,只有高级、普通扎尔固齐之分等情况。东部蒙古的记载太模糊,还不能了解其扎尔固齐的更详细情况,而卫拉特的情况为此提供了一些参考。

由此看来,蒙古帝国时期形成和发展起来的扎尔固齐制一直到16世纪末18世纪中期,还在东西蒙古各部中广泛使用。

二、女真地区的扎尔固齐

据文献记载,海西乌拉部布占泰属下有一个名叫拉布太的扎尔固齐。壬子年(1612),努尔哈赤认为布占泰背盟而征讨他。当时拉布太扎尔固齐代表布占泰与努尔哈赤对话。① 对此,《满文原档》《满文老档》《武皇帝实录》和《满洲实录》都有很详细的记录。② 可见17世纪初海西女真各部中就有从蒙古借用的官名扎尔固齐了。这和建州女真即满洲的扎尔固齐是同时代的事情。

努尔哈赤初期比较有名的扎尔固齐有费英东和噶盖。

据《八旗通志初集》名臣列传:

> 费英东札尔固齐,满洲镶黄旗人,姓瓜尔佳氏。父索尔果,为苏完部长。太祖高皇帝戊子年(1588),从其父率所部军民五百户来归,太祖嘉之,授一等大臣,以皇子褚英台吉女妻焉。③

费英东来附努尔哈赤较早,并因战功卓著而在清开国诸将中地位突出。正因如此,崇德元年(1636)改国号为"大清"时,皇太极以受汗号祭告太祖、太后庙,费英东和另一个努尔哈赤时代的大将军额亦都巴图鲁得到了配享太庙的荣誉。④

努尔哈赤领导下的满洲国家,其政治制度从1587年左右开始逐渐完备。当年"始定国政,禁悖乱,缉盗贼,法制以立"。⑤ 满洲或许从此时开始有

---

① 《满文原档》第一册,第23页。
② 《内阁藏本满文老档》19,第5页;《清太祖武皇帝实录卷二》,台北"故宫博物院",1970年;《满洲实录》,第145—153页。
③ 鄂尔泰等修,李洵、赵德贵主点:《八旗通志初集》(以下简称《初集》)卷一四一《名臣列传一》,东北师范大学出版社,1986年,第3693页。
④ 《内秘书院档蒙古文档案汇编》第一辑,第15—17页。
⑤ 《清太祖实录》卷二,丁亥年六月壬午。

了扎尔固齐官。费英东在努尔哈赤诸多将军中之所以能成为扎尔固齐自有其过人之处。因没有直接史料,只能从相关文献中找到有关他的两条记录:

(1) 性忠直,遇事敢言,毅然不扰。①
(2) 太宗尝谕群臣曰:"费英东见人不善,必先自斥责而后劾之;见人之善,必先自奖劝而后举之。被劾者无怨言,被举者亦无骄色。朕未闻诸臣以善恶直奏似斯人也!"②

近人所编《清代名人传略》说得更为具体:"为报答知遇之恩,他(指费英东——引者)揭发并处决了密谋反对努尔哈赤的祸首——自己的姻亲兄弟。他因此被任为扎尔古齐(即扎尔固齐——引者),执掌诉讼、调解纠纷之权。"③但据诸书记载,费英东并不是专管司法的大臣。他的主要功绩是在领兵打仗过程中建立起来的。据《武皇帝实录》,非英冻即费英东卒于天命五年(1620):

左固山一品总兵官非英冻卒,年五十七。酸人也(酸,地名也),初率众来归,帝授一品总兵,以皇子阿儿刚兔土们贝勒女妻之。秉心正直,凡上有讹误处,极力争之,尽心竭力,以辅国政。临终时,天色明朗,忽起片云,声雷掣电,雨雹齐降,霎时而霁,遂卒。诚满洲之良臣也。帝欲临丧,后妃诸王谏曰:"亲临此丧,恐有所忌。"帝曰:"吾与创业大臣,渐有一二殒殁者,吾亦不久矣。"坚执以往,哭之恸,惆怅多时,漏下三更始回。④

清早期还有一个扎尔固齐是噶盖。人们对其熟知并不是因为有这个官号,而是1599年他参与创制了旧满文。据《清史稿》列传:

噶盖,伊尔根觉罗氏,世居呼纳赫。后隶满洲镶黄旗。太祖以为扎尔固齐,位亚费英东。岁癸巳(1593)闰十一月,命与额亦都、安费扬古将千人攻讷殷佛多和山寨,斩其酋搜稳塞克什。岁戊戌(1598)正月,命

---

① 《清史列传》卷四,中华书局,1987年。
② 《清史列传》卷四;相同内容见《八旗通志初集》,卷一四一《名臣列传一》,第3694—3695页。
③ 〔美〕恒慕义主编:《清代名人传略》上《费英东》,青海人民出版社,1990年,第83页。
④ 《清太祖武皇帝实录》卷三;相同内容见《满洲实录》卷六。

与台吉褚英、巴雅喇及费英东将千人伐安褚拉库路,降屯寨二十余。岁己亥(1599),受命制国书。是年九月,命与费英东将二千人戍哈达。哈达贝勒孟格布禄贰于明,将执二将。二将以告,太祖遂灭哈达,以孟格布禄归。孟格布禄有逆谋,噶盖坐不觉察,并诛。①

噶盖、费英东都是努尔哈赤时期的早期来归者,在满洲崛起中起了重要的作用。据上文看来,当初的扎尔固齐也分等级,噶盖"位亚费英东",可见费英东职位相当于"大断事官"。不过他们都是《开原图说》所言"领兵用事"之官,可能和内喀尔喀各部的情况差不多。又据更早期编纂的传记《八旗满洲氏族通谱》,有关噶盖生平的记载颇为简短:"镶红旗人,世居呼纳赫地方。国初来归,授为扎尔固齐。"②噶盖之死,满文档案没有留下当时的记录,而后期纂修的官书则疑点较多,先看《武皇帝实录》所记1599年左右刚盖即噶盖死时的情形:

> 是时,哈达国孟革卜卤以三子与太祖为质,乞援。太祖命非英冻、刚盖二人领兵二千往助。纳林卜禄(叶赫部之长——引者)闻之,遂令大明开原通事赍书与孟革卜卤曰,汝执满洲来援之将,挟赎质子,尽杀其兵。如此,汝昔日所欲之女,吾即与之为妻,二国仍旧和好。孟革卜卤依言,约夜黑(又写叶赫——引者)人于开原,令二妻往议。太祖闻之,九月,发兵征哈达。……有大臣杨古里,生擒孟革卜卤来报。太祖曰,勿杀。召至前,跪见毕,太祖以己之貂帽及豹褂赐而养之。哈达国所属之城,尽招服之。其军士、器械、民间财物、父母、妻子,俱秋毫无犯,尽收其国而回。自此,哈达国遂亡。后太祖欲以女莽姑姬与孟革卜卤为妻,放还其国。适孟革卜卤私通嫔卿,又与刚盖通谋,欲篡位。事泄,将孟革卜卤、刚盖与通奸女俱伏诛。③

《武皇帝实录》是太宗时期修成的,与民国初年的《清史稿》传所记不同,噶盖到底是"坐不察觉"孟格布禄有逆谋,还是和他同谋都不太清楚。从后来噶

---

① 《清史稿》列传十五。
② 《八旗满洲氏族通谱》卷十三。
③ 《清太祖武皇帝实录》卷二;相同内容见《满洲实录》卷三。

盖子孙继续在后金和清朝当职来看,噶盖被努尔哈赤杀掉可能蒙冤。

另外,和费英东、噶盖一同任早期扎尔固齐的还有西喇巴(或译西喇布)。据《八旗通志初集》:

> 西喇巴札尔固齐,满洲镶红旗人,世居完颜地方,以地为氏。太祖高皇帝时,率所部来归,初编牛录,使管牛录事,①预五大臣之列。癸巳年(1593),与付尔佳齐兵战,常在太祖大营翼卫有功。哈达西忒库射叔贝勒,发第二矢,西喇巴以身当镝锋,中伤而殁。②

西喇巴战死于1593年,那么他任扎尔固齐肯定在此之前。由此可以进一步推测,满洲政权初具规模的1587年左右至1593年期间已有扎尔固齐之官职。

努尔哈赤时期的扎尔固齐员缺不止三个,还有"十扎尔固齐""四十扎尔固齐""十八扎尔固齐"和"十六扎尔固齐"等之说。

"十扎尔固齐"说的来源是《太祖实录》(包括《满洲实录》在内)、《八旗通志初集》,"十六扎尔固齐"说来源是《八旗通志初集》,另外两种说法都是源自《满文原档》。最原始的资料《满文原档》荒字档1615年的相关记述是(其中括号内的文字是原档中已经删除的部分):

> gurun be akūmbume tai tebuhe. jase furdan jafabi coohai niyalma be emu ergide. baisin niyalma be emu ergide icihiyame tebubi . gurun i uile beidere. tondo sain be sonjobi jakūn(sunja) amban be tucibubi. terei sirame dehi beidesi(juwan jakūn jargūci) be tucibubi. arki anju jeterakū aisin menggun gaijarakū uilei waka uru be tondo be beidebume. sunja inenggi dubede emgeli beise ambasa be yamunde isabi(hiyan dabubi abka de hengkileme) gisun gisurebume uile be tondoi beidebume an kooli be araha.③

国中尽置烽台,并修筑了边境的关隘。命军兵居于一边,自身的人

---

① 据《八旗满洲氏族通谱》卷二十八《西喇巴》:"镶红旗人,世居完颜地方。国初率部属来归,预五大臣之列。初编佐领,令其长子噶鲁统之。"
② 《八旗通志初集》卷一六二《名臣列传二二》。
③ 《满洲原档》第一册,第59—60页。

居于一边。为了审理国家的事情,选出了正直贤良的大臣八(五)员。次又选出审事官四十人(十八扎尔固齐),不许吃酒肴,不贪金银,以事情的是非公正的判断。五日一次,集合诸贝勒大臣们于衙门,(对天焚香叩首)使他们相议。把事情公正的审断,定为常规。①

这就是"十八扎尔固齐"说之来源,为此有些学者也列出了十八名扎尔固齐的名字。② "审事官"或"审事人",满语为"beidesi",《御制增订清文鉴》解释:weile beidere niyalma be beidesi sembi,③汉义为:把审罪理刑者谓之审事人(官)。据《五体清文鉴》"beidesi"对应的蒙古文就是"扎尔固齐(审事人)"。④

而《满文原档》戻字档与此对应的记载是直接在减去括号内字的基础上形成的。也就是说,修改后的意思是当年选出了八名大臣和四十名审事官。⑤ 这样的内容和《满文老档》的记述⑥完全吻合。

杜家骥认为,这四十名审事官是专理刑事之官,应是每旗五人,按每五牛录(甲喇)一人而设置。⑦ 但他对史料中的不同记载没有提供解释。⑧

通过以上的考察来判断,清初扎尔固齐的等级是一直存在的。我们或许可以把1615年任命的四十名审事官理解成低级审判员,而高级审事官应该是费英东扎尔固齐等。至于"十扎尔固齐""十六扎尔固齐"是否是指高级扎尔固齐? 或是当时笔帖式的笔误? 有待日后研究。但是,有一点是清楚的,即满洲扎尔固齐的这种状况和早期大蒙古国时期及后来的土尔扈特汗国的情况很相似。

又据《三云筹俎考》中所说首领即扎尔固齐"是各台吉门下主本部落大小事情断事好人",也较适合16、17世纪之际女真地区的扎尔固齐,乌拉的

---

① 参照广禄、李学智:《清太祖朝老满文原档(第一册荒字)》,历史语言研究所专刊之五十八,1971年,第50页。
② 刘小萌:《满族从部落到国家的发展》,第147页;姚念慈:《清初政治史探微》,第84—85页。
③ 《御制增订清文鉴》卷四《臣宰类》之十三。
④ 《五体清文鉴》上,民族出版社,1957年,第388页。
⑤ 广禄、李学智:《清太祖朝老满文原档(第二册戻字档)》,第13页。
⑥ 〔日〕满文老档研究会译注:《满文老档》1,东洋文库,1955年,第54页。
⑦ 杜家骥:《八旗与清朝政治论稿》,人民出版社,2008年,第126页。
⑧ 首先研究十扎尔固齐和四十扎尔固齐问题的是三田村泰助。参阅《从族籍表看满洲国的统治机构》(《清朝前史研究》)。

拉布太、建州的费英东和噶盖等都是担任这样职位的人员。这种情况与包括内喀尔喀在内的蒙古东部的情况也很相似。如用以上的概念来衡量,出现诸多扎尔固齐之说也并不难理解。也就是说把"主本部落大小事情断事好人"叫做扎尔固齐的话,那当然其人数就或多或少难以有一定名额了。这就是清早期扎尔固齐的一些情况。

第三节 巴克什

巴克什,又译"拔希",一说是从汉语"博士"一词借用;[①]一说是梵文,意为"佛僧"。[②] 最近,范德康说巴克什最早由突厥人使用,后传至蒙古。[③] 各家说法不一,需进一步考证。随着蒙古人在欧亚大陆各处建立帝国,有些制度也传播到了世界各地。例如莫卧儿帝国的巴克什,就是这样性质的官号。[④] 而有关清初巴克什的研究,最为翔实的当属郭成康《清入关前国家法律制度史》中的相关内容。[⑤] 他从龚正陆、[⑥]额尔德尼、达海等清早期巴克什们开始,较深入地探究了一直到天聪朝文馆的演变等问题。本节主要从满蒙关系的视角出发,探讨满蒙地区的巴克什及其角色和作用等问题。

一、蒙古地区的巴克什

据明初编《华夷译语》,蒙古语"巴黑石"与"师傅"的意义是对应的。明末,萧大亨写《北虏风俗》,较全面记录了当时蒙古人社会生活各方面的风俗习惯,有一条称为"尊师":

> 彼文无诗书,字非六体,乌有所为师。然就其能书者,名曰榜什,此师也。学书者,名曰舍毕,此弟也。舍毕之从榜什学也,初则持羊酒,行

---

① 张晋藩、郭成康:《清入关前国家法律制度史》,辽宁人民出版社,1988年,第82页。
② 〔波斯〕拉施特主编,余大钧、周建奇译:《史集》第二卷,商务印书馆,1985年,356页。
③ 〔美〕范德康:《忽必烈与八思巴关系的几点评论》,http://www.zangx.com/cms/news/guonei/2010-06-10/354.html。
④ 〔日〕真下裕之:《关于莫卧儿帝国的巴克什职——在大巴克什职运用中人的要素》,《东洋史研究》第71卷第3号,2012年。
⑤ 张晋藩、郭成康:《清入关前国家法律制度史》第二章第三节。
⑥ 关于龚正陆的最早研究有,和田清:《清太祖顾问龚正陆》,载《东亚史研究(满洲篇)》,东洋义库,1955年。

叩首礼，后虽日见，日叩其首。必至书写已成，然后谢以一白马、一白衣。衣或布或毂，惟随贫富制之，无定数也。夷人能书，则随酋首往来，列于诸夷上一等。以故夷中最敬榜什，法有侮慢榜什者，罚马一匹以给之。往者各部落中榜什不过数人，近以奉贡迎佛，榜什颇为殷众。往者书用板，或以皮，近款贡来，每给以纸笔之具。但纸以供表章，至学书者仍以板。板之制如我水牌，而甚粗。且书甚迟钝，不能搦管，只以草管代之。其字形长而直，体虽草而有似于篆，故不可究诘云。①

这条史料说明了几个问题：第一，baγši（榜什，清代译为"巴克什"）在蒙古部落中受到尊重，法令规定不得侮慢他们。同时在外喀尔喀部《白桦法典》中也出现了有关保护榜什地位的条例，表明当时榜什被看成是较为独立的阶层。《卫拉特法典》也明文规定："谩骂或伤害下级僧侣特别是教师（八哈石[Bakschi]）者，罚牲畜五九。"②比起南蒙古法令所定"罚马一匹"严厉的多。第二，藏传佛教再次传入蒙古地区后，榜什人数逐渐增多。第三，榜什在蒙古与中原地区的来往中发挥着重要作用。

佚名著《黄金史纲》载：

> 因为自己的儿子阿巴海被害而达延汗发兵了。右翼万户闻知，出师迎敌，相遇于达兰特哩衮。阿拉噶齐古特的察函札噶林、乌珠穆沁的额勒同格巴克什二人发现征兆，报与可汗："伊巴赉系火命，火上浇水，必克"。于是燃起火来，银碗注了水，倾入火种。③

在此，巴克什扮演着参谋的角色，还懂得五行学。据王士琦的《三云筹俎考》：

> 榜实，是写番字书手。
> 笔写气，是写汉字书手。④

《开原图说》的《东房二十二营枝派图考》中也有关于榜什即巴克什的记述：

---

① （明）萧大亨：《北虏风俗》，明刻本。
② 〔德〕帕拉斯：《内陆亚洲厄鲁特历史资料》，第194页。
③ 朱风、贾敬颜译：《汉译蒙古黄金史纲》，内蒙古人民出版社，1985年，第95—96页。
④ （明）王士琦：《三云筹俎考》。

一营暖兔,系兀班长男,生七子:蟒谷儿大、比领兔、供洪大、剌把什、剌把台、所宁、色蹦灯。部落万余,精兵三千骑。酋长年近六十岁,负性朴实,纵部下零窃。领兵用事三江榜什、大榜什,往来上关汉人王小厮、李银、王卖等。①

据《金轮千辐》,暖兔是虎喇哈赤之第三子,是内喀尔喀部分支弘吉刺部之长。在这些蒙古部落当中,或扎尔固齐"领兵用事",或榜什"领兵用事",可见榜什者不只是部落内"书手",还扮演着更为重要的角色,发挥着更大的作用。

《十七世纪蒙古文文书档案(1600—1650)》《满文原档》等原始资料也记录了满蒙地区早期的巴克什们的名字和活动情况。1630年左右,喀喇沁部有诺米巴克什、②博济巴克什等。③

总之,零散的资料透露出16至17世纪时蒙古地区普遍存在着榜什,即巴克什现象。

二、太祖、太宗时期的巴克什

《实录》中首先出现的巴克什是阿林察:

辛卯年(1591),太祖遣兵攻长白山鸭绿江部,尽克之而回。……夜黑、哈达、辉发三国会议,各遣使来,夜黑主纳林卜禄差尼哈里、兔儿德,哈达国主孟革卜卤差代某布,辉发国主摆银答里差阿喇泯。比至,太祖宴之。内兔儿德起向太祖曰:"我主有命,遣我来言,欲言又恐触怒见责。"太祖曰:"尔主之言与尔无干,何为责汝? 如彼以恶言来,我亦以恶言往。"兔儿德曰:"昔索地不与,令投顺不从,两国若成仇隙,只有我兵能践尔境,谅尔兵敢履我地耶?"太祖闻言大怒,掣刀断案曰:"尔主弟兄,何常与人交马接刃,碎烂甲胄,经此一战耶? 昔孟革卜卤、戴鄂叔侄自相扰乱,如二童争骨(满洲儿童每掷骨为戏故云云),尔等乘乱袭取,何故视我如彼之易也,尔地四周果有边垣之阻耶? 吾即昼不能往,夜亦

---

① (明)《开原图说》卷下,《玄览堂丛书》本。
② 《十七世纪蒙古文文书档案(1600—1650)》,第99页。
③ 《满文原档》第七册,第323页。

能至彼处,尔其奈我何,徒张大言胡为乎？昔我父被大明误杀,与我敕书三十道,马三十匹,送还尸首,坐受左都督敕书,续封龙虎将军大敕一道,每年给银八百两,蟒段十五匹,汝父亦被大明所杀,其尸骸汝得收取否？"遂书前言,遣阿林恰复之,谕之曰:"尔到彼处当诵之,若惧而不诵,即住于彼处,勿复见我。"嘱毕,令行。时布戒贝勒预知,接至家,欲视其书,阿林恰将书当面朗诵。布戒曰:"此书我已知之,何必送与吾弟？"阿林恰曰:"我主曾命对二主面诵,若止见贝勒,难复主命。"布戒曰:"吾弟出言不逊,汝主恨之诚是,但恐见此书怒责汝也。"言毕乃收其书,阿林恰遂回。①

这是满洲和叶赫矛盾的开端。在此,阿林察(即阿林恰)巴克什完成了一次使者的任务,当时处境还是很危险的。但之后有关阿林察巴克什的记载在史料中再也见不到了。

《八旗满洲氏族通谱》所记载的巴克什中,也不乏活跃于努尔哈赤早期的。额素勒巴克什就是其中之一,他是长白山地方钮祜禄氏人,"弘毅公额亦都巴图鲁之叔祖也"。② 额亦都巴图鲁在1580年已投奔努尔哈赤,可以推想其叔祖在其后不久也前来投奔的话,额素勒巴克什服务于努尔哈赤也相对较早。

另有汉人巴克什或师傅龚正陆,③朝鲜李朝《宣宗实录》,用余希元的口吻写道:

俺差人杨大朝入虏中,见浙江绍兴府会稽县人龚正六,年少客于辽东,被抢在其处,有子姓(侄)群妾,家产致万金。老乙可赤(即努尔哈赤——引者)号为师傅,方教老乙可赤儿子书,而老乙可赤极其厚待。虏中识字者只有此人,而文理未尽通矣。④

由此足以看出,努尔哈赤朝廷中文人短缺的状况使巴克什备受尊重。

乾隆四年(1739)成书的《八旗通志初集·儒林传》较详细地记述了清初

---

① 《武皇帝实录》卷一;《满洲实录》卷二。
② 《八旗满洲氏族通谱》卷五,四库全书本。
③ 〔日〕和田清:《清太祖的顾问龚正陆》,《东亚史研究(满洲篇)》,东洋文库刊,1955年。
④ 《李朝实录》卷七十,乙未年十二月癸卯。

13 位巴克什的传略。《儒林传》载:

> 我太祖高皇帝肇兴帝业,特制国书以教臣民,清、汉文并行中外。上古作者之圣,继天立极之盛,复见于近日矣。至述者之明,有助于制作定世之大者,当时名臣大海巴克什、额尔德尼巴克什等,并能仰承太祖圣意,助制文字。嗣是四书、五经,以次演译。东连兀集,西被流沙,自古声教不及之地,莫不知有二帝三王之书。而希福巴克什等,删译辽、金、元三史,法前王,师近代,制作大备。盖儒术至是益昌,无远弗届,亦无微弗著,岂非帝王之盛事哉。是用采撷国初以来诸巴克什事实,撰为儒林传。……巴克什者,犹汉人言"文儒"云。①

史料将清初巴克什的事业与孔孟之道联系起来,并把达海这样通晓汉语的巴克什置于最重要的位置。然而,在此看不到当初在蒙古影响下满洲文化发展起来的过程。其实,在满洲早期文化发展中,起重要作用的并不是达海,而是额尔德尼巴克什,只是因后来他犯法被处死,影响了他的名声。额尔德尼的传略云:

> 额尔德尼巴克什,满洲正黄旗人,姓纳兰氏。生而聪敏,明习蒙古文,兼通汉文。太祖创业之初,即以文学侍从。随大兵所至汉人及蒙古地,俱能以其本地语言文字,传宣诏旨,招降纳款,著有劳绩。授副将世职。己亥年(1599)二月辛亥朔,太祖欲以蒙古字制为国语,颁行国中。令额尔德尼巴克什与噶盖扎尔固齐酌定之。②

又据《清史列传》:"额尔德尼,世居都英额,姓纳喇氏。""己亥年(1599)……会噶盖以事伏法,额尔德尼遵上指授,独任拟制,奉上裁定颁行。国书传布自此始。"③如这种说法成立,利用蒙古文字创制满文时,额尔德尼的功劳远大于噶盖扎尔固齐。当时他只是不到二十岁的年轻人,早年应受过蒙古文教育。据《边疆图籍录》载,额尔德尼还编过一本蒙古文词典《蒙文

---

① 《八旗通志初集》卷二三六《儒林传》,东北师范大学出版社,1985 年。
② 同上。
③ 王钟翰点校:《清史列传》卷四,中华书局,1987 年。

总汇》。①

又文献载:"天命三年(1619),上亲征明,取抚顺。师还,明总兵官张承荫纠众追蹑,额尔德尼同诸将还击,败其众,斩承荫。叙功,授男爵。"②证明额尔德尼还是文武双全的部将,不仅承担文字方面的工作,还在战场上冲锋陷阵。1616年,建立后金国时:

> 阿敦辖立于汗的右方,额尔德尼巴克什立于汗的左(二人)各自一方出来相迎,接受八大臣跪呈之书。捧放于汗前(大红的)桌上。额尔德尼巴克什于汗的左前方站立,(汗五十八岁的丙辰年正月初一日辰时,)呼汗为"天任养育列国(大)庚寅汗"(呼颂后),跪着的贝勒大臣等与众人皆都起立,仍回众人原站立处。③

以往有关额尔德尼的研究,只强调其在创制满文中的作用,而没有注意到他在其他方面所承担的角色。满文档案显示,额尔德尼巴克什在清早期国家意识形态的形成和汗权巩固过程中,从理论思想上宣扬了后金打败明朝而建国的合理性。天命四年(1619),后金打败明军取得了萨尔浒战役胜利后,额尔德尼论败明之战,据《满文原档》载:

> 记法典记录成书的额尔德尼巴克什说(的话):"尼堪国的万历皇帝……所出之兵,不顾天之所预愿,自恃他的国大,他的兵多,如与天抗拒一样而出兵啊!陷害诚正,恃强杀害有理者,此即所谓违天啊!……因为珠申的庚寅汗多作合理之事,所以将那许多兵,在三日之内接连追逐驰杀,追乘的马都不疲倦,而且为首领兵的诸贝勒大臣们没有一个损伤,此即所谓得天之助啊!"④

额尔德尼的死因,《儒林传》只是说"年四十三岁,缘事正法"。⑤ 没有交

---

① 邓衍林编:《中国边疆图籍录》,商务印书馆,1958年,第131页。
② 《满洲名臣传》卷八,《三十三种清代人物传记资料汇编》本。
③ 广禄、李学智译:《清太祖朝老满文原档》第一册,台北历史语言研究所,1970年,第62—63页。
④ 同上书,1971年,第100—101页。
⑤ 《八旗通志初集》卷二三六《儒林传上》。

待具体的情形。根据《满文原档》,他在天命八年(1623)因藏匿东珠等物被杀。①

如果说太祖努尔哈赤时代的巴克什中,额尔德尼是具有代表性的一位。那么,皇太极即汗位后,又出现一批巴克什,在后金国发挥着各自的才能。达海(又写大海)巴克什就是其中之一。据《八旗通志初集·儒林传》:

> 生而聪颖,九岁即通满汉文。初事太祖高皇帝,置在内廷机密重地,专司文翰。凡与明朝及蒙古、朝鲜词令,悉出其手。其宣谕诏旨,应兼汉音者,亦委命传宣,无不称旨。②

达海的最大功绩在于在原无圈点满文(即老满文)基础上创制了有圈点满文(即新满文),故被排在《儒林传》的首位。从以上的记述看,他也谙习蒙古语文。其另一个功绩是把明朝有关制度的书籍翻译成满文。据《儒林传》,他创制新满文后,"旋奉命翻译汉书,如明朝《刑部会典》及《素书》《三略》等书。于是满洲臣民未习汉文者,亦能兼通汉书"。③ 明《刑部会典》实际上与《大明律例》没有什么不同。据说台北"中研院"傅斯年图书馆藏有无圈点本满译明律。可见翻译这些律例并不是1632年创制新满文以后的事情,《儒林传》可能在年代上有误。

据记载,达海主持和参与翻译的书籍不止这些,他用满文译汉籍:"有《万全宝书》《刑部(原档残缺)》《素书》。始译而未竣者有《通鉴》《六韬》《孟子》《三国志》《大乘经》。昔满洲国未深谙典故,诸事皆以意创行。达海巴克什始用满文译历代汉籍,颁行国中,满洲人不曾闻知之典故文义,由此通晓之。"④

达海对汉文及汉文化比较了解,在后金对明朝的关系中发挥了作用。他死后,崇德元年(1636)皇太极汗谕诸王大臣等谨遵满洲旧制:

> 圣汗集诸亲王、郡王、贝勒、固山额真及都察院各官,汗坐于凤凰楼下,命弘文院笔帖式等读金国第五代汗世宗兀鲁汗本纪。圣汗谕众曰:

---

① 《满文原档》第三册,第430—435页。
② 《八旗通志初集》卷二三六《儒林传》上。
③ 同上。
④ 《满文原档》第八册,第222—223页。

"此本纪所言,尔众审听之。世宗汗者,汉蒙诸国享有美誉之汗也。是以,后世智者皆誉之为小尧舜汗。我将此书译成清字披阅以来,如马之遇兽,即竖耳欲驰,觉我耳目益加清晰,不胜欣赏。吾览此书,太祖阿骨打、太宗吴乞买所行治国之道,至熙宗合喇汗及完颜亮汗时尽废之,耽于酒色,盘乐无度,尽染汉习。世宗继位,恐子孙习染汉俗,屡谕毋忘祖宗旧制,衣女直衣,习女直语,时时练习骑射。虽垂训如此,后世诸汗,习染汉俗,忘其骑射。至于哀宗,基业废隳,国遂灭亡。乃知凡为汗者耽于酒色,未有不败亡者。昔儒臣巴克什达海及库尔禅,屡劝我弃满洲衣冠,用汉人服饰,以效汉俗,我坚辞不从,遂以为我不纳谏。"①

达海和库尔禅提倡汉化与当时后金国的政局变化有关。皇太极刚登上汗位时,权力还不稳固,他比努尔哈赤晚期更重用汉臣,推行汉化政策。天聪五年(1631)设立六部就是最好的证明。但是,后来与察哈尔对抗的胜利增强了他的种族自信心。在此情况下,对以往的汉化政策采取调整策略,而把达海等人当成挡箭牌也属必然。

不幸的是,达海也在壮年死去。天聪六年(1632):

满洲大军至拜斯噶勒地方驻营毕,游击职达海巴克什病故。六月初一日,得疾,至第四十四日,即七月十四日未时卒。未年生,享年三十八岁。自九岁习读汉书,通晓满汉文,自太祖至天聪六年,撰拟致明国及朝鲜文院之书札,甚是精通,敦厚聪慧。病笃,汗召侍臣垂泪曰:"我原以为达海患平常疾病,今闻病笃,惜未深宠,后当优恤其子。尔等可以往告此言。"遂赐达海蟒缎一、缎二,命侍臣携往。侍臣转宣谕毕,巴克什达海达海感怆垂泪,然病已危笃,不能言矣。达海以满文全译之汉籍有《万宝全书》《刑部[原档残缺]》《素书》《三略》;始译而未竣者有《通鉴》《六韬》《孟子》《三国志》《大乘经》。……国家兴盛之时,额尔德尼巴克什、达海巴克什相继应运而生,二人精通文义,乃一国仅有之贤者也。②

---

① 《满文原档》第十册,第647—649页;《内阁藏本满文老档》20,第792页。
② 《满文原档》第八册,第222—223页;《内阁藏本满文老档》20,第652—653页。

在此,把达海和额尔德尼二人说成"一国仅有之贤人",可谓至高的评价,也是对这两人充分的肯定。

三、1615 年以后的演变

乙卯年(1615)至丙辰年(1616)在满洲历史上是一个转折的年代。这两年,努尔哈赤对其国家制度进行了又一次的更新和升级。当时努尔哈赤也对巴克什制进行调整:

> 深恐征收国人的粮赋,国人甚苦,遂命每一牛录出男丁十名、牛四只,以充公差,命其于空旷的地方垦田耕种粮食,以增收积储于粮库。委派十六大臣,八个巴克什办理记录此项粮食的收发事宜。①

由此可以看到巴克什制的几点变化:第一,巴克什的工作从文墨工作的基础上延伸到民生问题方面。第二,原巴克什只是一种美称,不是国家生活中的正式官名,现在不同了,成为正式的官名。第三,从此开始巴克什的人数逐渐增加。到天命晚期、天聪初年,每旗巴克什的人数更多了。因此,天聪汗皇太极才采取一些措施。首先天聪三年(1629):

> 夏四月,丙戌朔。上命儒臣分为两直。巴克什达海同笔帖式刚林、苏开、顾尔马浑、托布戚等四笔帖式翻译汉字书籍。巴克什库尔缠同笔帖式吴巴什、查苏喀、胡丘、詹霸等四笔帖式记注本朝政事,以昭信史。初,太祖制国书,因心肇造,备列轨范。上即位,既躬秉圣明之资,复乐观古来典籍,故分命满汉儒臣,翻译记注,欲以历代帝王得失为鉴,并以记己躬之得失焉。②

从此,儒臣分为两班,四名笔帖式在达海的带领下,翻译被认为对后金政治有用的汉文书籍;四名笔帖式在库尔禅带领下,记述后金本朝史,工作有了较为明确的分工。

福格《听雨丛谈》言:

---

① 《清太祖朝老满文原档》第一册,第 51 页。
② 《清太宗实录》卷五,天聪三年四月丙戌朔。

巴克什,亦作榜式,亦作把什,乃清语文儒谙悉事体之称。天聪五年七月,设立六部,改巴克什为笔帖式,其文馆大臣原有榜式之号者仍之。范文肃、宁文毅官大学士时,皆存榜式之名,有如武臣之巴图鲁也。笔帖式今清语作笔特和式,亦不称巴克什矣。按从前大臣赐号甚多,有清卓理克图及戴青等名,与巴克什、巴图鲁之制同。蒙古王公有赐达尔汉及济农、土们等名。又按国初文臣皆呼为巴克什,又有札尔固齐十人,似是理政听讼之大臣。曾于《清文鉴》中查之不得,应是蒙古语也。①

吴振棫的《养吉斋丛录》也表述了改革巴克什制及文馆、日讲官、起居注官、翰林等相关官制的演变情况:

> 天聪三年(1629),命儒臣分为两直,巴克什达海同笔帖式刚林、苏开、顾尔马浑、讬布戚翻译汉字书籍,此即日讲之义。巴克什库尔禅同笔帖式吴巴什、查素喀、胡球、詹霸记注本朝政事,此即起居注官之义。顺治十二年(1655),设日讲官。十七年(1660),诏翰林各官直宿景运门,备顾问。掌院哲库纳、王熙请分日入直,并以读、讲学士至编、检,每日八员轮直,此曩时日讲之制。康熙九年(1670),复设起居注官(国初有起居注,后裁)轮直,日讲以掌院学士、翰林等官充补,满四员,汉八员。自后屡有增损。此以起居注兼日讲也。熊孝感自陈疏云:康熙十年(1671)二月,充经筵讲官;三月,充日讲官;五月,充起居注。是其时日讲与起居注为分职。二十五年(1686),停日讲,而起居注官仍系"日讲"二字于衔上。五十七年(1718),裁起居注,事归内阁,惟令翰林五员于听政时轮直班行。雍正元年,复设日讲起居注,满六员,汉十二员。乾隆、嘉庆间,两次增满官四员。于是日讲、起居注合而为一。以翰林、詹事、坊、局官原衔兼充,皆由简派。惟满、汉掌院学士及詹事,得坐充日讲起居注官。按:旧缙绅及当时所刊官书,讲官结衔皆作日讲官起居注,经筵日讲官起居注,不作日讲起居注官也。私家著撰,结衔亦然,盖与今异。②

---

① (清)福格:《听雨丛谈》,中华书局,1997年,第180—181页。
② (清)吴振棫:《养吉斋丛录》卷二。

四、巴克什与满蒙关系

1619年,后金取得萨尔浒战役胜利后,当年十一月初一日,与喀尔喀五部相盟和好,缮写誓言。遣额克兴额、楚胡尔、雅希禅、库尔禅、希福五大臣赍书于喀尔喀五部诸贝勒。① 十二月二十三日,英明汗所遣之额克兴额、楚胡尔、雅希禅、希福、库尔禅会五部喀尔喀诸贝勒于噶克察谟多冈干塞特尔黑孤树地,按汗所遗之书,缮写誓言,刑白马乌牛,对天地焚书盟誓。② 这是努尔哈赤积极示好于蒙古的开始。在此过程中,后金的扎尔固齐、巴克什们扮演了很重要的角色。与一般的使节往来不同,这五个人代表着后金国诸贝勒。额克兴额在天命八年(1623)被任命为正蓝旗审事官。雅希禅是著名的十扎尔固齐之一。楚胡尔身世不明,待考。

《八旗通志初集》卷二三六《儒林传上》库尔禅:

> 库尔禅巴克什,满洲镶红旗人。姓钮祜禄氏,世居长白山,后迁英额地方。太祖高皇帝初建丕基,应天顺人,遐迩归心。库尔禅祖赖禄洪都督,自哈达国率所属来归,始隶镶红旗。库尔禅性忠直,嗜学问。裁度事务,必握大纲,恪遵义理。少时,太祖养育宫禁。比长,嘉其识见过人,令于文馆办事。入参密勿,出抚外邦。太祖辛丑年,以满洲生齿日繁,每三百丁设一牛录。特命库尔禅管其一。
>
> 天命四年十一月,喀尔喀五部落众贝勒等,遣使来请结盟好。太祖命库尔禅同克星格、绰虎勒、雅希禅、希福五大臣,偕来使赍誓辞,前往至喀尔喀国。齐集五部落众贝勒于噶克察谟都冈干塞忒勒黑地方。同五部落执政贝勒杜楞洪巴图鲁,刑白马乌牛,昭告天地,誓毕而还。③

《八旗通志初集》又载:

> 希福巴克什,满洲正黄旗人,姓赫舍里氏。其曾祖穆胡睦都督,世居图音额地方(又写都英额——引者),后迁白河,又迁哈达。天命四年,希福偕其兄硕色巴克什,自哈达国来归,事太祖高皇帝,以兼通满、

---

① 《清太祖朝老满文原档》第二册,第180页。
② 同上书,第188页。
③ 《八旗通志初集》卷二三六《儒林传上》。

汉、蒙古文字,事奉使诸蒙古国中。凡宣谕德音,审理讼狱,调集兵马,俱经任使,奉命弗辱。自是专任文馆,赐名巴克什,绥抚招徕,未尝一日安处。顺治九年,特晋为三等子,世袭。授议政大臣。十一月,病卒,年六十四。①

库尔禅和希福原来都是哈达人,祖辈官居都督。由此看来,他们应是氏族里的望族。库尔禅代表后金统治者和喀尔喀进行盟誓活动之后,与希福经常被派往科尔沁、喀喇沁、阿鲁等蒙古各部,代表后金参与与这些部落之间订立同盟、征调蒙古兵和审理蒙古案件等事务,在双方的政治关系中发挥了重要作用。从库尔禅出使蒙古各部的情形来判断,他应该会蒙古文。据《实录》载,天命九年(1624)后金和科尔沁部订立军事同盟关系:

> 初,我国与蒙古科尔沁贝勒通使往来者数年。至是,上复使人往与之约,坚盟好焉。科尔沁台吉奥巴乃使人赍书来奏,称上如青天之上太阳当空,众光尽敛,威震列国,众民慑服,普天共主之圣明皇帝陛下。自称嫩江水滨所居科尔沁贝勒等闻皇帝言,众皆钦服。然何以修好,共定大业,惟皇帝命,我等无败约者。但察哈尔及喀尔喀知我等与他国合,必侵我,何以为计,惟皇帝圣明鉴此。上于是与蒙古科尔沁国修好,遣巴克什库尔缠、希福往,与科尔沁台吉奥巴、阿都齐达尔汉、戴青蒙果等会盟。②

科尔沁不想与后金订立盟誓的主要原因是察哈尔的压力。但危机解除之后,科尔沁部长奥巴并不认真对待所订盟誓,引发与后金之间的矛盾。1626年,努尔哈赤死,皇太极即汗位不久:

> 遣巴克什希福赍书与科尔沁土谢图额驸奥巴,历叙从前盟誓之词而责之曰:"而于察哈尔国、喀尔喀部落失去牲畜,设计遣巴牙尔图往索,应先闻于我,然后遣往。乃既遣之后,始来报知,亦复何益?我皇考视尔如子,申以盟誓,重以婚姻,较之亲戚中恩为尤渥。尔闻我皇考上宾,即令顷所遣使辰思慕之忱,尽吊慰之礼,岂不甚善?且皇考以公主

---

① 《八旗通志初集》卷一四七《名臣列传七》。
② 《清太祖实录》卷九,天命九年二月庚子。

下嫁于尔,何异弥留之际与尔以遗念乎?今止以迎公主之故而遣使来,是何为者?因我与尔分属姻亲,故直言无隐耳。"①

天聪二年(1628)九月,皇太极出兵察哈尔时,遣人征调与后金有攻守同盟关系的喀尔喀、喀喇沁、科尔沁各部的兵丁。然而,科尔沁部各首领没有积极响应他的号召。《实录》载:

> 巴克什希福奉使科尔沁国还。奏言,科尔沁诸贝勒俱不至,惟土谢图额驸奥巴、哈谈巴图鲁、满朱习礼已率兵起行,自行侵掠,掠毕,然后与我军合。上大怒,复遣希福率健士八人,往邀土谢图额驸,速令来会。②

至此,皇太极再也忍耐不住了,当年十二月,他派遣"汗之近臣索尼巴克什"③和阿朱户,持历数土谢图汗奥巴之九条罪名的书信,前去科尔沁部。有关情形,《满文原档》有详细的记载,④惊慌失措的奥巴抱病亲身往见皇太极才平息了这场风波。据《满洲名臣传》所载,索尼是"满洲正黄旗人,姓赫舍里氏"。⑤ 又据《八旗通志初集》载:

> 索尼巴克什,大学士希福巴克什兄硕色巴克什之长子也。太祖高皇帝龙兴,索尼随父硕色,自哈达国率众来归。硕色通满、汉文及蒙古文,太祖命在文馆行走,赐名巴克什。索尼早承家学,兼通满、汉、蒙古文,在文馆办事。初任头等辖,随大兵征讨,所向有功。⑥

再据《儒林传》:"与大海同时在文馆办事有希福者,家世以文学著称,希福尤优。与其兄硕色、兄子索尼并赐巴克什之号。"⑦看来他们家族两辈三人都通满、汉、蒙文。索尼"顺治十七年,应诏上言十一事:五曰,在外诸藩风俗不

---

① 《清太宗实录》卷一,天命十一年十二月庚戌。
② 《清太宗实录》卷四,天聪二年九月甲戌。
③ 《满文原档》第六册,第281页。
④ 同上书,第277—297页。
⑤ 《满洲名臣传》卷四。
⑥ 《八旗通志初集》卷一四七《名臣列传七》。
⑦ 《八旗通志初集》卷二三六《儒林传上》。

齐,若必严以内定之例,恐反滋扰,宜格外宽容。康熙初期辅政四大臣。"①

天聪四年(1630),后金与刚从兴安岭以北南下西拉木伦河流域的蒙古阿鲁部盟誓订立同盟关系。不久"命巴克什希福率每旗兵十五人,出使阿鲁部,偕阿鲁部来使前往"。② 希福此行,加深了双方的了解,后来阿鲁部人不断来朝贡后金,并最终归附。希福第二次出使阿鲁部是崇德元年(1636),此次的任务是"看望和硕成亲王所娶之女"。③

希福、库尔禅等巴克什经常前往科尔沁等部,对蒙古各部的情况比较了解。在后金处理蒙古事务中,逐渐获得发言权,不管征伐、联姻、会盟和惩处叛乱、议罪等活动,都有他们的参与。

1626年后金诸贝勒征讨扎鲁特部时,库尔禅从征。

> 十一月凯旋,随贝勒大臣等朝见。时太宗文皇帝新嗣大统,命大海巴克什传谕问:"二兄众贝子,此次出征,获全胜乎?"库尔禅于出师众贝子前跪奏云:"蒙上天福佑,皇上神武,所向无不全胜。"太宗闻奏大悦,设宴行饮至礼。④

巴克什们掌握舆论导向,为皇太极的权力巩固起了作用,得到汗的赏赉。崇德元年(1636)时,汗和大学士希福等论察哈尔汗贪横不道:

> 圣汗谕大学士希福、刚林、范文程等曰:"科尔沁部土谢图额附有名马号曰杭爱,我方曾欲以甲十副易之,彼不与。蒙古察哈尔汗索之以马,势如强夺,止予一胄,科尔沁部诸贝勒之心遂因之疏远。察哈尔汗又以一胄送阿鲁部济浓,索马千匹。阿鲁部济浓曰:'岂有一胄可值马千匹之理耶。是无故起衅,欲来侵我耳,不可不予'等语,遂予马五百匹。从此阿鲁部诸贝勒之心因之疏远。又科尔沁部卓里克图亲王有一鹰,能横捕翔鹄,察哈尔汗遣使索之,卓里克图亲王不与。土谢图额附劝其与之。既取其鹰,一无所偿,即送鹰之人亦未令见。如此,人心何以悦服。今各地蒙古每次来朝,均厚加恩赏,是以无心辞别,去犹留恋,

---

① 《满洲名臣传》卷四。
② 《满文原档》第六册,第442页。
③ 《满文原档》第十册,第328页。
④ 《八旗通志初集》卷二三六《儒林传上》。

蒙古各部亦享富足安逸。由此揆之，以势服人，不如使人心悦服为贵也。"大学士希福答曰："治之以德则化，治之以刑则败，此之谓也。"①

巴克什们平时陪伴汗和诸贝勒，还能参与议政。据《实录》所载，天聪七年(1633)额尔克楚虎尔贝勒多铎娶科尔沁大妃之女事如下：

是日，复遣文馆龙什、爱巴礼、索尼、敦多惠等与诸贝勒会议，谕曰："科尔沁国大妃之女，额尔克楚虎尔贝勒久欲娶之。朕初不允，今又坚意欲娶。朕曾云此女容貌亦非甚美，如必欲娶，可召来观之，尔虽以为美，如不合与意，亦不可娶，及召之使观，娶意愈坚。朕欲劝阻，念为皇考所遗幼弟，不忍违其意，故欲令娶之，夫岂以福金女弟之故，遂徇庇亲属，而与吾弟有他志耶，如相得则已，不相得，可密送于我，我密转送于大妃。又科尔沁大妃见朕三女，欲娶长者为妇，我意长且不字，待长成从容议婚，二幼女中许聘一人可也。"大贝勒代善及诸贝勒奏曰："额尔克楚虎尔年幼志骄，以大福金女弟与之，相得则已，不相得，反伤外戚之谊，皇上宜力止之。"上愀然曰："诸贝勒之言非也，朕岂可以外戚之故而拂皇考所育幼弟之心耶。"于是希福榜什奏曰："皇上既念及太祖，勿容与诸贝勒复议矣，即令其娶此女可也。"遂定议令娶之。诸贝勒又奏："大妃求上长女格格与其子为婚事曰，长格格宜留勿许，二格格中可以一人许之，彼之女屡适我国，我国之女不与其一可乎。"②

天聪八年(1634)五月，科尔沁部噶尔珠塞特尔叛去，天聪汗遣户部承政英俄尔岱、举人敦多惠回盛京转谕守城和硕贝勒济尔哈朗曰："令索伦部来朝大臣巴尔达齐速回其部，恐索伦部为噶尔珠塞特尔等所掠，宜详加训谕而遣之。"又遣巴克希希福、伊拜往科尔沁部土谢图济农等谕曰："法律所载，叛者必诛，尽夺其部众，以其本人为奴者听。"③六月二十一日，"大军至波硕克退地方驻营。前往科尔沁部巴克希希福还，奏言：'科尔沁部土谢图济农、扎

---

① 《满文原档》第十册，第331—332页；《内阁藏本满文老档》20，第733—734页。
② 《清太宗实录》康熙本卷一四，天聪七年五月丁酉。《清朝太祖太宗世祖朝实录蒙古史史料抄——乾隆本康熙本比较》，第234—235页。
③ 中国第一历史档案馆：《清初内国史院满文档案译编》上，光明日报出版社，1989年，第84页。

萨克图杜稜、孔果尔老人、吴克善洪台吉率兵往追噶尔珠塞特尔等,俱擒获之,杀噶尔珠塞特尔、海赖、布颜代、白谷垒、塞布垒等,尽收其人户'等语"。①

《满洲名臣传》记载希福巴克什后来的经历:

> 崇德元年,改文馆为内三院,希福为国史院承政。寻授弘文院大学士,晋二等轻车都尉。五月,请定察治讹言惑众之例。三年,与大学士范文程请更定部院官阶之制。诏并可其奏。希福虽居内院,管机务,犹间奉使察哈尔、喀尔喀、科尔沁诸部,编户口,设佐领,颁法律于蒙古,平其狱讼;或往来军营,宣示机宜,核功赏,相度形势,谕上德意于诸降人,还奏未尝不称旨也。顺治元年,翻译辽、金、元三史奏进,世祖章皇帝展阅再四,赏赉有加。②

上述巴克什们或多或少参与文书事务,但有些巴克什则完全属于武臣。吴内格或乌讷格巴克什就是这样的人物。据《八旗通志初集》卷一七一《名臣列传三十一》:

> 吴内格巴克什,蒙古正白旗人,先居叶赫,国初率妻子来归。癸丑年,从太祖高皇帝征乌喇,布占泰贝勒跪词求免,太祖犹有许其改过之意。吴内格与五大臣等,并言布占泰反复难信,力主进战,奋勇直前,遂灭乌喇。以功授三等副将世职。天命十一年,从征明,攻宁远城未下,奉遣击明觉华岛兵败之。吴内格性聪敏,兼通蒙古文及汉文,因赐名巴克什。……(天聪八年)时蒙古兵分两翼,吴内格为左翼固山额真,与诸贝勒兵俱进独石口。……吴内格骁勇善战,所至有功。初我国遣善拜驻大安口城,为明兵攻夺,吴内格即往攻之,遂复其城。九年卒,恩恤如典礼。③

概括而言,清初巴克什号来源于蒙古。从巴克什的功能角度讲,努尔哈赤早期的巴克什和内喀尔喀各部的巴克什没有什么不同,他们不仅承担着文书工作,还参与战事。当时,巴克什只是一般性名号。巴克什们通过创造

---

① 《清初内国史院满文档案译编》上,第90页。
② 《满洲名臣传》卷三。
③ 《八旗通志初集》卷一七一《名臣列传三十一》。

文字、翻译和书写史书等活动,提升太祖、太宗时期的政治文化水准。巴克什变成正式的官名,是从 1615 年开始的。其后,满洲八旗每旗都配有巴克什,人数逐渐增多。其职权也逐渐扩大,不仅担负原来的文书工作,并承担了户口登记、使者、教师、谏臣、议政等多方面的职责。在此背景下,太宗年间几次采取措施,改革巴克什制度,明确了其职掌,也使不断增长的巴克什人数得到控制。另外,在满蒙交往中,库尔禅、希福等巴克什因懂得蒙古语文及文化,在满蒙同盟关系的建立过程中,以中间人的身份,推动了双方关系的发展。

第四节　达尔汉和巴图鲁

一、溯源

据前人考证,达尔汉这一名号始见于柔然,称"塔寒"。继为突厥沿用,称"达干",[①]为专统兵马的武职。之后回纥、鞑靼等都沿用过该名号。至南宋,在五城之地畏兀儿族中,仅成一世袭空名而已。蒙古兴起后,达尔汉又被广泛使用。[②]

Darqan,蒙元时代汉文音译为"答剌罕",明代音译为"打儿汉",清代音译为"达尔汉"。它是突厥、蒙古两族长期沿用的名号。答剌罕一词有"得自由""自在"之意。1206 年蒙古立国,成吉思汗对于共同创业的功臣,授以万户、千户等有实职的官号,而对成吉思汗本人或其子有救命之恩的人,则更授以答剌罕之号。元朝答剌罕享有多种特权:宴饮乐节如宗王仪;允许宿卫佩戴箭筒;围猎时猎获的野物归自己独有;出征时抢掠的财物归自己独有;九罪弗罚;免除赋税;无须获得许诺,随时可入宫禁;自由选择牧地。蒙古答剌罕号也是世袭的,[③]这一名号一直保持到北元时期。17 世纪初,王士琦《三云筹俎考》言:

[①] 《阙特勤碑》有记述(见耿世民《古代突厥文碑铭研究》,第 137 页)。

[②] 韩儒林:《蒙古答剌罕考》,《穹庐集》,河北教育出版社,2000 年(1982 年上海人民出版社初版)。

[③] 韩儒林:《蒙古答剌罕考》。

> 打儿汉,凡部夷因本管台吉阵前失马扶救得生,或将台吉阵中救出者,加升此名。因救台吉自身阵亡,所遗亲子或孙酬升此名。亦有各色匠役手艺精,能造作奇异器具,升为此名。①

这里列出被封打儿汉即达尔汉号者的条件,或从危难中救出台吉,或能造奇异器具等。看来,这一时期的达尔汉号依然保存着蒙古初期的一些特征。但该书没有透露达尔汉的其他信息。又据明末萧大亨所著《北虏风俗》:

> 及虏既归,仍以纛竖之如前,将所获一人生束之,斩于纛下,然后会众论功。群夷上所卤获于群酋,而莫之敢匿;群酋上所卤获于虏王,而莫之敢匿。虏王得若干,余以颁群酋;群酋得若干,于以颁群夷。功轻者升为把都儿打儿汉,功重者升为威静打儿汉,再重者升为骨印打儿汉,最为首功,则升至威打儿汉而止。②

这四类达尔汉号是凭借战功获得的,是北元时期达尔汉发展的新动向之一。16世纪初,达延汗打败右翼异姓部长之后也授予有功者以达尔汉(达尔罕)号,据佚名《黄金史纲》载:

> 其后,达延可汗对参加右翼三万之战的人皆授予"达尔罕",封察吉察的子孙为没有"那颜"的自由人;封卫喇特的实古锡与阿噶拉噶齐二人的子孙为七世不纳贡的人。③

这次战役的起因是由于达延汗将他的次子乌鲁斯博罗特分封到鄂尔多斯部,但不久乌鲁斯博罗特被当地的异姓首领们杀掉,因而达延汗组织了此次复仇之战。参加此次复仇战役的将领被授予达尔汉号是符合蒙古传统惯例的。正如额尔克固特的克勒该捕杀鄂尔多斯部一个首领勒古锡后,禀告达延汗说:"我降服了你的敌人,我杀死了你的仇家。"④

另一名号是清代的"巴图鲁"。唐代北室韦渠帅号为"莫贺咄",有学者

---

① (明)王士琦:《三云筹俎考》卷二。
② (明)萧大亨:《北虏风俗·战阵》,明刻本。
③ 朱风、贾敬颜译《汉译蒙古黄金史纲》,内蒙古人民出版社,1985年,第98页。
④ 《汉译蒙古黄金史纲》,第98页。

早就指出这一词对应表示勇士、英雄的"把阿秃儿"。① 满语"巴图鲁",源出蒙古语 baγatur,蒙元时代汉译拔都儿,或把都儿、八都儿、把阿秃儿,有"勇士""英雄"之意。成吉思汗的祖先里就有一个叫"合必赤·把阿秃儿"的人。被称为成吉思汗四杰之一的赤剌温,有时也加把阿秃儿号。克列部王汗下也有个"古邻·把阿秃儿(或写曲怜·拔都)"的人。值得注意的是成吉思汗的父亲,本名为也速该,另有号为把阿秃儿。

该名号较为广泛使用应该是从北元时期开始的。据佚名《黄金史纲》,元朝灭亡之际,"哈不图哈撒儿之子脱忽巴图尔的后裔图穆勒呼巴图尔,命令自己的儿子哈齐库鲁克临阵,领着六十名擎旗手赶来,说道:'语云:与其毁声灭名,何如粉身碎骨!'因之,与汉家追兵激战而死。这便是哈撒儿子孙报效于可汗后裔的一桩事迹。"② 哈不图哈撒儿是成吉思汗的大弟,文献记载证明他的后裔当中多人拥有"巴图鲁"号。另外,15 世纪初,东蒙古阿岱可汗即位,为报复前仇,率领东蒙古讨伐瓦剌。此次战争双方出战的将领有科尔沁的锡古苏特巴图尔和瓦剌的珪林齐巴图尔。③ 他们共同拥有统一的"巴图尔"号。锡固苏特巴图尔就是哈不图哈撒儿的后人。但瓦剌(清代称为卫拉特)将领也有巴图鲁号,证明了北元时期这一名号在东西各蒙古部中广泛使用。

二、清初达尔汉号

《满文原档》的开头部分记述了1607年满洲和乌拉发生战争说:

> 于淑勒崑都仑汗四十九岁的未年三月二十日,布占泰截路的一万兵,被两个儿子率领的一千兵将之击破。阵斩领兵主将博克达贝勒父子,生擒常住贝勒父子,及其弟虎里布贝勒三人。杀其三千人,获马五千匹,甲三千副。(中略)去时天现吉兆有明线连在军队的大纛上,因此击破了布占泰截路之万兵。待击败敌人回来后,淑勒崑都仑汗赐给弟贝勒"达尔汉巴图鲁"名号,汗亲生的长子首冲大敌,特赐名号"阿尔哈

---

① 〔法〕保罗·拉切夫斯基:《室韦人是蒙古人吗?》,《法国西域史学精粹》3,甘肃人民出版社,2011 年。

② 《汉译蒙古黄金史纲》,第 41—42 页。

③ 同上书,第 54—55 页。

图图们",次子代善贝勒,于阵中把主将博克达贝勒于马上生擒斩之,同伴进入敌阵时追击都追不上,而与其兄长一同进击,因而赐与名号为"古英巴图鲁"。①

正如《北虏风俗》所言:"功轻者升为把都儿打儿汉,功重者升为威静打儿汉,再重者升为骨印打儿汉。"在此只是置换了"打儿汉"和"把都儿"二词的前后位置。"古英"就是"骨印"。伯希和认为,"古英"名号来源于汉语"国王"一词,②但随着时间的推移,其词意产生变化,成为满蒙部落首领或权势者拥有的一种荣誉名号。③ 然而,arγatu tümen(阿尔哈图图们)二字也是蒙古语借词。Arγa 是计谋、谋划的意思,tu 可以作为人或者的接尾语,所以合起来就是"计策家""谋略家"。Tümen 是满蒙语"万"字,代表多数。因此"阿尔哈图图们"其实就是指一个"有很多计谋的人"。这个名号是努尔哈赤长子褚英的专称,清官书里说褚英是"广略贝勒",应该是从这个名号译过来的。④

努尔哈赤其他儿子还有不同名号,多尔衮号墨尔根岱青,多铎号额尔克楚虎尔等,皆取于蒙古语。天聪二年(1628),天聪汗皇太极先率师征察哈尔阿拉克绰特部、多罗特部返回沈阳后,谕曰:"蒙天眷佑,率诸幼弟及偏师,往征他国,克捷凯旋,宜赐两幼弟以名号。于是赐多尔衮号为墨尔根戴青,多铎为额尔克楚虎尔。"⑤

当初,扶持努尔哈赤起家的五大臣,即额亦都巴图鲁、费英东扎尔固齐、安费扬古硕翁科洛巴图鲁、达尔汉恰扈尔汉、何和礼额驸,其中四位的名号都是蒙古语借用词。

达尔汉恰,又写大儿汉虾。戊申年(1608)十二月,"太祖命胡儿刚虾领兵一千征东海兀吉部所属呼夜卫。克之,获人畜二千而还。因有功,赏胡儿刚虾盔甲、马匹,仍赐名大儿汉虾。"⑥胡儿刚即扈尔汉,原号为虾。虾,蒙古

---

① 历史语言研究所专刊之五十八《清太祖朝老满文原档》(第一册荒字老满文档册),广禄、李学智译注,1970 年,第 3—4 页;《内阁藏本满文老档》19,第 1 页。
② 〔法〕伯希和著,耿昇译:《卡尔梅克史评注》,中华书局,1994 年,第 128—129 页。
③ 蒙古勒呼:《蒙古文文献中的"古英(güying)"称号考释》,《蒙古史研究》第九辑,内蒙古大学出版社,2007 年。
④ 陈捷先著:《满洲丛考》,台湾大学文史丛刊,第 142 页。
⑤ 《满文原档》第六册,第 242 页。《内阁藏本满文老档》20,第 481 页。
⑥ 《太祖武皇帝实录》卷二。

语 kiy-a,意为侍卫。扈尔汉因此次征战有功再得达尔汉号。

后金国建立之前官员并不多,拥有达尔汉号者也是少数。但随着后金国权力的展开,需要各种官职来加强管理,达尔汉号的授予也发生了一些变化。

第一,赐予立战功者。上述努尔哈赤赐予其弟舒尔哈赤"达尔汉巴图鲁"就是一个例子。天命十一年(1626),后金出师喀尔喀击败囊努克:

> 昂昆(明安贝勒之子)随即前进,并射倒囊努克贝勒之达赖塔布囊,经诸贝勒告知于汗,汗嘉之曰:"何国之人我未养育,有谁似此报效养育之恩耶。"随赐以达尔汉和硕齐之名号,并赐八固山贝勒之披甲男丁各一户,跟役男丁各一户,共十六户为随从。诸贝勒以下,小人以上,如有人再呼昂昆台吉原名,即解取其衣。闰六月十九日赐以名。①

和硕齐,蒙古语,是"先锋"之意。天聪二年(1628),天聪汗"赐奈曼部贝勒洪巴图鲁以达尔汉名号,扎鲁特部台吉喀巴海以卫征名号。赐号之缘故,乃因洪巴图鲁、喀巴海台吉以察哈尔汗不道,欲依傍天聪汗,俱来归附。后出征察哈尔阿拉克绰特部,杀其台吉噶勒图,俘获人口七百,以所获献汗"。② 这也是立战功者授予名号的例子。同年,后金出师准备征伐察哈尔,但科尔沁部之长奥巴及大多数首领们没有响应,"汗之妹夫科尔沁台吉满珠习礼、贝勒孔果尔之子台吉巴敦率兵掠察哈尔,二十二日,携其俘获来会大军,汗嘉之,赐满珠习礼以达尔汉洪巴图鲁名号,巴敦以达尔汉卓里克图名号,赏财帛、驼马、牛羊甚多。"③ 史料显示,多数被赐予达尔汉号者皆因创立战功而得。

第二,赐予出使立功者。天聪元年(1627)有谕:"因觉阿赖不惜身家,为两国讲和,赐号卓里克图达尔汉,任往来于八贝勒家。"④ 卓里克图,蒙古语,是"勇敢的""能干的""意志坚强的""坚毅的"之意。又,崇德元年(1636)谕曰:"阿赖,尔原系蒙古喀尔喀部人,自喀尔喀携妻来投。受命出使阿鲁部杜

---

① 《满文原档》第五册,第 50 页;《内阁藏本满文老档》19,第 260 页。
② 《满文原档》第六册,第 265 页;《内阁藏本满文老档》20,第 491 页。
③ 《满文原档》第六册,第 277 页;《内阁藏本满文老档》20,第 493 页。
④ 《满文原档》第六册,第 141 页;《内阁藏本满文老档》20,第 474 页。

稜郡王处,招降其部。复受命出使时,杜稜郡王率部来归。故赐以达尔汉名号,免差徭。"①

第三,赐予护送福金等立功者。天聪九年(1635),天聪汗皇太极娶刚前来归附的原察哈尔林丹汗大皇后囊囊。"汗与囊囊太后成婚。赐携囊囊太后前来之郭尔图色臣号为卓礼图达尔汉贝勒,命行兵居前,出猎居中,来往给以供应,世世子孙,免应驿骑、徭役,男子呼其原名,罚之鞍马,妇女呼其原名,罚之捏折女朝褂,仍给与金印敕书,并赏驮甲胄雕鞍马。"②

第四,赐予自愿来归者。天聪八年(1634),"阿禄伊苏特部古英和硕齐,先为两国往来议和。其后,察哈尔征阿禄济农,遂率族众来归。汗嘉之,赐号达尔汉和硕齐。令行军居前,田猎居中,及其子孙,俱照此行,赐以敕书"。③

第五,赐予重要事件中的向导者。顺治三年(1646)的两分诰命写道:"达喇海,原系乌珠穆沁车臣亲王侍卫,和硕德豫亲王统兵追歼腾吉思时,念其直至喀尔喀为向导,而赐号达尔汉,免其应付差马口粮之役,赐号准袭三次。"④"墨尔折依,阿巴噶多罗卓礼克图郡王侍卫,和硕德豫亲王统兵追歼腾吉思时,念其直至喀尔喀为向导,而赐号达尔汉,免其应付差马口粮之役,赐号准袭二次。"⑤

第六,赐予善于言谈者。天聪八年(1634)正月,"初二日。以元旦礼,汗与大贝勒召诸贝勒、大臣及各地蒙古贝勒入衙门,备陈百戏,设宴。宴毕,汗曰:'科尔沁部土谢图济农下巴珠代先赐号都喇尔侍卫,其做戏言语明爽,甚快心意,复赐都喇尔达尔汉之号,并赐御用绣面缎裘、蟒缎一匹,素缎一匹,毛青布十匹,听其出入八和硕贝勒家,入则勿令空返,贝勒有加怜悯者,可予以赞助。'此谕宣知于诸贝勒及外蒙古诸贝勒"。⑥

除此之外,也有因其他贡献而被赐予达尔汉号的人。例如,顺治二年

---

① 《满文原档》第十册,第173页;《内阁藏本满文老档》20,第702页。
② 《清初内国史院满文档案译编》上,第179—180页。
③ 同上书,68页。
④ 《清初内国史院满文档案译编》中,第345页。
⑤ 同上书,第345页。
⑥ 《清初内国史院满文档案译编》上,50页。但《内阁藏本满文老档》(20,第573页)说赐予巴珠泰都喇尔达尔汉号是天聪五年的事情。

(1645)的一个诰命所反映:"德木齐鄂木布,原系蒙古土默特鄂齐克喇嘛之徒,上命其修复归化城旧佛庙,因努力修缮,才能超群,故赐其德木齐达尔汉纳昂苏尊号。"①

达尔汉号的授予,除少数外,大多数都是在该号前后再加其他词以示其荣耀。如达尔汉巴图鲁、戴达尔汉、卓里克图达尔汉、达尔汉和硕齐等。后金国改国号为"大清"之后,册封满蒙贵族还多采用多罗达尔汉戴青、多罗达尔汉郡王、多罗达尔汉卓礼克图等当作爵位名号。

清初拥有达尔汉号者享有一些特权。

第一,准许子孙世袭罔替。如天聪五年(1631)赐汤赛号达尔汉豁绍齐云,天聪汗谕:"于大凌河之役,汤赛效力行间,赐以甲胄及达尔汉和硕齐名号。嗣后,凡使臣及诸台吉,不得向其征马匹、公粮。此达尔汉名号,着其子孙世袭罔替。"②崇德七年(1642)给当噶赖敕词曰:"尔原系蒙古科尔沁部人,尔主土谢图额附弃蒙古部主察哈尔汗来降时,尔不惜身家,竭蹶从事。后遵我教令,克殚忠贞,故赐号为卓礼克图达尔汉,免进马匹糗粮,八旗王、贝勒处,任其往来,遇出兵领赏,与甲喇章京同。所赐名号,子孙世袭。"③这里没有限制其能承袭次数,应该是准许"世袭罔替"。有些诰命就明确提到了准许承袭的次数。如崇德元年(1636),赐布尔噶都以戴达尔汉名号曰:"布尔噶都原系蒙古国喀喇沁部管固山事贝勒。蒙古国乱,自本地身先来归。随征北京为向导,入明边后,以导引有方,令驻守归顺之罗文峪城。时明国吴副将、丁副将率兵三千来战,击败之,余骑奔入一堡。次日攻克之。是役也,擒获丁副将及官五员来献。又攻克一堡。察哈尔兵至,夺土默特部西兰图所属人畜而去,追击之,足被创。又率本部人来归。是以赐戴达尔汉名号,授为一等昂帮章京,准再袭十四次。"④另外,有记载准袭六次等。⑤

第二,其他特权。天聪九年(1635)两份资料载:

---

① 《清内国史院满文档案译编》中,第116页。
② 《满文原档》第七册,第390—391页;《内阁藏本满文老档》20,第598页。
③ 《清初内国史院满文档案译编》上,第488—489页。
④ 《满文原档》第十册,第246页;《内阁藏本满文老档》20,第716页。
⑤ 《清内秘书院蒙古文档案汇编》第四辑,第9页。

>有逋逃五人杀汗所遣使臣，逃阿鲁地方。有名扬者追至兴安岭，尽杀之。汗嘉之，赐扬号为达尔汉哈坦巴图鲁，给以敕书，若男人呼其旧名，则罚鞍马，妇人呼其旧名，则罚捏折女朝褂。行兵令居前，从猎令居中，免其驿马、干粮。①

>天聪汗嘉察哈尔部归附大臣多尼克鲁克护送察哈尔汗福晋前来，赐以甲胄鞍马，号为都喇儿达尔汉贝勒，给之金印敕书，并命于国中行，每宿给以公粮，子孙永免驿马、干粮，从猎居中，行兵居前，男人呼其原名，则罚鞍马，女呼其原名，则罚捏折女朝褂。②

这种权利颇像蒙元时期的情况，达尔汉的特权在有清一代基本没有改变。《理藩院则例》卷二《品秩》规定：

>内、外扎萨克各旗属下人等，有因从其主归降及随军向导有功，敕给达尔汉名号世袭者，其顶戴、服色、坐褥，各视其当日原得二、三、四、五品，比照管旗章京、副章京、参领、佐领服用，不得僭越。③

法律从顶戴、肤色、坐褥等方面规定了达尔汉所享有的特殊身份。但是，在一些特殊情况下，达尔汉之号也有可能被废除。蒙古文档案记载：

>奉天宽温仁圣帝敕谕，阿邦，尔随征毛明安时，全歼敌人，授予和硕齐达尔汉号，免征驿马，世袭罔替。后崇德五年二月十日，不给使者驿马，并因殴打驿丁罪，废达尔汉号。后又恩诏复为达尔汉和硕齐号，不准承袭。顺治八年三月初一日。④

前面我们论述了达尔汉号从蒙古传到后金国（清朝）的情况。当初，包括蒙古大汗在内的蒙古各部之长都有权将此号赐予立有相应功绩者。藏传佛教传入蒙地后，达赖喇嘛也拥有这样的权力。总之，地位高者赐予地位低者是达尔汉授予的一般规律。因有这一惯例，顺治七年（1650），外喀尔喀土谢图汗部首领丹津喇嘛赐予清朝使者侍卫喇嘛"达尔汉绰尔济"号，而后引

---

① 《清初内国史院满文档案译编》上，第131页。
② 同上书，第132页。
③ 《钦定理藩部则例》，天津古籍出版社，1998年，第40页。
④ 《清内秘书院蒙古文档案汇编》第三辑，第240—241页。

发了一场废号活动。《清初内国史院满文档案译编》记载其事：

> 察干喇嘛、固锡阿木布、必理科图囊苏、侍郎沙济达喇、席达礼、启心郎奈格等人审理曰："侍卫喇嘛，尔乃大国汗使臣，受小国赐号者，非也。念尔为喇嘛，免死，籍没家产，驱逐。嗣后，永不任用。"审毕，启皇父摄政王，奉父王旨："勿籍没喇嘛家产，停每年所发俸禄。因系白身喇嘛，日后禁入皇上御门、皇父摄政王之门、众王、贝勒等之门。钦此。"①

这是满洲与喀尔喀蒙古争夺政治话语权的表现。随着清朝权力的集中，当初努尔哈赤从一个蒙古部落首领之子那里接受汗号的事情至此已经是无法被接受了。

三、满洲的"巴图鲁"号

巴图鲁也和达尔汉一样是蒙古语借词，是授予特殊群体和个人的美称或荣誉称号，也有巴图鲁和达尔汉相结合的现象。

据《太祖武皇帝实录》，努尔哈赤祖先中还有一个叫"李敦把土鲁"者，该书解释说"把土鲁，华言英雄也。"②又载：

> 觉常刚第四子塔石嫡夫人乃阿姑都督长女，姓奚塔喇，名厄争墨气。生三子，长名弩儿哈奇即太祖，号淑勒贝勒（淑勒贝勒华言聪睿王也），次名秄儿哈奇，号打喇汉把土鲁，三名牙儿哈奇。次夫人乃哈达国汗所养族女，姓纳喇，名捐姐，生一子名把牙喇，号兆里兔（兆里兔华言能干也），侧室生一子名木儿哈奇，号卿把土鲁。③

"卿把土鲁"，蒙古语，意为"诚毅"。努尔哈赤家族里就有两个以巴图鲁为号者，充分体现满蒙地区的崇武精神。据《武皇帝实录》载，乌拉布占太部下有称为兀巴海巴图鲁者。④ 说明在女真诸部当中不仅满洲有巴图鲁号，其他部落也有这一名号。

努尔哈赤早期的五大臣中有称为额亦都巴图鲁的人。额亦都是他的本

---

① 《清初内国史院满文档案译编》下，第156页。
② 《清太祖武皇帝实录》卷一。
③ 同上。
④ 《清太祖武皇帝实录》卷二。

名,巴图鲁是他的号。《八旗通志初集》记载其传:

> 额亦都巴图鲁,满洲镶黄旗人。姓钮祜禄氏,世居长白山。幼时,父母为仇家所害,额亦都赖邻人匿之得免。年十三,杀其仇人,避依姑于来木湖村。太祖高皇帝过其地,额亦都见之,即识为真主,欲从行。请于姑,姑不可。额亦都奋然曰:"丈夫生世间,甘碌碌老乎?"太祖器之,命从行,日见信任。
>
> 丁亥年秋八月,督并取巴尔达城。至浑河,河涨不能涉。以绳联军士,鱼贯而渡。率锐卒数人,乘夜先登。城中兵悉力迎拒,跨堞以战。飞矢贯股,著于城垣。挥刀断矢,战益力,被五十余创不退,卒拔其城。太祖深加褒奖,遂赐号巴图鲁。
>
> 天命六年卒,年六十。祭墓时,太祖亲临恸哭。太宗文皇帝天聪元年,追封为弘毅公,配享太庙。①

额亦都巴图鲁是努尔哈赤伴当式的人物,在满洲早期的征战中立下了汗马功劳。五大臣中还有一位称为"硕翁科洛巴图鲁"。据《八旗通志初集》载:

> 硕翁科洛巴图鲁,满洲镶蓝旗人,姓觉尔察氏。本名安费扬武,世居瑚济寨地方。其父完布禄章京,事太祖高皇帝。……辛亥年(1611)十二月,太祖特命与费英东扎尔固齐、额亦都巴图鲁、达尔汉辖、合和理额驸同为五大臣。② 安费扬武秉性贞亮,有勇略,自癸未年(1583)来归,即从征伐,开国功臣,惟安费扬武与额亦都二人效力最在先。并以早岁行兵,迄于白首,战辄居前,还则殿后,屡受重伤,多树勋伐,太祖嘉安费扬武功,赐名硕翁科洛巴图鲁,犹汉言"鸷勇"云。官至固山额真。天命七年卒,年六十四。③

邹兰欣在《简述满语赐号"巴图鲁"》一文中指出,在四种情况下可以荣获巴图鲁号。第一,是在攻克某城或在某次争战中,表现英勇者。第二,是在诸

---

① 《八旗通志初集》卷一四二《名臣列传二》。
② 相关研究参阅:〔日〕增井宽也:《满洲国"五大臣"设置年代考》,载《立命馆文学》第 601 号,2007 年。
③ 《八旗通志初集》卷一六七《名臣列传二七》。

次战争中均表现出色,累计战功而受赐封。第三,是收降、斩杀敌众者。第四,在战争中受创、阵亡者。①

此外,还应该有以下两种。其一为赐予来附部长。如《满文老档》记载,天聪元年(1627),敖汉、奈曼两部脱离察哈尔控制而来归后金的情况:

> 延请察哈尔来归奈曼部洪巴图鲁,敖汉部杜棱、色臣卓里克图,将至,汗率诸贝勒出城往迎,马上相见而还。汗与诸贝勒入殿升座,来归蒙古诸贝勒入见,叩首抱见。见毕,设大宴,陈百戏。赐蒙古贝勒福晋等人珍珠、东珠、金、银、闪缎、貂裘、财帛、甲胄、鞍辔及器用等物甚厚。初以凤阔喜公主下嫁哈达部贝勒乌尔古岱,后乌尔古岱额驸故,凤阔喜公主孀居。二十二日,凤阔喜公主改嫁敖汉部索诺木杜棱贝勒。二十五日,色臣卓里克图请婚于汗,行纳聘礼,进牲畜腿骨食之,并献甲胄马一、驼一及皮袄等,宰杀牛羊筵宴。二十七日,汗率诸贝勒御殿赐色臣卓里克图号以都喇儿巴图鲁名号,并以赐号礼,赐甲胄鞍马一。②

在此只是记载了色臣卓里克图作为敖汉部的一个首领来归附后金的情形,没有战功而获得了"都喇儿巴图鲁"的名号。这应该与他的部落长身份有关。因为敖汉、奈曼首先离开察哈尔归附,削弱了察哈尔,增强了后金的力量,皇太极颇为愉悦。同时,色臣卓里克图表现突出,还请婚于汗。这些也是封号的条件。

其二是封摔跤手为巴图鲁。天聪六年(1632)正月:

> 先是,于会盟之地,阿鲁部之特木德黑布库与四子部之杜尔玛进行角抵,特木德黑为杜尔玛绊倒。门都与杜尔玛角抵,杜尔玛为门斗绊倒。于是,命此三力士跪于汗前,更改名号,赏门都豹皮端罩,赐号阿尔萨兰土谢图布库;赏杜尔玛虎皮端罩,赐号詹布库;赏特木德黑虎皮端罩、大刀一、缎一、毛青布八,赐号布库巴尔巴图鲁。嗣后,若不称呼此名,仍称呼原名,则罪之。③

---

① 邹兰欣:《简述满语赐号"巴图鲁"》,《满族研究》1999年第4期。
② 《内阁藏本满文老档》20,第477—478页。
③ 同上书,第613页。

阿鲁蒙古部与后金的关系从天聪四年(1630)开始密切,互通来使,频繁接触。到天聪六年(1632)时,阿鲁部也并非完全归附,只是双方的关系得到进一步发展,阿鲁部的朝贡使臣不断前来。因此,以天聪汗为首的后金统治者为了拉拢阿鲁部,也保持了友好态度。摔跤是蒙古各部普遍的娱乐方式之一,天聪汗宴请来访者时进行摔跤比赛,丰富文化生活,拉近与阿鲁部的关系。这种方式在清朝一直持续了很长时间。

从上述记述里可看到巴图鲁拥有的一些的特权。如不得呼其原名等。另外一些记载也似乎证明巴图鲁所有者的特殊权利。天命九年(1624),额亦都巴图鲁已死三年,努尔哈赤还念念不忘:

> 汗曰:"额亦都巴图鲁,独克舒勒格布占,取巴尔达城,败萨克赛之来兵,奋战于尼玛兰城前,着为一等大臣,授总兵官之职。其自身及子孙三代食百人之钱粮。"①

但这里有疑点,让额亦都巴图鲁及其子孙三世享有的是他的一等大臣、总兵官之职还是巴图鲁号? 并不清楚。

此外,有一种倾向值得注意,即到天聪朝时拥有巴图鲁号者人数的增加。如《满文老档》提到天聪四年(1630)事时说到有"二十六名巴图鲁",② 可见其泛滥程度。但这一赐号持续使用到晚清。

概括以上的论述,达尔汉号和巴图鲁号历史悠久,在亚洲北方民族历史上持续存在了一千多年。至清代,情况发生了一些变化,总结清初这两个名号的发展轨迹,可以发现以下几点特征:

第一,人数增多。随着时间的推移和蒙古各部的归附,至崇德年间,拥有各种名号的人数达到一定的规模,其名称也呈现多元化。

第二,功能虚化。巴图鲁号、达尔汉号在太祖努尔哈赤时期的政治制度中发挥着实质性的作用,但到太宗皇太极时,该号的功能却被虚化,基本上只能作为一种自由人的身份标志和美称而存在。

第三,使用长久。在清初国家初创时期,从蒙古借用了很多制度模式,

---

① 《内阁藏本满文老档》19,第219—220页。
② 《内阁藏本满文老档》20,第530页。

但随着其政治生活的复杂化而逐渐放弃了原来的制度。不过,巴图鲁和达尔汉等名号却一直延用到清晚期。

第五节 小 结

东北亚女真地区从大蒙古国建立伊始,就处于蒙古势力范围之内。虽然在明初的一段时间内,明朝的势力曾一度推进到整个女真故地,但15世纪中期和16世纪中后期努尔哈赤崛起之前,女真各部处于或被蒙古征服(如脱脱不花可汗时期),或在其政治压力下缴纳贡赋(如图们扎萨克图汗时期)的状态,在政治和文化上深受蒙古的影响。以名号、官号为例,明显可以看出的是,女真从蒙古借用巴图鲁的时间比较早,可以说这一名号属于元朝时代的遗留制度。其次,扎尔固齐、巴克什、达尔汉等官号、名号,从努尔哈赤政权初具规模时已经开始采用。而汗号是满洲政治发展到一定时段之后的结果。

总之,在这一阶段,从势力上看,蒙古整体上处于优势地位,满洲后金处于劣势,满洲积极从蒙古那里借鉴、学习政治管理的手法、制度。这种影响后金政治文化的蒙古制度,自1636年成立"大清"国以后继续沉淀、固定成为清朝爵位的组成部分,其影响贯穿有清一代。

除了以上探讨的官号、名号之外,还有虾(即侍卫)、卓礼克图、墨尔根、楚虎尔等满洲官号或美称,①也多借自蒙古。或者可以认为,这是满蒙地区所拥有的共同的政治制度文化,这说明清早期的很多政治制度脱胎于蒙古的事实。

---

① 参阅季永海:《清代赐号考释》,载《满语研究》1993年第2期。但应注意的是,此文在较多地方混淆了清代名号的满蒙来源。

第二章　满蒙交往中的制度：
盟誓、质子和九白之贡

天命四年(1619)是满蒙关系史上的转折之年。当年,后金在开原城附近俘虏前来助明的内喀尔喀翁济剌特和扎鲁特二部之长寨赛、色本。努尔哈赤以俘虏为人质,对内喀尔喀施加压力,同时通过盟誓与之建立同盟关系。这就是后金和蒙古诸部同盟关系的滥觞。其后,后金对东部地区的蒙古各部一一实施盟誓或质子制度,逐步分化瓦解蒙古诸部的联盟。最终将漠南蒙古纳入清朝国家体系,使蒙古成为其入主中原的同盟军。

第一节　盟誓与满蒙关系

盟誓是古代历史上较为普遍的诚信文化制度。其实现形式众多,在当时的社会、历史条件下发挥了一定的作用,满蒙关系中的盟誓制度也不例外。前人对清初盟誓制度虽有所涉及,但对该制度在地域和历史上的纵横分布、功能作用以及演变状况认识还不够清楚。

一、清以前的盟誓

丹尼斯·塞诺的《以切成两半的狗立誓》①一文,探讨了包括蒙古在内的内亚以及古代近东地区建立诚信体系的仪式问题。他引用儒安维尔的书《圣路易史》(作者说下面的描述来自骑士菲利普),记述13世纪中期在与拜占庭的战争中,法兰克人和库蛮人建立同盟关系时的仪式:

> 为了保证双方能够忠诚地互相帮助,康士坦丁堡的皇帝和跟随他的贵族们(指法兰克人方面——引者)得要出血,并把他们的血流入一个很大的银制高脚杯里。科曼人(即库蛮人——引者)的王与贵族也得做同样的事情,而且把他们的血和我们的血混合在一起。加进水和葡萄酒之后,双方都从高脚杯中饮入,由此宣称大家成为亲兄弟。之后一只狗被逼迫在我们的人与科曼人之间奔跑,而两边的人都用剑劈砍它,把它剁成碎块,同时立誓任何一方如若有人背盟,就会象这样被剁成碎块。②

这种盟誓仪式与后期满洲地区的仪式,有许多实质性的内容和过程还是相同的:第一,参与人员。双方的贵族大人都得前来,这是表明盟誓的有效性和权威性。第二,仪式中,双方以混血来表示兄弟般的同盟关系,这就是所谓"歃血"。歃血也是中国古代较为普遍的同盟仪式。第三,双方是战时的同盟关系,有义务互相声援。第四,仪式还包括惩罚背盟者的表演形式,在此以双方杀死狗象征着对背叛者的惩罚。

与此类似,中国的中原从周代就有这种制度。吐蕃、党项等民族地区也有类似的盟誓制度。《史记·匈奴列传》载有呼韩邪单于刑白马与汉朝盟誓的事件。以青牛白马作为祭祀时的牺牲,是契丹人的一种传统习俗。《辽史》曰:"每行军及春秋时祭,必用白马青牛,示不忘本云。"③《契丹国志·契丹国初兴本末》谓辽朝立奇首可汗及其八子遗像于木叶山,"后人祭之,必刑

---

① 〔美〕丹尼斯·塞诺《以切成两半的狗立誓》,《丹尼斯·塞诺内亚研究文选》,中华书局,2006年。
② 转引自丹尼斯·塞诺:《以切成两半的狗立誓》,第368页。
③ 《辽史》卷三七《地理志一》。

白马杀灰牛,用其始来之物也。"① 其实,到清代后期,在中原地区还保存着相似制度,只是其流传的范围并非在国家制度之内,而是在民间。

概括而言,盟誓的目的有三:第一,互不侵犯,保持和平局面。第二,建立同盟关系。第三,臣下对君主的盟誓,其中臣下保证对其主的忠诚。

在下面的考察中我们可以一一看到这三种类型的盟誓。其中第一、第二种用于对外关系当中,最后一种用于内部关系。

《蒙古秘史》记述了12—13世纪之际的蒙古高原的盟誓情况。1189年,随着帖(铁)木真势力壮大,蒙古部举行贵族会议。阿勒坦、忽察儿、薛扯·别乞、泰出[等]共同商议后,对帖木真说:

> 我们立你做汗!
> 帖木真你做了汗啊,
> 众敌在前,
> 我们愿做先锋冲上去,
> 把美貌的姑娘、贵妇(合屯),
> 把宫帐(斡儿朵)、帐房(格儿),
> 拿来给你!
> 我们要把异邦百姓的美丽贵妇和美女,
> 把臀节好的骟马,
> 掳掠来给你!
> 围猎狡兽时,
> 我们愿为先驱前去围赶,
> 把旷野的野兽,
> 围赶得肚皮挨着肚皮,
> 把山崖上的野兽,
> 围赶得大腿挨着大腿!
> 作战时,
> 如果违背你的号令,

---

① 《契丹国志·契丹国初兴本末》。

可离散我们的妻妾,

没收我们的家产,

把我们的头颅抛在地上而去!

太平时日,

如果破坏了你的决议,

可没收我们的奴仆,

夺去我们的妻妾、子女,

把我们抛弃在无人烟的地方!①

他们共同议定了这些话,立下了这样的盟誓,拥立帖木真为蒙古部之汗。按蒙古部的旧例,阿勒坦、忽察儿、薛扯·别乞等人也可以和帖木真竞争汗位,但他们主动放弃这一权利,推举帖木真当汗。同时,这几个人还通过盟誓,分围猎、战时和太平时三种情况表示了对新汗的忠诚。这里与"盟誓"对应的蒙古语是"aman aldaǰu",和后金时期所用的蒙古语是一样的。

按盟誓的说法,这些权贵将其生死权都交给了成吉思汗。《蒙古秘史》继续记载了事态的发展。薛扯·别乞、泰出等后来背叛了成吉思汗,投奔到敌对方。两人被擒获后,成吉思汗对薛扯·别乞、泰出说:"以前咱们互相说过些什么话?"薛扯·别乞、泰出两人说:"我们没有履行誓约,就按照我们所立誓约处决我们吧!"承认了他们违背誓约,引颈就戮。成吉思汗让他们承认了他们所立誓约之后,就按他们所立誓约处分,把他们杀了,抛弃在那里。② 可见,臣下如不履行其盟约,汗可以按约处死他们。

在成吉思汗早期,很多勋臣来归时都有类似的盟誓仪式。但是,与以上记述不同的是,因为有些人当时还未成年,盟誓仪式是其父代为完成的。《蒙古秘史》第137节记载了国王木合黎(或称木华黎)等来附时的情形:

(札剌亦儿氏人)古温·兀阿带着他的两个儿子木合黎、不合拜见[成吉思汗],说:

---

① 《蒙古秘史》第123节。参见余大钧译注《蒙古秘史》,河北人民出版社,2001年,第149—150页。

② 《蒙古秘史》第136节,第174页。

"我让他们做你的家门内的奴隶,
他们若敢离开你的门限,
就挑断他们的脚筋!
我让他们做你的私属奴隶
他们若敢离开你的家门,
就割掉他们的肝,抛弃掉他们!"

赤剌温·孩亦赤也带着他的两个儿子统格、合失拜见成吉思汗,说:

"我把他们献给你,
看守你的黄金门限,
他们若敢离开你的黄金门限,
就断送他们的性命,
抛弃他们!
我把他们献给你,
让他们抬开你的宽阔的大门,
他们若敢离开你的宽阔的大门,
就踢他们的心窝,
抛弃他们!"①

"四猛狗"之一者别从敌方那里归附成吉思汗时也立过誓,说:"若蒙大汗恩赦,我愿在大汗面前,去横断深水,冲碎明石,到指派的地方去冲碎青石,到奉命进攻的地方去冲碎黑石。"②

以上记载的盟誓仪式比较简单。仪式由立誓者和盟辞构成。但是,《蒙古秘史》所载还有一些盟誓仪式比较复杂,如推举札木合为古儿汗时:

这[十一个]部落[的人们],会聚于阿勒灰泉,商议拥立札只剌惕氏人札木合为汗,一同斩杀公马、母马,互相立誓结盟。③

---

① 《蒙古秘史》第137节,第175—176页。
② 《蒙古秘史》第147节,第195页。
③ 《蒙古秘史》第141节,第182页。

这里增加了"斩杀公马、母马"的立誓仪式。《圣武亲征录》叙及相关事件时用了"腰斩"二字——用来表达"腰斩罪"时的用词,并说明作牺牲的动物是一匹白马。① 拉施特对同一事件的描述更为细致:"他们彼此立下了一个蒙古人中从未有过的大誓。盟誓包含如下内容:他们用剑共同砍倒一匹公马、一头公牛和一只母狗,并在上面发誓:'……如果我们不能信守诺言、背弃盟约,让我们如同这些动物吧。'"②在斩杀白马、牛这两点上与后期满洲的盟誓仪式很相似。

蒙古高原另有一些盟誓表明双方建立了同盟关系。据《蒙古秘史》第164节:

[王汗、帖木真]两人互[订誓约]说:
"征讨众多敌人时,
咱俩在一起一同发兵出征;
围猎野兽时,
咱俩也在一起同去围猎。"
成吉思汗、王汗两人又[互订誓约]说:
"[今后]咱俩若遭人嫉妒,
若被有牙的蛇挑唆,
咱俩莫受挑唆,
要用牙用嘴互相说清,
彼此信任。
若被有牙的蛇离间,
咱俩莫被离间,
要用口用舌互相对证,
彼此信任。"
这样地约定后,就互相亲睦地相处。③

但是,随着时间的推移,双方的同盟关系出现了一些裂缝。成吉思汗派遣使者

---

① 伯希和,1951 年,第 411 页。转引自《以切成两半的狗立誓》。
② 转引自《以切成两半的狗立誓》。
③ 《蒙古秘史》第 164 节,第 228—229 页。

前往王汗处说明情况,欲重修关系。《蒙古秘史》第178节记录当时的情景:

> 他(王汗)发誓说:"今后我如果见到我儿[帖木真]再生恶念,就像这样出血[而死]!"说着,就用剜箭扣的刀子,刺破他的小指,把流出的血,盛在一个小桦木桶里,[对阿儿孩、速客该两使者]说:"去交给我儿[帖木真]!"说罢,就让[两使者]回去了。①

王汗用鲜血来表明其遵守盟誓的决心,说明类似的习俗也存在于蒙古高原。

明隆庆五年(1571),蒙古右翼土默特部俺答汗与明朝建立朝贡贸易关系,明史称"俺答封贡"。明王士琦的《三云筹俎考》记录了其事,题为"俺答初受顺义王封立下规矩条约":

> 隆庆五年五月内,俺答在得胜市边外晾马台封王,时同东西各台吉头目昆都力哈老把都、永邵卜大成、切尽黄台吉等三大部落夷人,并各衙门原差通官在彼讲定,有俺答等随令头目打儿汉首领等四名对天叫誓说:"中国人马八十万,北虏夷人四十万,你们都听着,听我传说法度。我虏地新生孩子长成大汉,马驹长成大马,永不犯中国。若有那家台吉进边作歹者,将他兵马革去,不着他管事。散夷作歹者,将老婆孩子牛羊马匹尽数给赏别夷。"叫誓毕,焚纸抛天,立定后开条款。②

万历五年、十五年、三十一年和四十一年,明分别又和各代顺义王对天发誓,订立新的条约,这算是续约。明和蒙古右翼的盟誓是一种当时条件下的和平协议,其订立的条款内容涉及逃人的归还、惩处偷盗者、进贡、贸易、领赏等方面,对双方的权利和义务都有规定。正因为有了这些条款,再加上根据形势的变化不断修改,在16世纪后半期至17世纪初期的较长时间之内,明朝和蒙古右翼再没有发生大规模的军事冲突,保持了平稳的朝贡贸易关系。这是近代之前东亚各国关系史上的一个成功案例。正如萧大亨所言蒙古情形:

> 最敬者笃实不欺,最喜者胆力出众,其最重者然诺,最惮者盟誓。

---

① 《蒙古秘史》第178节,第263页。
② (明)王士琦:《三云筹俎考》。

伪则不誓,一誓,死不渝也。①

蒙古惧怕盟誓之缘由,是因为一旦订立盟约就要无条件地遵守。明朝和土默特俺答汗的盟誓很有力地证明萧大亨所记之正确。

在蒙古历史上,除上述表示忠诚、和平和同盟关系的三种类型的盟誓情况外,还有一种方式,就是帕拉斯所说法庭上的誓言。帕拉斯的记载是在考察了18世纪末期伏尔加河流域的土尔扈特部(帕拉斯所称卡尔梅克人)的基础上形成的。他在《蒙古历史资料汇编》中写道:

> 在日常生活中,卡尔梅克人喜欢使用形形色色的誓言,因此举行各种各样的起誓仪式。最常见的有:发誓者将出鞘的马刀横放在脖子上;以嘴唇亲吻猎枪的枪口;用箭头接触舌头和前额;或将刀刃置于舌头上面,等等。如果手头没有什么东西可供使用,起誓者也可以一边舔大拇指的指甲一切诅咒道:如果说谎,则如此这般地死亡。如果没有这些象征性的行动,他们也可以言语起誓,即如:Uenár(真的,真的!)——Tengeri namaihi alátuhai(上天腾格里惩罚我!)——Ger, malán, kóóken, kóbóhn Tengri nadaan biteleůsůltei(腾格里或佛让我永远不再见到我的房屋、畜群、妻室和子女!)——Nojoni zuchulá chargosubi(让诺颜来对我发怒!)——Torol bitchèi olsubi(愿我来世不投生为生物!)等等。卡尔梅克人最庄严的,在法庭上做的誓言(Schachán)还有下列一些。由于人们认定被指控的窃贼或其他罪犯的灵魂是不可悔改的,他们并不具有立诚实誓言的能力,所以他们的誓言要由罪犯的官吏或宰桑,或邻居或了解罪犯本性及行为的近亲属来替代他起誓。法院给代誓者几天时间,让他去查清实情,并确认其当事人是无辜的还是有罪的。如果代誓者在为起誓规定的日期到庭,但拒绝起誓,法院即宣布被告有罪。如果代誓者决定起誓,则代誓仪式依下列方式举行。——在空地上将若干根棍棒一头绑紧,竖起,使之成金字塔状,上面披一件毡衣,这样搭成的一个帐篷。帐篷中放一张小桌子,桌上置一盏燃烧着的油灯(sullà),油灯的芯子用草茎和绵花卷成,桌子上方悬挂一恶煞像

---

① (明)萧大亨:《北虏风俗·习尚》。

(Naiman dokschin)，或者悬挂大慈大悲释迦佛的图像。起誓者必须面像而立，大声说被告是无辜的，被告受到了错误的牵连。随即在佛像前跪下，脸部着地，诵经三遍，然后吹熄小桌子上的油灯(sullá)，用前额触摸不儿罕的脚。此乃向佛像表示赞美之意，并祈求佛赐福于己的普通方式。①

据帕拉斯说，土尔扈特人的立誓仪式种类繁多。随着藏传佛教的传入，盟誓仪式也吸收了某些佛教内容。帕拉斯还介绍了尚未皈依藏传佛教的布里雅特人的立盟方式："最具有说服力的起誓方式，是攀登位于贝加尔湖西湾的一块岩石。布里雅特人因迷信而对这块岩石十分惧怕，他们称其为 Ajechutscholon，意为可怕的岩石，俄罗斯人则称其为洒满之石（魔岩，Schamanskoi Kamen）。"②对天立誓也好，对石头立誓也好，这似乎表示着蒙古人崇拜自然的萨满信仰。当然，佛教传入后这些都发生了很大的变化。

法庭上的立誓方式，一直延续至清代。这在清朝对蒙古实施的法律文书《理藩院则例》中有明确规定，该法例的 64 门之中就有 1 门为"人誓"（蒙古语 šiqaγa-dur oruγulqui anu），明显是继承旧蒙古习惯法的。根据该门类，人誓的条件：一是"案情可疑"，"本犯悻无赃证踪迹，坚不承认，事涉疑似者，令其入誓"。二是"凡失去牲畜，如访有踪迹在何人游牧处所，相距一箭之地以内者，即令何人入誓"。三是"凡台吉应罚牲畜称无力完交者，由该管章京入誓完结"。四是"入誓后别经发觉，加等治罪"。免入誓的是：一是"应入誓之人系已未管旗王、贝勒、贝子、公、额附及扎萨克台吉、塔布囊等，免其本身入誓，由该管章京入誓"。二是"凡首告人罪，不令出首之人入誓，令被告入誓"。③

二、满洲早期的几种盟誓

君臣之盟

清初国家政权运作蕴含丰富而独特的政治文化内涵。其中，盟誓制度在这一时期的内政、外交中发挥了重要的作用，这与入关后的情形大不相同。臣工起誓是盟誓行为之一种，它以契约的形式体现了清早期国家政治

---

① 〔德〕帕拉斯：《内陆亚洲厄鲁特历史资料》，第 210—211 页。
② 同上书，第 212 页。
③ 《理藩部则例》卷四十五《人誓》，第 351—352 页。

生活的一些特征。前人研究①中虽然已经注意到了这一现象,也做了一些有益的研究,但遗憾的是,由于对满文文本使用得还不充分,其研究方法和结论都存在一些可商榷之处。在此主要以清太祖朝满文文档——臣工起誓档为中心进行初步的研究,评价盟誓制度的相关问题。

首先注意到清初臣工起誓档的是台湾学者李光涛、李学智。他们在1973年整理出版了《明清档案存真选辑》第二集(以下简称《第二集》),公布了太祖朝80份老满文臣工起誓档,并撰写解题,介绍该档的一些情况。

笔者在此重点关注的清太祖时期的臣工起誓档也是用满文写成的,并收进了(乾隆)《满文老档》音写本(有日译本和汉译本)和《满文原档》(2005年台湾"故宫博物院"出版)。比较之后发现,收进这两部档案汇编的起誓档除了有无圈点的区别之外内容是完全一样的。看来乾隆年间修订《满文老档》时对原起誓档没有进行编辑和修改,而只是把老满文换用新满文照抄下来。

包括往字、宿字和致字档等的《满文原档》,原保存于清内阁大库,现收藏在台北"故宫博物院"。从介绍看,《第二集》的起誓档原先也在内阁大库中。但两种档案的保存方式不同,前一种档案以档册的形式保存至今。而后一种档案则是散遗于其他各类档案之中的。

李学智在《第二集》解题中评价臣工起誓档时写道:"按此一部分的老满文档册,也是自原有档册中散遗于内阁大库中者,从其记载的形式以及其内容看,应为清太祖天命四年七月攻克辽阳、沈阳后,命令臣工所上'效忠清太祖之宣誓书'。"②"而现存于'国立故宫博物院'的'往字'老满文原档,就是与本辑所收的'誓书档'完全相同之档册。"③

这种说法似有不妥。首先,从时间上看,《第二集》言所公布的80份起誓档是天命四年攻克辽阳、沈阳后形成的。但是,后金攻克辽阳、沈阳的时间应该是在天命六年三月。其次,《满文原档》(第五册)所收起誓档不仅有

---

① 主要有,白初一:《清太祖时期满蒙关系若干问题研究》(内蒙古大学博士学位论文,2005年)第二章第三节;李兴华:《述论清入关前"盟誓"》(《满族研究》2012年第1期);郑微:《清入关前盟誓问题研究》(黑龙江大学硕士学位论文,2012年)等。
② 李光涛、李学智编著:《明清档案存真选辑》第二集,台北,1973年,第16页。
③ 《明清档案存真选辑》第二集,第17页。

往字档,还有宿字档和致字档,也是天命朝臣工起誓档。这部分起誓档形成年代的最后期限是天命六年以后的某一个时间。因为往字档中有一份起誓书:

> 我蒙噶图,受任五事,曾以"不会勤敏于汗前,倦怠于背后。奉事如一,凡事秉公为之"等因具书,呈诸贝勒大臣览之。戌年十一月焚书祭堂立誓。定持忠心效力。①

天命年间只有一个戌年,就是1622年。笔者推断,蒙噶图起誓的戌年就是天命七年(1622)即壬戌年。

同时,进一步比较往字、宿字和致字三档共近160份档案后发现,这几种起誓档也并非同一时间形成,应该是在天命晚期的某个时间段内陆续形成的。因此,《第二辑》所言"誓书档"与"往字"原档完全相同这一说法也是不妥的。

其实,臣工起誓并非始于太祖晚期。后金国建立之前就有这种贯例。努尔哈赤初期,他与有些归顺者也订立过盟誓:

> 又苏苏河部内,撒儿湖酋长瓜喇,被尼康外郎谮于抚顺将官前,责治之,其弟诺米纳,与本部内加木河寨主刚哈鄙、沾河寨主常书、杨书俱忿恨,相议曰:"与其仰望此等人,不如投爱新觉落六王子孙。"议定,遂来附,杀牛祭天立誓。四酋谓太祖曰:"念吾等先众来归,毋视为编氓,望待之如骨肉手足。"遂以此止言对天盟誓。太祖欲报祖父之仇,止有遗甲十三副,遂结诺米纳,共起兵攻尼康外郎,时癸未岁(1583)夏五月也,太祖年二十五矣。②

此次立誓只杀牛,没有杀白马,可见并不是每次都杀白马和乌牛,有些小型盟誓仪式可以简化处理。通过立誓,这些来归者与努尔哈赤建立的是一种君臣关系。

满文档案首先记载了努尔哈赤长子褚英(号为阿尔哈图图们)执政时

---

① 〔日〕满文老档研究会译注:《满文老档》太祖3,东洋文库,1958年,第1121页;《内阁藏本满文老档》19,第271页。

② 《清太祖武皇帝实录》卷一。

期,要求四个弟弟和五大臣起誓的情况:

> 因此乃使长子阿尔哈图图们以执国政。然而使其执政以后,长子将父汗所交付的大国,并未公平治理,也未存正直之心。使父汗亲任的五大臣之间,彼此不和而困扰之。把淑勒崑都仑汗爱如心肝的四个儿子们,也困扰不已,并命令他们"不得违抗兄长的话,更不许将兄长所说的各种话告诉父汗。弟弟们必须发誓"。因而命令弟弟们对星夜盟誓。①

努尔哈赤天命建元之前也有此类起誓的记载。据《满文原档》和《满文老档》记述天命四年(1619)年事:

> 七月初八日,下书曰:"奉天承运英明汗谕曰:皇天佑我,授以基业。为国君者,唯恐有失天授之基业而兢兢业业固守之。汗委任之诸大臣等,自总额真以下,牛录章京以上,尔等应勤敏恪慎,殚心厥职,严守法度,严束部属。此次出兵,皆偷骑开原之马匹,或乘骑于途中,或骑至回家。尝见他国法纪不严,致遭天责,俾国人心术大乱也。天既佑我,其委令管束者何不稽查约束。当我之面,皆作秉公守法,智勇兼备之态;背我则以为汗不知悉,居心叵测。须知天命之汗,非虚设也。其阴怀鬼胎者,其人亦必鬼祟也。务须秉公持正,以诚谕国人,即其背锅伐木之人,多加教诲,亦可省悟也。我之此言,尔众审度。所言为是,如何遵循,立誓以报。将此谕令宣至总额真以下、章京以上及各队之额真等。所言非是,尔众进谏。尔等立誓,勿求同一。若系总额真,则各将己见立誓为据。固山额真,亦各抒己见立誓为据。至于梅勒额真、五牛录额真、牛录额真、章京以及村拨什库等,亦各书誓言一份。凡自总额真以下,村拨什库以上各官所立誓言,均皆奏于汗,汗阅后记录在案。日后尔等若反悔犯罪,即依誓言审断。"
>
> 初八日颁降汗谕,命于二十日将各自所立誓言呈呈于汗。统兵之一等大臣以下、五牛录额真以上各官誓曰:"汗所颁降各项法令,谨此铭记,并勤加宣谕。置诸贝勒大臣之命于不顾,玩忽职守,不辨良莠,为诸

---

① 广禄、李学智译注:《清太祖朝老满文原档》第一册,历史语言研究所,1970年,第25页。

贝勒大臣见责,我等甘受贬黜。"众章京及各村拨什库誓曰:"诸贝勒大臣已将各项法令下达牛录额真。我等定记牛录额真传谕之言,召之即至,不违其时,遇有差役之事,定不避亲族,身先承当。若有悖此言,为牛录额真见责,报诸贝勒大臣,我等甘愿伏诛。上天嘉佑汗之忠直,我等皆愿仿效,以忠为生。征战疆场,必矢忠效力;陈情述见,必尽忠言;阵有俘获,尽缴于公,公平均分,得与不得,均同于众。若违此言,私取隐匿些须之物,甘受天责而死。"众皆盟誓之。①

天命四年(1619),后金在萨尔浒战役大败明军,不久占领开原、铁岭等明朝辽东的重要城镇。针对在胜利面前一些臣下所滋长的违法乱纪现象,努尔哈赤决心从严治军,严格约束从村拨什库以上到总额真的各级官员,以加强汗权。他采取的措施即是起誓。上文所引《满文原档》和《满文老档》即分述了"一等大臣以下五牛录额真以上各官"和"众章京和各村拨什库"两部分人员的誓言。

另外一次起誓行为发生在天命八年八月:

二十一日,诸贝勒上书。大贝勒奏曰:"昔汗父知我有过,曾加训斥,我未听从,故而获罪。然汗父及诸弟仍以礼恩养我。倘我不以此恩为重,口承其过,虚言反悔,而内心仍自以为是,则天岂容乎。我之过,铭记不忘,每思及此即追悔不已。今愿奋勉效力,弃恶扬善。倘再有恶,则罪及我身也。"

莽古尔泰贝勒奏曰:"我既无所长,亦不为非作歹。东珠之事曾以仅闻众人答对,闻之而未告于父,诚有过也。再有过失,汗父言之即知之。嗣后愿为汗父之大业尽我所长,勉励为之。"

四贝勒奏曰:"我之过,乃在于我获罪于父,若引退而居,又恐斥以尔何故引咎而退。若有话而言之,又恐想尔何故不退。故以己过,就此二者,我内心不知如何为好。我欲见忠于父而为之,反显其谬,故我自常悔,岂有以己之非为是之谬理耶。"

---

① 《内阁藏本满文老档》19,第34—35页;广禄、李学智译注:《清太祖朝老满文原档》,第二册(晨字档),第139—143页。

> 汗览该三贝勒所奏,曰:"古人有云:中正者,不惧黍蝇之顾。凡不为私谋,专思为政为人而奋力者,天亦嘉之,为父亦悦之,百姓亦皆以无此则无法为生而惜之。凡不思为政,专谋私利者,天亦责之,父亦憎之,百姓亦不惜之。我不以尔等送所得之衣食等物而欣欣然。倘尔等皆能修心勤政,则为父悦之也。东珠涂之其光仍亮,善人获罪其心可得。知过必改,岂能谓之不善。"①

这起事件的缘起是由于代善、莽古尔泰、皇太极等三大贝勒在东珠事件中表现不佳而受到努尔哈赤的指责。所谓东珠事件是指天命八年(1623)五月,额尔德尼巴克什因藏匿东珠等物引起努尔哈赤的怒火而遭杀身之祸。

清内国史院满文档以及旧满洲档还记载了太宗皇太极时期代善等几大贝勒对天聪汗的起誓情况:

> (天聪九年十二月)二十八日,诸贝勒更定誓词焚香跪读毕,焚书盟誓。大贝勒誓词曰:"代善誓告天地,自今以后,若不守忠尽职,又如莽古尔泰、德格类行悖逆之事,则天地谴之,俾代善不得令终;若不能尽忠于汗弟,而言与行违,则天地鉴之,俾代善不得令终;若国中子弟或如莽古尔泰、德格类谋为不轨,代善闻知不告于汗,俾代善不得令终;凡与汗谋议机密之言,妄告于所娶之妻及旁人,天地谴之,俾代善不得令终;若存心谋乱,则天地速诛之;若愚昧无知,以致差错,天地鉴之;代善若能竭尽其力,效忠于汗弟,天地眷佑,寿命延长。"阿巴泰、济尔哈朗、阿济格、多尔衮、多铎、杜度、岳托、豪格一一立誓,誓词相同。②

这就是后金将国号改为"大清"之前的仪式之一,皇太极让那些宗室王公立誓效忠于他之后才答应采纳新尊号。

起誓制度在清初政治生活中很盛行,成为汗强化其权力的有效手段之一,一直延续到天聪朝晚期。

与"起誓"对应的原满语为 gashūha,记载有关起誓的几种文书都证明了

---

① 《内阁藏本满文老档》19,第205—206页。
② 《清初内国史院满文档案译编》上,光明日报出版社,1989年,第222—224页;〔日〕东洋文库清代史研究室:《旧满洲档(天聪九年)》,东洋文库,1975年,第371—381页。

这一点。① 这一满文动词的基本形式是 gashūmbi。前人翻译满文档案时，汉译 gashūha 的用词是"盟誓""发誓""立誓""宣誓""起誓"等等。

我们还注意到，法国藏学家石泰安研究过唐朝和吐蕃会盟条约的盟誓仪式，他在文中说："汉人的习惯是众所周知的，他们公用两个字来指宣誓仪式，即'誓'和'盟'。'誓'一般是口语，它是一种隆重作出承诺的语言，是一种表示忠诚的讲演，不用祭祀（这个字的'言'字偏旁颇有意义）。'盟'为一个书面性用词，'载书'要放在一头祭祀的牲畜身上，其血要用于歃嘴唇（有时也要饮，其'皿'字偏旁非常引人注目）。这种行为也叫作'歃血'，这一特殊的词组明确说明它是指汉族仪轨的。"②

据上文指出，"盟"和"誓"有不同的含义，把该部分有关臣工对汗表示忠诚态度的档案汉译成"盟誓"档，当然并不准确。盟誓一词含义更广，"起誓"只是其一部分。而如采用"宣誓""发誓"二词似乎又与现代措辞混淆。乾隆年间所编《增订清文鉴》采用"起誓"二字来翻译这一满文词汇。③ 本文考虑到以上诸因素后，采用了"起誓"二字来命名这一文化现象，并将相关档案称为"臣工起誓档"。

《满文原档》（台湾 2005 年版第五册）、《满文老档》（东洋文库本"太祖3"）中有关清太祖朝臣工起誓档共有近 160 件，包括备御、副将、游击、参将、甲喇章京、总兵官等各级臣工世职人员的起誓。下面我们引用其中具有典型格式的几件起誓书来考察其基本内容：

（1）蒙汗之委任，今后我卓礼克图定将忠勤效力。在军旅，则严加管束号令而行。居乡村，则不为贼盗，忠正为生。

（2）巴都里，受副将之衔，管审断之事。审理之事，不独自入告诸贝勒。不出诬谤、伪诈、谄媚之言。观察蒙古诸贝勒家之生计，居村时任此二事。征战时，则严行管束副将之所辖，不能如此，则愿以军律治罪。征战时，不盗一物。如有偷盗，则随从家奴岂能瞒乎？

---

① 广禄、李学智编注：《清太祖朝老满文原档》第二册，第 143 页；《满文原档》第五册，第 336 页；日译《满文老档》第 1 太祖 1 第 29 页；《满洲实录》卷一。
② 〔法〕石泰安：《8 至 9 世纪唐蕃会盟条约的盟誓仪式》，《法国藏学精粹》2，第 360 页，甘肃人民出版社，2011 年。
③ 《增订清文鉴》卷十六，第 232—529 页，四库全书本。

(3) 汗知布三曾效力军务,曾于逾布三之身份而超迁之。对此升迁,我布三若满足于由贫变富,而不勤于管束号令及持以忠良之心,则无论生死难免祸殃。专有军务委任,虽恐难胜任,但无畏之。出行时,熟知军务。居家时,不因心中愚昧,而随合于相交之友。

(4) 汗委阿什达尔汉以礼仪之职,任内持以忠心,不伪不盗,如有军务,则竭尽所能、勤奋效力。

(5) 蒙汗父之养育之恩,须当以忠心勤勉之,若行狡诈,必因祸而贬之。唯赖汗之赏赐及家养之牲畜,若行贼盗,必因自身之恶而贬之。为此,我乌讷格书之。

(6) 蒙汗之委任,我斋赛必忠正管辖之。不盗不伪,唯赖豢养之牲畜、耕种之粮谷及汗之赏赐,决不巧取豪夺。

(7) 副将巴都虎,受领汗牌,我所辖之一翼兵不离总兵官。若离总兵官,则将我巴都虎杀之。若不离,则由总兵官以未离而告上汗。以汗之法秉公管辖之,不因好恶而徇情,不因亲戚而袒护,不因仇敌而欺压,善即为善,恶即为恶,皆告于汗。若不如此秉公约束,而行邪恶之道,则汗知其过必罪之,以致家破人亡。若不违汗训谕之公正法典,则我子孙世代将因汗之慈爱而享富贵。

这些起誓书其实是一种保证书。臣子保证在征战、居乡两种状态下,不负汗的委任而忠勤效力。有些起誓是以效忠书的形式出现的,这正反映了原书的主要意义。起誓书呈于诸贝勒或汗阅览后焚书祭堂,而流传后世的是其备份件或抄录件。

从起誓档内容看,如臣下履职不善,愿被贬职,甚至把生死定夺权都交给了汗。这并非夸大之词,从其他文献的记述来看,有些官员确实因违背使命,或有违法行为而受惩,甚至被杀。如天命八年五月,努尔哈赤因东珠事件杀死额尔德尼巴克什事训谕诸贝勒、大臣言:

据闻额尔德尼曾言以忠效死。倘哈达之格格将雅苏之妻送东珠二十余颗之事如实告知诸贝勒,而尔等诸贝勒亦确实闻之,则我之屈枉也。获他国之人,亦当视为友人而豢养之,差遣如许之幕友,怎可轻易杀之,一矢亦足惜也。额尔德尼岂能谓忠,昔大阿哥在时,额尔德尼、乌巴泰,尔等二人曾进谗言。至于攻克辽东之城,乃尔一人之力取之乎,尔缘何独取三十头猪之肉耶。我得一物,尚须平分共进食也。哈达、叶赫之诸贝勒,皆不善养己之僚友而诱他贝勒之僚友,彼此授受财物,致其政乱也。有鉴于此,当初有训谕:若贝勒有赏,则赏各该旗之人,诸申有求,则求各自之旗主、贝勒,勿越旗赏赉,勿越旗索求,倘越旗赏求,则罪之。此谕由尔额尔德尼亲手书之。尔乃多铎阿哥所辖之人,为何越旗索求于八旗诸贝勒。即便说恰逢诸贝勒倒换器物,奈何尔能遇之,云贝勒所给,缘何独给尔而未及他人耶。于辽东时,一寻额尔德尼,即已去四贝勒巡察之处。复寻之,仍又去四贝勒寻察之处。往而不问,归而不告其所往。如此之举,不唯挑唆,岂有他哉。雅荪之妻馈尔哈达之格格二十余颗东珠,尔非我之心腹乎,为何不告于我。若格格告于诸贝勒,尔等诸贝勒为何未曾告我。此即尔等所谓之忠乎。乌拉之哈斯乎贝勒有用斗盛置之东珠,然其卖于我等者仅一二颗。我等卖于汉人者亦仅一二颗。如此二十余颗之东珠,不知雅荪系从何处得之。莫非雅荪有斛盛之东珠,或斗盛之东珠乎。尔等承审此案之大臣,当持以忠心。上有天,下有地,我等唯有尽力秉公审理,即使无能为力,亦只有秉公审理而已。哈达、叶赫、乌拉、辉发等部之众大臣,不持忠心,逸奸贪婪,故国败,彼等自身亦亡。上天注定,国各有臣。天佑忠臣,君王得福,则臣等亦将得福;天谴邪恶,君王无福,则尔等亦无福也。哈达、乌拉、叶赫、辉发之部已亡,今其部臣安在,皆已为圈中之人耳。君毁则臣亡,君福则臣亦贵。望尔等诸大臣当以忠心为之。①

在努尔哈赤看来,额尔德尼巴克什未能实现"以忠效死"的誓言,判以死刑是理所当然的事情。从这件事情我们可以看到,在努尔哈赤时代,把臣工的忠诚看得非常重要,也就是说臣工的起誓,不只是一个形式上的问题,而是以生身性命为代价的严格约束制度。

蒙古帝国臣工起誓制度,随着其帝国的扩张传播到广大的地区。我们今天可以知晓,13 世纪初波斯史家拉施特所撰《史集》中就有 13 个用例。

---

① 《内阁藏本满文老档》19,第 177—178 页。

在窝阔台、贵由、忽必烈、阿鲁浑、合赞等大蒙古国以及伊儿汗国初期几位汗登基时,其臣下都有类似的起誓仪式,表示效忠于新汗。这种起誓书写在纸上,并署名。在官职任命和封邑之际,起誓作为一种义务,是蒙古官制史上具有深刻意义的事实。①

在东部蒙古地区,类似的起誓活动一直延续到北元时期。明末萧大亨所言蒙古情形:"最敬者笃实不欺,最喜者胆力出众,其最重者然诺,最惮者盟誓。伪则不誓,一誓,死不渝也。"②也说明了北元时期蒙古盟誓(包括起誓)行为的严肃性。

比较早期国家时期的满洲、蒙古的起誓习惯,二者存在着不少相同之处:首先,从文书档案的形成时间段来看,都是早期国家形成时期。第二,起誓者的行为都是单方面的。汗作为臣僚起誓的接受者并没有向臣下许下任何承诺。第三,从起誓档的内容看,描写的状况都是和平和战时两种情况下的保证。

不同的是,蒙古地区的起誓形式基本上都是口头形式,而清太祖时期的臣工逐渐采取了书面形式。蒙古地区的口头形式采用的是诗歌形式,而满洲采用的是一般的书面形式。但是,这种区别并非是绝对的。因为蒙古社会政治发展到一定的程度后也有书面的起誓,如志费尼《世界征服者史》中记载窝阔台即大汗位的誓词是书面形式的。③ 清早期的起誓制度也有类似发展过程。如褚英执政时期要求其弟弟们起誓时令他们采取口头的形式,而到天命时期就采取了书面形式。

如此看来,虽然我们考察的满蒙两个地区的臣工起誓行为相隔四百年,但仔细观察后仍然可以发现二者之间的诸多渊源。

据前人的研究,盟誓制度在亚洲历史上是非常流行的。例如先秦时期的中原汉地和吐蕃时期的情况。在中亚、北亚历史上,不仅在蒙古,一些突厥系民族中也盛行着包括臣工起誓在内的盟誓活动。④

---

① 〔日〕本田实信:《蒙古的誓词》,《蒙古时代史研究》,东京大学出版社,1991年。
② (明)萧大亨:《北虏风俗·习尚》,北平文殿阁书庄本。
③ 张承志:《关于早期蒙古汗国的盟誓》,《民族研究》1986年第2期。
④ 相关研究参见〔美〕丹尼斯·塞诺:《以切成两半的狗立誓》,《丹尼斯·塞诺内亚研究论文选》,中华书局,2006年。

然而,至明末清初时,在中原汉地的国家政治生活中,盟誓活动基本绝迹。类似的习惯已经成为只在民间秘密会社中才采取的方式。然而,零散的文献记述证明,在同一时期内亚的满蒙地区依然流行着盟誓这一政治运作模式。如伊兹勃兰特·伊台斯于清康熙三十一年至三十四年间奉沙皇彼得一世之命率使团出使中国。在他的游记中记载了途经地区的人土风情。据载,尼布楚城"埃文克人",即鄂温克人中就存在法庭上的起誓仪式。① 而法庭上的起誓方式,一直延续至清代。

综合以上初步的研究后发现,明末清初满蒙地区流行的盟誓习惯有很多相似之处,契约精神在国家政治生活中颇具影响。结合笔者此前的相关研究,② 可以推断当时满蒙地区拥有比较相同的政治文化取向。

就此意义上,臣工起誓制度也是一种在满蒙地区得到普遍认同的政治运作模式,是该地区政治文化的组成部分。这种政治文化特征与明代的情形是大不相同的。从这一视角而言,如欲了解清朝的政治文化,深入研究清初的经历是很有必要的。不过,清初在修订原档的基础上撰写太祖朝和太宗朝《实录》等官书时,没有收录相关臣工起誓文档,为后人了解清初政治文化带来困难。

和平之盟

努尔哈赤兴起时期,满洲部与其他女真诸部也建立过盟誓关系:

> 丁酉年(1597),夜黑、兀喇、哈达、辉发同遣使曰,因吾等不道,以至于败兵损名。今以后,吾等更守前好,互相结亲。于是夜黑布羊古妹欲与太祖为妃,金台石女欲与太祖次子带善贝勒为妻。太祖乃备鞍马盔甲等物以为聘礼,更杀牛设宴,宰白马,削骨,设酒一盃,肉一碗,血土各一碗,歃血会盟。四国相继而誓曰,自此以后,若不结亲和好,似此屠牲之血、躁踏之土、剔削之骨而死。如践盟和好,食此肉,饮此血,福寿永昌。誓毕,太祖亦誓曰,汝等应此盟言则已,不然,吾待三年,果不相好,

---

① 〔荷〕伊兹勃兰特·伊台斯、〔德〕亚当·勃兰德:《俄国使团使华笔记(1692—1695)》,商务印书馆,1980年,第149—150页。

② 参见拙著《清初汗号与满蒙关系》,《民族研究》2012年第2期;《清初达尔汉名号考述》,《清史研究》2012年第2期。

必统兵伐之。后蒙古得罪,太祖命木哈量伐之,获马四十四。时纳林卜禄背盟,将所获尽得之,仍擒木哈量送与蒙古,又将金台石之女与蒙古胯儿胯部戒沙贝勒结亲。其布占太亦因与夜黑通,将满太妻都都库氏所玩铜锤遣使送与纳林卜禄,又将满洲所属斡儿哈部内按褚拉库、内河二处酋长落吞、刚石吞、旺吉诺三人许献夜黑,请其使而招服之。①

在这种看似平等的盟誓关系中,透露出女真诸部势力的此消彼长。1593年,叶赫、乌拉、哈达、辉发等部与蒙古科尔沁部等联合为九部联军攻打满洲部失败,叶赫等部主动与满洲修好关系。努尔哈赤也考虑到当时力量的对比而和他们订立条约,保持了一段时期的和平关系。但是,六年过后,努尔哈赤开始进行对哈达、辉发等女真部落的征伐战争。可见这种盟誓关系的变数还是有的,一旦各方的力量对比发生重大变化,强势者可以单方面终止盟誓关系。

努尔哈赤初期的30余年间,为争取时间统一女真诸部,在与明朝的关系上基本保持守势。努尔哈赤考虑到与满洲接壤的辽东地区的和平交往,也通过盟誓制度争取到一段时期的平安局面。1608年,双方订立了第一次边界条约:

> 是年,太祖欲与大明国和好,谓群臣曰,俗言一朝为恶而有余、终身为善而不足,今欲与大明国昭告天地以通和好。言毕遂会辽阳副将、抚顺所备御宰白马祭天刻誓辞于碑曰:"各守皇帝边境,敢有窃逾者无论满洲与汉人见之即杀。若见而不杀殃及于不杀之人。大明国若负此盟,广宁巡抚、总兵、辽阳道副将、开原道参将等官必受其殃。若满洲负此盟,满洲必受其殃。"誓毕,沿边立碑以为记。②

这次是满洲和明朝的地方官员订立的盟誓,也附有有关双方边界问题的简单条约。但是,这次盟约和以上与女真诸部的盟约一样,也没有维持多长时间,从天命三年(1618)开始,努尔哈赤挑起了和明朝的战争。当年,努尔哈赤公布对明朝的七大恨,其中两条与1608年的盟誓有关:

---

① 《清太祖武皇帝实录》卷一。
② 《清太祖武皇帝实录》卷二。

> 虽有祖父之仇,尚欲修和好,曾立石碑盟曰:"大明与满洲皆勿越禁边,敢有越者,见之即杀,若见而不杀,殃及于不杀之人。"如此盟言,大明背之,反令兵出边卫夜黑,此其二也。
>
> 自清河之南,江岸之北,大明人每年窃出边,入吾地侵夺,我以盟言杀其出边之人,彼负前盟,责以擅杀,拘我往谒都堂使者纲孤里、方吉纳二人,逼令吾献十人于边上杀之,此其三也。①

这是满洲的解释,我们没有看到明朝方面有关此次盟誓的记载。第二年即天命四年(1619),后金和明朝发生了大规模的军事冲突,这就是萨尔浒战役的缘起。后金和明朝的关系从和平转变为战争,其后后金占领了辽东地区。

皇太极即汗位后,也和明朝及其地方势力订立过盟誓。天聪四年(1630),后金与明朝叛臣、居住于海岛的刘兴邦、刘兴基等订立盟誓,确立友邦关系。②

天聪六年(1632),皇太极第二次亲征蒙古本部察哈尔。当年,皇太极从归化城返回时也和明朝宣府边臣订立过盟誓:

> (六月)二十八日,宣府沈都堂、董总兵官身任议和,与满洲议定和好,誓告天地。时大明国金都司、二州官四员,与满洲国阿什达尔汉、达雅齐、龙什、卫寨桑四大臣,刑白马乌牛,焚书誓告天地曰:"明国及满洲国,我两国皆欲修好,和睦相处,故刑白马乌牛,誓告天地。若大明先渝盟,则天地谴之,道毁国亡。若满洲先渝盟,则天地谴之,道毁国亡。两国若遵守警告天地之言,和睦相处,则天地眷祐,子孙世代永享太平。"盟毕,以和事成,赠金五十两、银五百两、蟒缎五百、毛青及布一千。③

此次盟誓后金国汗没有参加,这一点与努尔哈赤时期明显不同,表明后金欲与明朝平起平坐的立场。但这里也隐含着城下之盟的味道,明朝付出了不小的物资代价,换来的也并非是双方全面的和平,满洲方面只是承认与宣府一带的和平关系,而对其他的明朝边疆依旧采取军事行动。

---

① 《清武皇帝实录》卷二。
② 《内阁藏本满文老档》20,第553页。
③ 同上书,第646页。

另外,后金与朝鲜的关系中也订立过几次盟誓。

努尔哈赤生前,皇太极就提倡征伐朝鲜。但因考虑到树敌过多不利于发展中的后金,终努尔哈赤时代没有对朝鲜采取军事行动。1627年初,刚继汗位不久的皇太极,为了从朝鲜获得粮食,以救燃眉之急;为了铲除毛文龙,以解肘腋之患;为了割断朝鲜与明朝的关系,将朝鲜置于后金的控制之下,以便日后向辽西进兵,毅然决定出兵攻打朝鲜。①

天聪元年(1627)正月,大贝勒阿敏和济尔哈朗、阿济格、岳托等贝勒奉命往征朝鲜。至三月,后金大军占领金朝边境附近的城镇,直扑朝鲜京城。朝鲜国王李倧仓皇逃到江华岛。《清实录》载:

> 遂遣刘兴祚、巴克什库尔缠往,至江华岛,与朝鲜国议政判书等官共议盟誓中事。三日不决,李倧延二使近具所居往来共议,乃定三月初三日丑刻,李倧焚书盟誓。寅刻朝鲜国议政判书等官八员亦焚书盟誓,刑白马乌牛,焚香设酒肉骨血土各一器,告天地,满洲誓词一、朝鲜誓词一读毕焚之。誓词内书大贝勒阿敏、固山额真纳穆泰、达尔哈、和硕图、顾三台、拖博辉、车尔格、喀克笃礼、博尔晋,朝鲜国王李倧及其臣吴云乾、李廷桂、金鎏、李遂、沈静正、沈正王、黄吕钟、邵完等名。和礼告成。②

后金与朝鲜结成兄弟之盟,后金为兄,朝鲜为弟。采取的盟誓仪式与蒙古内喀尔喀、喀喇沁、科尔沁等部的盟誓仪式几乎没有区别。

三、盟誓与满洲与蒙古诸部同盟关系的建立

1619年初,后金取得萨尔浒战役胜利后不久,就与内喀尔喀各部长立誓订立攻守同盟。其后,后金占领几乎整个辽东地区,也侵犯了蒙古本部察哈尔的传统利益,导致双方关系紧张。在此背景之下,努尔哈赤及其继承者皇太极采取和大多数蒙古部建立同盟关系的策略,逐渐联合了科尔沁、喀喇沁、③敖汉、奈曼、阿鲁诸部,排斥和挤垮察哈尔,在漠南地区将自己的势力稳

---

① 袁闾琨等著:《清代前史》下卷,沈阳出版社,2004年,第691页。
② 《清太宗实录》卷二,天聪元年三月辛巳。
③ 喀喇沁和后金同盟关系的建立过程,参见乌云毕力格:《喀喇沁万户研究》,内蒙古人民出版社,2005年,第85—92页。

步推进。这一过程为后金壮大,征服蒙古,甚至入主中原奠定了扎实的基础。

后金与内喀尔喀的同盟关系

嘉靖末年到隆庆、万历年间,内喀尔喀蒙古处于全盛时期。它的势力已深入福余全境,直到辽河以东,与女真叶赫部毗邻,并侵夺泰宁卫东境,直接和明廷辽东接壤。因此,清朝最初接触的蒙古,几乎全是喀尔喀部。① 当然,在内喀尔喀诸部中,首先和努尔哈赤打交道的是巴约特部长之子恩格德尔。

天命四年(1619)五、六月之间,努尔哈赤就遣书蒙古五部喀尔喀联合征战明朝:

> 开原既克,收兵还家。至清河岭地方,遣孟格图遗书五部喀尔喀蒙古曰:"……今吾将南征,尔喀尔喀蒙古贝勒等亦愿往征耶。尔若征伐,尔蒙古兵与我军相遇于明边,又将奈何。遇尔怀有恶意者贪财杀人,劫掠所骑马匹,又奈之何。明国、朝鲜二国语言虽异,然其衣饰风俗同也。我蒙古、诸申二国语言各异,其衣饰风俗皆同也。我二国之兵相遇于明边内后,若生杀人夺马之事,岂不坏我等之名声。为此故,愿与尔等誓约。俟尔回音。"②

努尔哈赤通过盟誓建立同盟的提议是在斋赛事件发生之前。他虽然在萨尔浒打败了明朝重兵,但面对明朝这一实力雄厚的大国,他迫切需要一个同盟者。为此,他首先想到了内喀尔喀,多次宣扬后金与蒙古的相近之处。然而,史料中没有发现内喀尔喀诸部长的回信,可能当时的内喀尔喀还不打算和后金建立同盟关系。这当然缘于内喀尔喀和察哈尔、明朝当时的关系。就在此时,后金找到了突破口。

天命四年(1619)七月,后金攻占铁岭,并俘虏前来助明、争夺战利品的斋赛、巴克、色本等内喀尔喀诸部首领。这些首领的系谱是:虎喇哈赤的第三子兀班,生二子:长名煖兔(莽兔),次名伯言儿。伯言儿的儿子叫宰赛(翁吉剌特部)。③ 随从宰赛的色本就是后来清代扎鲁特右翼旗的始祖。则巴克

---

① 《明代蒙古史论集》下,第504页。
② 《内阁藏本满文老档》19,第34页。
③ (明)《开原图说》卷下。

第二章　满蒙交往中的制度:盟誓、质子和九白之贡　83

是强酋煖兔的嗣子。从努尔哈赤所述斋赛罪名来看,以前斋赛"与明同谋,对天地立誓伐我。以求厚赏者,是四也。再者,曾谓明通事曰:'赐我重赏,我若不征伐满洲,上天鉴之。'遂斩断活白牛之腰,于马上手洒牛血祭天,是五也"。① 从其描述的详细情形来判断,努尔哈赤强加罪名的可能性很小。另外,当时斋赛等内喀尔喀部长跟随察哈尔以获得明朝的赏赐和物资交易。

努尔哈赤虽俘获斋赛、巴克、色本等六名贝勒及十余名大臣等共150人,但他说:"斋赛其人,我已养之,斋赛之兵众,悉为我所杀。其国人畜,恐为他贝勒所掠取,拟释所擒一百四十人还,以守护其国无夫之妇、失父之童及其牲畜。"② 很显然,斋赛已变成努尔哈赤与内喀尔喀谈判的筹码。

斋赛被俘后不久,内喀尔喀卓里克图洪巴图鲁贝勒等众贝勒遣使谢努尔哈赤宥斋赛不杀之恩,并表示"今保其性命,恩莫过于此。为此,我等尚有何言,悉听汗命"。③ 努尔哈赤很快复信,于九月初五日遣使内喀尔喀五部诸贝勒曰:"天以斋赛与我,致使屡与我为敌之斋赛被擒。即欲杀之,然念尔喀尔喀卓里克图贝勒、额布格德依、黄台吉等,故留斋赛于此,并将此事原委令尔五部喀尔喀贝勒等知之。"④ 依照《金轮千辐》的说法,额布格德依是巴林部长速把亥的曾孙。所谓黄台吉是额布格德依之子色楞洪台吉。⑤ 后两位都是巴林部之长。

当初,后金所擒斋赛、巴克、色本等属于内喀尔喀五部中代表北部的翁济剌特和扎鲁特两部。而炒花、额布格德依则分别代表内喀尔喀的乌济业特部和巴林部。在后金和内喀尔喀的来往文书中,没有出现巴约特部的达尔汉巴图鲁及其子恩格德尔,这可能与他们一直推行与后金的和平外交有关。这三部位于内喀尔喀的南面。至此,努尔哈赤准备进一步约束他们。以喀尔喀卓里克图洪巴图鲁为首的同盟势力从内喀尔喀北部拓展到整个喀尔喀,十月二十二日,诸贝勒又遣使努尔哈赤说:

　　曾言以明国为敌,合谋征讨之,所言甚是也,愿同征,直至山海关。

---

① 《内阁藏本满文老档》19,第35—36页。
② 同上书,第36—37页。
③ 同上书,第41页;《清太祖武皇帝实录》卷二。
④ 同上书,第41页。
⑤ 《金轮千辐》,第223页。

其不践此言者,佛天鉴之。再者,倘与明和,必由我等商议后,合谋和之。倘若明输财物,厚尔而薄我,尔等勿受;厚我而薄尔,我亦不受。能践此言,则名扬遐迩!①

通过几次使者往来,后金达到目的,而卓里克图洪巴图鲁等内喀尔喀的盟主同意和后金缔结对明的同盟关系,并提出两点要求。努尔哈赤收到内喀尔喀方面的文书之后马上做出反应:

十一月初一日,与喀尔喀五部相盟和好,缮写誓书。遣额克兴额、楚胡尔、雅希禅、库尔禅、希福五大臣前往。书曰:"五部喀尔喀诸贝勒与恭敬英明汗之十部诸贝勒,我二国既蒙天地眷佑,愿相盟好,同谋共处,我二国对天地誓之。恭敬英明汗之十部执政贝勒、喀尔喀五部之执政贝勒,执掌二国大政,于己未年十二月,刑白马祭天,刑乌牛祭地,设酒一碗、肉一碗、土一碗、血一碗、骨一碗,以诚信之言誓告天地。我二国素与明国为仇,今将合谋征之。何时与明国修好,必共同商议而后和之。若毁天地之盟,不与五部喀尔喀商议,恭敬英明汗先与明和,或明欲败我二国之盟,密遣人挑唆我执政之十部贝勒,而不以其言告五部喀尔喀,当受天地谴责,夺我十部执政贝勒之寿算,既如此血溅血、如此土蒙土、如此骨暴骨而死。若明国欲与五部喀尔喀媾和,密遣人离间,而不以其言告我,则夺喀尔喀执政之杜楞洪巴图鲁、奥巴戴青、厄餐台吉、巴拜台吉、阿索特金之莽古尔岱、额布格德依皇太极、乌巴希台吉都棱、古尔布什、岱达尔汉、莽古尔岱戴青、毕登图、叶尔登、楚胡尔、达尔汉巴图鲁及恩格德尔、桑噶尔寨、布大齐都棱、桑噶尔寨、巴雅尔图、多尔济、内齐汗、卫正、鄂尔哲依图、布尔噶图、额登、额尔济格及五部喀尔喀执政贝勒等之寿算,亦如此血溅血、如此土蒙土、如此骨暴骨而死。我二国若践此天地之盟,则蒙天地护佑。饮此酒,食此肉,愿我二国执政诸贝勒可得长寿,子孙百世,直至千万年永享太平,亦乃天地使然也。恭敬英明汗、五部诸贝勒,二国共立此誓。"遂拜天地誓之。②

---

① 《内阁藏本满文老档》19,第41—42页。
② 同上书,第42—43页。

《武皇帝实录》也载有相同的内容：

> （1619）十一月初一日，帝令厄革腥格、褚胡里、鸦希谣、库里缠、希福五臣赍誓书与胯儿胯部五卫王等共谋连和同来使至冈干色特里黑孤树处。遇五卫之王，宰白马乌牛，设酒肉血骨土各一碗，对天地誓曰：蒙皇天后土佑我二国同心，故满洲国主并十固山执政王等今与胯儿胯部五卫王等会盟，征仇国大明。务同心合谋，倘与之和，亦同商议。若毁盟而不同五卫知，辄与之和，或大明欲散我二国之好，密遣人离间而不告，则皇天不佑，夺吾满洲国十固山执政王之算，即如此血出、土埋、暴骨而死。若大明欲与五卫王和，密遣人离间，而五卫王不告满洲者，胯儿胯部主政王都稜洪把土鲁、奥巴歹青、厄参八拜、阿酥都卫蟒古儿代、厄布格特哄台吉、兀把什都都稜、孤里布什代打里汗、蟒古儿代歹青、弥东兔叶儿登、储革胡里大里汉把土鲁、恩革得里桑阿黎寨、布打七都稜、桑阿力寨巴丫力图朵力吉、内七汗、位征偶儿宰兔、布儿亥豆、厄滕厄尔吉格等王，皇天不佑夺其纪算，血出、土埋、暴骨亦如之。吾二国若践此盟，天地佑之，饮此酒，食此肉，寿得延长，子孙百世昌盛，二国始终如一，永享太平。①

稍后形成的《满洲实录》以及后期的《太祖高实录》等记载与《武皇帝实录》相同。不过对比以上两处记载后发现疑点，即盟誓的时间到底是十一月初一日，还是十二月？《实录》言，十一月初一日是盟誓的日期。汉译的《满文老档》将"遂拜天地誓之"几个字放在引号外，引起误解。笔者认为，日译《满文老档》很准确。② 把日译和汉译比照后发现，以上所引汉译部分只是后金方面起草的誓词，十一月初一是后金使者出发的日期，而并不是双方订立盟誓的日期。日译《满文老档》说"十二月"是努尔哈赤起草誓词时所预期的订盟日期。那么，《实录》的记述全部错了。后金和内喀尔喀订立盟誓的时间是十二月二十三日，日译《满文老档》的记述很明确。③

从誓词的内容来看，很显然这是一份针对明朝的协议。后金起草的誓

---

① 《清太祖武皇帝实录》卷二；《满洲实录》卷六。
② 《满文老档》1 太祖 1，第 196—199 页。
③ 《满文老档》1 太祖 1，第 203 页；《内阁藏本满文老档》19，第 43—44 页。

词的基本内容与之前卓里克图巴图鲁起草的基本相同,这也从另一个侧面表明,后金尊重同盟者的意见及为订立盟誓而做出的某种妥协。因此,双方盟誓时,后金起草的盟词是很容易被内喀尔喀方面接受的。不过,后金的誓词之中加了惩处违规者的内容。

这是满蒙之间形成的第一次同盟关系,对此后金非常重视。这一点从盟誓礼仪的繁琐程度中也可窥见一斑。其中天、地是双方的"证人""监督者"和"仲裁者"。① 在北亚和东北亚萨满教世界里,天地代表着最高的神灵。

当时立誓时,因钟嫩所居遥远没有赴盟,后来努尔哈赤又遣使前往钟嫩贝勒处与之盟誓。② 钟嫩的系谱是:虎喇哈赤长子伟征诺颜,有二子。长巴颜达尔伊勒登,有子五,长忠图,传子内齐。次赓根,次忠嫩(即钟嫩),次果弼尔图,次昂安(即昂阿)。③ 他们历代都是扎鲁特部首领。至此,后金和喀尔喀各部首领都缔结了盟誓。

盟誓完毕,后金方面表现得很积极。如主动返还逃人、释放色本等。④ 和田清认为:"内喀尔喀五部首领和努尔哈赤缔结攻守同盟,至此,努尔哈赤才断然和察哈尔林丹汗决裂了。于是天命六年(明天启元年,1621),攻陷明廷沈阳、辽阳,第二年又攻占广宁。"⑤但是,从零星文献记载来判断,内喀尔喀好像没有参与后金攻占沈阳、辽阳和广宁的战役。

其实,订立盟誓后不久,后金和内喀尔喀的同盟关系就出现裂痕。据《满文老档》,努尔哈赤遣使致书五部喀尔喀备述讨明缘由。⑥ 从后来使者返回报告的情况来看,后金的使者分两队分别前往南北喀尔喀各部。六月十二日,前往扎鲁特部的使者返回称,钟嫩、昂阿、卓齐特扣肯属下兵丁劫掠后金使者物资。⑦ 不久出使南部喀尔喀的使者也返回称,内喀尔喀诸贝勒俱背盟言。⑧ 后金方面提到的内喀尔喀的罪名,一为劫掠使者物资,二为袭击后

---

① 《喀喇沁万户研究》,第 88 页。
② 《内阁藏本满文老档》19,第 46 页。
③ 《蒙古回部王公表传》卷二九《扎鲁特部总传》。
④ 《内阁藏本满文老档》19,第 46 页。
⑤ 《明代蒙古史论集》下,第 509—510 页。
⑥ 《内阁藏本满文老档》19,第 49—51 页。
⑦ 同上书,第 52 页。
⑧ 同上书,第 52 页。

金属部叶赫,三为听信明国谗言停止遣使等。喀尔喀方面没有记载这一情况的资料,第三方明朝也无记载,因此难以明辨是非。但可以肯定的是双方同盟关系的破裂。内喀尔喀各部没有参与后金攻占辽沈地区的战役。反而在后金军占领沈阳时,喀尔喀军前来进行抢夺,被后金制止,后金还致书对其发出警告。①

努尔哈赤认识到,拉拢整个喀尔喀部难以实现,便采取分化、瓦解的策略。其主要办法有优待来归者②、与亲金者保持同盟关系③、军事打击明显敌对者等。④

天命八年(1623),一直以来和后金保持友好关系的恩格德尔额驸驱其国民和牲畜前来正式投诚,为示其诚信而誓曰:

> 为仰赖英明汗为生而前来。既来之,蒙汗怜爱,视如赤子,倘有负汗父眷养之恩,则上天知之。既见恶于父母兄弟而来投,所思一切尽已得之。若不念汗之优宠,背理而行,则祸患及身而亡。若秉持忠心,竭力图报,则享安逸之福也。⑤

第二年,甲子年(1624)正月初三日,恩格德尔额驸和努尔哈赤正式立盟,恭敬英明汗对恩格德尔额驸誓言:

> 皇天眷佑,以恩格德尔与我为子。念其弃生身之父而以我为父,弃其同胞兄弟而以此处妻兄弟为兄弟,弃其所生之地来此安居。倘不恩养,必受上天谴责。仰体天作之合,养尔?婿,则蒙上天眷佑,不分内外共享长寿太平之福。甲子年正月初三日盟誓。⑥

除努尔哈赤外,参加者还有大贝勒、阿敏贝勒、莽古尔泰贝勒、四贝勒、阿爸台贝勒、德格类太极、斋桑古太极、济尔哈朗台吉、阿济格太极、多铎太极、岳托太极、硕托台吉、萨哈廉台吉等人。恩格德尔额驸对天命汗誓言曰:

---

① 《内阁藏本满文老档》19,第64页。
② 《清太祖武皇帝实录》卷二;《满洲实录》卷七。
③ 《内阁藏本满文老档》19,第82页。
④ 《清太祖武皇帝实录》卷四。
⑤ 《内阁藏本满文老档》19,第198页。
⑥ 《满文老档》2太祖2,第883—884页。

> 我恩格德尔承蒙汗父养育之恩,嗣后若抛弃我之汗父,返回蒙古地方,或心向蒙古国而不以汗父之好恶为好恶,或因思念故土兄弟而怀二心,则我恩格德尔必受上天责罚。若一心安居于此,则蒙上天眷佑,子孙世代皆承汗父衣食之恩,永享安乐也。①

努尔哈赤死后不久,天命十一年(1626)十月,大贝勒代善等领兵征扎鲁特。这是后金对内喀尔喀中最顽固势力歼灭性的打击。《实录》载:

> 昔盟誓时,尔五部落执政诸贝勒及卓礼克图贝勒,俱与此盟,而昂安不从。尔等因以昂安委我裁置,我是以兴师诛昂安。嗣后,尔扎鲁特诸贝勒复云,昂安之罪,固应诛戮,我部落仍愿修旧好,不似东四部落,或食言败盟也。我故归桑土妻子及昂安之子。癸亥年,复申盟誓云,察哈尔,我仇也,科尔沁,我戚也,尔慎无与察哈尔通好,或要截我遣往科尔沁之人,致起兵端。无何,尔又背此盟于甲子年。尔扎鲁特右翼袭我使于汉察喇地方。乙丑年,又追我使于辽河畔,恣行劫夺。是年,又要截我使臣顾锡,刃伤其首,尽夺其牲畜财物,尔扎鲁特何其贪利而背义也。然我犹念前好,不问尔罪,远征巴林,所俘获尔使百余人,悉行遣释。后桑土以诳言而来窥我,我已洞悉其奸,仍不执桑土,遣之归,以观动静,盖我之推诚于尔,不欲终弃前盟如此。丙寅年,尔扎鲁特左翼诸贝勒,觇我使臣之出,屡次要截道路,劫夺财畜,并行残害,是尔扎鲁特之贪诈不仁,妄加于我者,终无已时也。我之所以兴师致讨者,职是故耳。是日,大军起行,上率大贝勒莽古尔泰,贝勒多尔衮、多铎、杜度出城送至蒲河山冈而还。②

后金在这次战役中大获全胜,"喀尔喀扎鲁特部落贝勒巴克与其二子及喇什希布、戴青、桑噶尔寨等十四贝勒俱已擒获,杀其贝勒鄂尔寨图,尽俘获其子女人民牲畜而还"。③ 至此,内喀尔喀陷入四分五裂的状态,作为一个部落联盟已不复存在,其大部分已归附后金。其中乌济业特、巴约特的绝大部分加

---

① 《内阁藏本满文老档》19,第 212 页。
② 《清太宗实录》卷一,天命十一年十月乙酉。
③ 《清太宗实录》卷一,天命十一年十月甲子。

第二章　满蒙交往中的制度：盟誓、质子和九白之贡　89

入八旗，部分扎鲁特人也成为八旗人。另外，巴林、扎鲁特各部单独成立旗。弘吉剌部也分为两部分分别归附八旗和巴林旗。这就是内喀尔喀的结局。

后金和科尔沁部同盟关系的建立

众所周知，满洲和蒙古科尔沁部的交往是从1593年的战争开始的，当年科尔沁参加九部联军，在和满洲的军事冲突中战败。其后，双方关系趋缓。1612年，努尔哈赤求娶明安之女为妻。1614年，明安之兄莽古斯也送其女，嫁给努尔哈赤第八子皇太极。双方开始友好交往，其后清朝（后金）皇室和科尔沁部的联姻关系一直持续至清亡。

在左翼蒙古诸部中，科尔沁部是一个强大的部落联盟。后金从努尔哈赤晚期就开始努力和它建立盟誓关系。虽然过程有曲折，但最终还是形成了颇为稳定的同盟。在蒙古各部中，后金与科尔沁部的关系成为最稳定的双边关系，科尔泌部在后金霸业的建立过程中起到了扶持作用。

天命四年（1619），后金致书科尔沁部，要求他们归还所夺取的叶赫畜群。[①] 从这以后双方的使者不断往来，到天命八年（1623）时更为频繁了。因为从这一时期开始，科尔沁部的奥巴洪台吉感觉到来自察哈尔部的威胁。据努尔哈赤言："黄台吉（即奥巴洪台吉——引者）曾言之，若闻有察哈尔、喀尔喀向科尔沁围猎进兵之言，即毋惜人马，遣使前来等语。"[②]但当时这一消息基本被努尔哈赤否定。当年五月，奥巴再次遣使致书努尔哈赤提防察哈尔来侵。[③] 努尔哈赤回信，劝告科尔沁各首领："尔等之间可举一人为汗，倘尔众皆齐心合力，则可使察哈尔、喀尔喀不再侵犯尔等。"[④]努尔哈赤此时虽然表现出指手画脚的态度，但还没有与之建立盟誓关系的想法。

科尔沁和后金第一次订立盟誓的时间是天命九年（1624）二月。《满文原档》和《满文老档》没有记载，据《武皇帝实录》载：

　　初与廓儿沁部遣使往来者数年，至是复遣使诣其处，约固和好。其部长遂遣使赍书来，书曰："奥巴哄台吉等致书于明掩众光威震列国睿

[①]　《内阁藏本满文老档》19，第40页。
[②]　同上书，第146页。
[③]　同上书，第182页。
[④]　同上书，第184页。

主陛下,吾嫩江台吉等闻汗谕,莫不欣服。然主持其大事,裁之自汗。吾等莫有敢违命者。但查哈儿汗及胯儿胯部知吾等与异国同谋,必来征伐,将何以为我谋也。惟汗等之而已。"帝遂遣榜什库儿缠、希福往,与奥巴、阿都奇答儿汉、歹青莽古各台吉等会盟,宰牛马,置白骨、血、土、酒、肉各一碗,焚香而誓曰:"满洲、廓儿沁二国,因有查哈儿欺凌之愤,故以盟言昭告天地,愿同心合意,既盟之后,满洲若为查哈尔奇货所诱,中其巧计,不令廓儿沁知,而先与之和者,穹苍不佑,降以灾殃,亦如骨暴血出土埋而死。果能践盟,则天地佑之,寿得延长,子孙万世,永享荣昌。"誓毕,库儿缠、希福与廓儿沁使者来。帝命大王、二王、三王、四王、阿布太台吉、得格垒台吉、戒桑孤台吉、迹儿哈朗台吉、阿吉格台吉、都督台吉、姚托台吉、芍托台吉、沙哈量台吉等,亦宰白马乌牛,对来使同前立誓书而焚之。①

这是后金与蒙古各部针对察哈尔部建立的第一次盟誓。奥巴、阿都奇答儿汉(又称阿都齐达尔汉)、歹青莽古(又称蒙衮)三人分别代表科尔沁万户的科尔沁部、杜尔伯特部和扎赉特部,而郭尔罗斯部没有参与这次盟誓。从盟誓的记载看,这次盟誓进行得很隆重,尤其是后金非常重视,立誓时多数贝勒都参加了。

第二年即天命十年(1625)十、十一月之间,察哈尔出兵科尔沁。为此努尔哈赤派莽古尔泰、皇太极等贝勒率兵五千前去支援,而"正值察哈尔兵即将攻取科尔沁,闻金兵至,即连夜退去,众贝勒遂还"。② 可见努尔哈赤还是信守诺言,完成了一次盟誓规定的义务。

为此,天命十一年(1626)五月,奥巴专门前去沈阳答谢努尔哈赤。《太祖实录》载:

丁巳,上闻蒙古科尔沁部落台吉奥巴来朝,以其为异国贝勒长,命三贝勒、四贝勒及诸台吉等迎之。行三日,遇于开原所属中固城,行抱见礼,设筵宴宴之。庚申,至汎河郊。奥巴亦宰牛羊,张具宴诸贝勒。

---

① 《清太祖武皇帝实录》卷四。
② 《内阁藏本满文老档》19,第240页。

翼日，诸贝勒再设筵宴报之。壬戌，奥巴将至，上谒堂子，出城迎十里许，御帐殿。奥巴率从者列帐前，偕台吉贺尔禾代、拜思噶尔向前稽首。奥巴复诣上膝前再拜，行抱见礼。上起，就御座前答之。次及贺尔禾代、拜思噶尔，各行礼如仪，复就位，跪请上及诸贝勒安。大贝勒、二贝勒、诸台吉与奥巴以次行礼。奥巴等献紫貂皮、貂裘、橐驼、马，曰："我等所有之物，被察哈尔、喀尔喀侵我时悉掠去，无堪进献者。"上曰："彼二部落，原因贪得而来，掠汝不待言也。今尔我无恙，得会足矣。"遂张筵大宴。赐雕鞍并马、绣披领、镂金带、有顶冠各三。奥巴喜曰："今皇帝所赉，明日仍取还否。吾喜甚，未信，殊以为异。"上曰："此微物耳，何足论。此后凡以物与汝者，或系随意持赠，其物未必甚佳，若见诸贝勒中衣服器具之佳者，请之，当不尔靳也。"遂偕奥巴等入沈阳城。每日赐宴，恩礼甚厚。奥巴令贺尔禾代、拜思噶尔二台吉问诸贝勒曰："皇帝曾许我女。果然，吾当娶之。"诸贝勒以其言告。上详审久之，以弟达尔汉巴图鲁贝勒舒尔哈齐之子台吉图伦女妻奥巴，大宴成礼。①

《满文老档》载：

六月初六日，与科尔沁奥巴台吉结，杀白马祭天，杀黑牛祭地，誓告天地。"金汗对天地盟誓，明与察哈尔、喀尔喀欺凌我之正当生活之人，我不堪忍受，告于天，上天以我为是。又察哈尔、喀尔喀兵欲杀略科尔沁之奥巴黄台吉，上天以奥巴台吉为是。奥巴黄台吉积怨愤于察哈尔、喀尔喀，为谋国事，前来与我相会，此乃上天使受难之二人相合也。若思天使之合，互不欺瞒，良善而行，则蒙上天眷顾之恩。若不思天使之合，相诱为恶，诳骗而行，则受上天谴责之苦。后世子孙者毁我二人之盟，则受上天责罚，若恪守盟好，则永享上天之恩养。"②

奥巴台吉的誓词是：

赖长生天之命，撒播善果于天地，由是生为无与伦比帝王之公正英明汗，与结善缘之奥巴洪台吉二人，以誓言告天。自扎萨克图汗以来，

---

① 《清太祖实录》卷一〇，天命十一年五月丁巳。
② 《内阁藏本满文老档》19，第259页；相同内容见于《满文原档》第五册，第44—46页。

科尔沁诸诺颜于察哈尔、喀尔喀秉以忠心事之,然竟不罢杀掠,灭我博罗科尔沁;其后,无故杀我达赖台吉;其后,斋赛前来又杀我诺颜六人。欲图和好弗成,无故杀掠,故我等拒之。察哈尔、喀尔喀又以何故敢抗为由加兵于我,蒙上天眷佑,幸免于难,满洲汗亦爱怜些许。为铭记上天之护佑、满洲汗之怜爱,故来诣满洲汗,为政事以诚信之言誓告天地。若渝告天地之誓言,忘怀满洲汗之怜爱,与察哈尔、喀尔喀相和,则令奥巴洪台吉倍受谴责,苦之愈苦;若践告天之誓言,不忘满洲汗之怜爱,善而行之,则上天怜之愈怜,养之愈养。后世子孙若渝此誓言,败盟之人,则被天谴之愈谴,苦之愈苦;若不违此誓言,日以善行,则上天养之愈养,怜之愈怜。

与两年前的盟誓对比,这次同盟关系的内容似乎又扩展了一些,双方对抗的不仅仅是察哈尔部,还加上了察哈尔的随从者内喀尔喀部。努尔哈赤誓词里将明朝当作敌对方,而奥巴的誓词没有提到明朝。笔者看来,此次盟誓表明的不只是双方的同盟关系,也表现出后金在同盟中的领导即盟主角色。正因如此,努尔哈赤死后,皇太极一再要求奥巴参与后金所有的征战。

从这一点上看,努尔哈赤的外交政策取得成功,也是其生前重大功绩。皇太极正是利用这种盟誓关系才逐渐控制了科尔沁部。①

后金与兀鲁特的同盟关系

兀鲁特部是一个古老的蒙古部落,拉施特把他们归属于"被称为尼伦的突厥诸部落"。② 元代兀鲁特是五投下之一。自北元时期到清初归附后金,兀鲁特部都是察哈尔的属部。

天命七年(1622)正月,"兀鲁特部一丧夫之福晋率其幼子及四百六十人,携牛五十八头、马四匹来投"。③ 这是兀鲁特离开察哈尔前来归附后金的开端。其后,当年二月"兀鲁特部明安、索诺木、揣尔札勒、噶尔玛、昂昆、多尔济、顾鲁、绰尔吉、奇布塔尔、青巴图鲁等十贝勒,率妇孺及一千男丁来投

---

① 〔日〕楠木贤道:《天聪年间爱新国对蒙古诸部的法律支配进程》,《蒙古史研究》第七辑,内蒙古大学出版社,2003年。

② 〔波斯〕拉施特主编,余大钧、周建奇译:《史集》第一卷第一分册,商务印书馆,1992年,第301—305页。

③ 《内阁藏本满文老档》19,第107页。

第二章 满蒙交往中的制度:盟誓、质子和九白之贡   93

广宁城"。①

《清太祖武皇帝实录》载其事:

> (二月)十六日,蒙古兀轮特国明安、兀儿宰吐、锁诺木、绰乙里扎儿、搭赖、密腮、拜代、刚里妈、昂空、多里吉、孤路、绰里吉、奇布他里、布浑泰、亦林七、特灵、石儿胡那革等十七贝勒并胯儿胯等部台吉共率所属军民三千余户并牲畜叛来。帝升殿,赐宴毕,乃谕之曰:"吾国之风俗,主忠信,持法度,贤能者举之不遗,横逆者惩之不贷,无盗贼诈伪,无凶顽暴乱,是以道不拾遗,拾物必还其主。皇天所以眷顾。吾国之风俗盖如此。尔蒙古人,持素珠念佛,而盗贼欺伪之行不息,是以上天不佑,使汝诸王之心变乱为害而殃及国矣。今既归我,俱有来降之功,有才德者固优养之,无才能者,亦抚育之。切毋萌不善之念。若旧恶不悛,即以国法治之。"谕毕,列等赐职,赐以貂鼠、猞猁狲、狐狸、睡貂、虎皮等裘,蟒衣、金银、绸缎、布匹、银器、房田、奴婢、牛马、粮粟,凡所用之物,俱赏给之。②

对比两处史料后判断,兀鲁特、喀尔喀来归时共三千余户、一千男丁。但前来投奔的贝勒人数有出入,《满文老档》记作十贝勒,《武皇帝实录》记作十七贝勒。按努尔哈赤的说法,"喀尔喀贝勒原未受制于人,各主部落安乐称意。因安益求安,乐更思乐,遂来归附。至兀鲁特部落贝勒,因蒙古国主残暴,慕义而归我耳。此等归附贝勒,凡有故当与我八贝勒一视之,即有罪当诛,勿论死,俾还故地可也。"③当年,兀鲁特部和同时来附的内喀尔喀部一同被编为二旗,是满洲八旗之外的单独编制。

天命八年(1623)七月,蒙古兀鲁特贝勒与后金诸贝勒立誓:

> 初四日,蒙古兀鲁特诸贝勒之誓曰:"慕英明汗之名,恶察哈尔汗,为仰赖英明汗而来。来之即蒙汗怜悯如子。倘不思汗之眷养,我等蒙古诸贝勒怀有邪恶之心,则其怀邪恶之心之贝勒必为上天鉴察,祸患及

---

① 《内阁藏本满文老档》19,第123页。
② 《清太祖武皇帝实录》,卷四。
③ 《清太祖实录》卷八,天命八年六月戊辰。

身,若思汗之眷爱,秉持忠心,则上天眷悯,共享太平之福也。"①

英明汗令其诸子誓曰:"蒙上天佑汗,使我与异国蒙古各部贝勒相会。仰体天心,蒙古诸贝勒即获死罪亦不令身亡。不思天意,本处诸贝勒凡有心怀二志,包藏祸心者,上天鉴察,必降祸患于滋事之贝勒。倘能信守对天之盟,仰体上天之意,尽忠尽善,和睦相处,则蒙上天垂佑,世代得享太平之乐也。"②

兀鲁特贝勒的誓词是用蒙古文写成的,而努尔哈赤诸子的誓词则是用满文写成的。看起来双方都认可这种方式。此次盟誓的实质是新归附的兀鲁特部首领们表示对后金的忠诚。满洲方面承诺兀鲁特首领们"即或死罪亦不致身亡"等。总之,确立君臣关系时的盟誓比建立同盟关系时的盟誓仪式简单,这应与双方的地位和自愿程度有关。其后,兀鲁特首领们很忠诚地完成着自己的立誓承诺,参加后金对外的战争。

1632年,皇太极亲征察哈尔返回后,以兀鲁特、喀尔喀两旗隐匿所获牲畜、人口,不按法令将俘获人户编为牛录等为由,下令解散两旗,两部台吉带自己直接所有的属民编入满洲八旗内各自有姻亲关系的贝勒旗下,其余部众并入八旗左、右翼蒙古二营。

敖汉、奈曼等原察哈尔属部与后金同盟关系的建立

天聪元年(1627)夏,敖汉、奈曼等察哈尔所属漠南部落经过一段时间的犹豫之后,前来投奔后金。当时,刚刚即汗位的皇太极迫不及待地和他们进行了又一次盟誓:

(七月)初六日,盟誓云:"天聪汗誓告上天,察哈尔汗败坏其道统,背弃亲兄弟,无故灭喀尔喀五部。以故,敖汉及奈曼部诸贝勒与察哈尔汗交恶,来归天聪汗。若不念来归之情,迁入边内,视若其民,则天聪汗与大贝勒、贝勒阿敏、贝勒莽古尔泰、阿巴泰、德格类、阿济格、杜度及岳托、萨哈廉、豪格等,皆遭天谴,不克永寿。若加之恩养,而杜棱、洪巴图鲁、色臣卓里克图、土谢图、戴青达尔汉、桑阿尔寨、鄂齐尔、都尔巴等诸

---

① 《内阁藏本满文老档》19,第198页。
② 同上书,第199页。蒙古文誓词见李保文、南快:《写于17世纪初叶的43份蒙文书信》,《内蒙古社会科学》(蒙古文版),1996年第1期。

> 贝勒,尔等听信察哈尔离间之言,背我而怀二心,亦遭天谴,不克永年。若各践誓言,则天佑我等,俾克永寿,子孙繁盛,千秋万世,永享安乐。"①

这种盟誓不仅仅表示双方确立针对察哈尔的同盟关系,实质上是来归各部的入清仪式。不过,其较为特殊的一点是后金统治者也承诺保障自愿来归者拥有一定的自治权。

随着后金的壮大以及察哈尔部的解体和西迁,原察哈尔属下的部落不断前来归附后金。天聪四年(1630),在察哈尔的打击和后金的拉拢下,原居住在兴安岭以北的翁牛特、阿鲁科尔沁等成吉思汗诸弟后裔所属阿鲁(亦译阿禄)部也前来和后金建立同盟关系。《满文原档》记载阿鲁与后金订立的盟誓:

> 天聪四年(1630)三月二十日,金国汗、三大贝勒、八旗台吉等与阿鲁四部落诺颜,②济农孙都陵、达赖楚虎尔及大小贝勒以政体一致、共享富贵、誓告天地。今既结盟修好,若金国先渝盟,陷察哈尔奸计,贪其财货,背弃阿鲁,与其和好,则听天罚我,无克永年,必致夭折。阿鲁部贝勒若先渝盟,与察哈尔结好,馅其奸计,贪其财物,背弃我等,与之和好,天罚阿鲁四部诸贝勒,夺其寿算,无克永年,为致夭折。我两国同践盟言,尽忠相好,则蒙天眷佑,俾克永寿,子孙世享太平。③

这里第一次出现"政体一致"的字样,以后成为后金(清)与蒙古诸部建立初步的主从关系的一种模式。第二年(1631),翁牛特、阿鲁科尔沁和四子等阿鲁部落正式归附后金。

据蒙古文档案记载:

> 以天聪汗为首两大台吉、④土谢图汗、孙杜棱、达赖楚虎尔、僧格和硕齐,于辛未年四月初七日盟誓立法:除阿鲁部外,凡另行来归之众台吉,不按土谢图汗之例一体视之。其恃强抢夺尔等人畜,必遭天地厌谴

---

① 《内阁藏本满文老档》20,第472—473页。
② 玉芝对参加盟誓的阿鲁四部有研究,参见《蒙元东道诸王及其后裔所属部众历史研究》,内蒙古大学博士学位论文,2006年,第66页。
③ 《满文原档》第六册,第440—441页。译文参见齐木德道尔吉《四子部落迁徙考》,《蒙古史研究》第七辑,内蒙古大学出版社,2003年。
④ 指济尔哈朗和萨哈廉。

并殃及我等。阿鲁部众诺颜若渝誓言,擅离我等,放弃驻牧地,远走他处,亦遭天地厌谴并殃及阿鲁众台吉。若负誓言,我等将以阿鲁部众台吉为敌。若谁能践誓言,则天地眷佑,延年益寿,子孙千世,永享太平。驻牧地西界为噶海、萨尔、门绰克、阿勒坦、冬霍尔、鄂齐勒沁、乌吉叶尔;东界至津河尽头。①

后金划定蒙古诸部领地是从天聪三年(1629)以前就已开始,但当时的记录没有保存下来,不知其立法的形式。从以上翁牛特、阿鲁科尔沁和四子等阿鲁部落与后金订立的盟誓,我们看到这样一个事实,即清初对蒙古立法是通过盟誓方式实现的。不仅牧地的划定,诸如法例、军令等有时也是通过盟誓方式实现的。如天聪五年五月,"敖汉、奈曼、巴林、扎鲁特诸部为书立法云:'逃人无论从何方来,贝勒等若杀之,则罚十户诸申;若系平民杀之,诛其身,夺其妻子、牲畜,为俘。凡人告讦杀害逃人者,将告讦之人断出。贝勒若不遣人出哨,罚牛五;庶人不出哨,各罚牛一。'"②可见当时对盟誓这种方式的认同程度。后金当初对蒙古的约束不管是为保持同盟关系,还是使之遵守军令,采取盟誓制度是最有效的方式之一。

如果我们把后金看作有组织的征服者,从努尔哈赤到皇太极通过盟誓和蒙古诸部建立的同盟关系,无疑为其国家安全和对外战争提供了支持。天聪二年(1628),皇太极规划远征察哈尔的军事行动时,一月,"汗下旨于科尔沁、敖汉、奈曼、喀尔喀、喀喇沁五部落,尽入满洲法"。③ 这一规定的形成,标志着皇太极在法制支配方面取得了阶段性进展,规定的形成恰恰表明了皇太极运用统一法的体系和制度,试图支配后金和归顺的蒙古诸部的强烈愿望。④

如果说通过盟誓建立的是一个较为脆弱的同盟关系,但随着后金势力的壮大,其威慑力自然也逐渐增加,对蒙古各部的约束力逐渐加大。天聪二

---

① 《内阁藏本满文老档》(20,第 571—572 页)此段内容错讹较多。胡日查(《科尔沁蒙古史略》,民族出版社,2001 年,第 136、137 页)、齐木德道尔吉(《四子部落迁徙考》)已纠正。
② 《内阁藏本满文老档》20,第 575 页。
③ 《大清太宗文皇帝实录》(顺治初纂满文本)卷五,天聪二年一月十五日。转引自楠木贤道《天聪年间爱新国对蒙古诸部的法律支配进程》,《蒙古史研究》第七辑,内蒙古大学出版社,2003 年。
④ 楠木贤道:《天聪年间爱新国对蒙古诸部的法律支配进程》。

年(1628)九月,皇太极为征讨察哈尔,遣使告知科尔沁、喀喇沁、敖汉、奈曼和扎鲁特等诸部首领率各自兵马,与后金军汇合。据《满文原档》:

> (天聪二年十月初七日)召集奈曼部洪巴图鲁、敖汉部济农、杜喇尔洪巴图鲁、巴林部色特尔等,遣阿希达尔汉、达雅齐传谕曰:"尔等欲随我法,则照我国事例从事,不随我法,则嗣后行兵出猎,另行可也。"等语。蒙古诸贝子答曰:"既为汗民,岂可行他法。"等语。①

从字面上看,皇太极提到蒙古首领等好像有自由选择的余地,但其字里行间充满了杀气,蒙古首领不敢也不愿离开后金,只能接受后金法令的约束。另外,后金的威慑力还通过对违法者的严厉惩罚来彰显。后金利用这种方式逐渐控制住蒙古诸部,使他们忠心为后金的扩张服务。如天聪三年(1629)九月,皇太极为征伐明朝的华北地区,向漠南蒙古诸部下达檄文要求会师,十月扎鲁特、奈曼、敖汉、巴林、科尔沁等部首领各自率领军队前来支援。②从此时起,漠南蒙古的诸多部落也就参与到了后金(清)多次征讨明朝的战争中,立下了汗马功劳。

总而言之,满洲与蒙古的盟誓,不是以保持边界和平之类为目的的盟誓,而几乎都是针对第三方(察哈尔或明朝)所建立的同盟关系。从当初的内喀尔喀,到科尔沁、敖汉、奈曼、喀喇沁、兀鲁特、阿鲁等部无一例外。分析其背景,这与后金的征服战争有关。个别蒙古首领也通过盟誓表达了对后金统治者的忠诚及臣属关系,这正是征服者所需要的。这一时期的后金已经经历了其初期防守阶段,开始主动往外扩张,因此在东北亚政局中拥有主动权,盟誓同盟也是为这一动向服务的。

---

① 《满文原档》第六册,第278页。见关孝廉《〈旧满洲档〉谕删秘要全译》,《满学研究》第一辑,吉林文史出版社,1992年,第374页。

② 《满文原档》第六册,第306—307页,《内阁藏本满文老档》20,第505页;《满文原档》第六册,第312—313页。

第二节　清初政治中的质子习惯

在满洲不断发展壮大的进程中,其内政外交不断面临各种问题和挑战。本节所关注的质子习惯,是满洲统治者在继承传统基础上形成的一项政治惯例。

一、清以前的质子习惯

杨联陞在《中国历史上的人质》一文中指出:"把人质当作抵押,在中国作为一种制度一直存在到 17 世纪中叶。从《左传》中所记公元前 720 年有名的周郑之间的人质交换,到 1637 年至 1645 年间朝鲜向满洲统治者派送人质,可以引证出为数众多的交换人质或者派送人质的例子。"[①]

他把中国历史上的人质分类为如下几种:1. 交换人质——以保证两个国家或两个集团之间的友好关系。2. 单方人质——以保障顺从和忠诚。单方人质又分为:a."外部人质":可以是两方中的一方在谈判休战或投降时向另一方索要的。在和平的时期,也可以是强国向弱国、宗主国向它的封国或附属部族等索取人质。b."内部人质",是统治者向他的文武官员,尤其是那些驻守边防或者被派遣远征的官员们索要的人质。[②]

其实,在人质制度的运行中,要求提供的人质是对方首领或大臣之子,因此,我们也可以把这种制度称作质子制度。杨联陞认为,索要人质是汉朝为控制各野蛮小国的一般性惯例,为此目的而交出的王子叫做"质子"或者"侍子"。使用后一个名称,是由于这些人质常常在朝廷当侍从或者在皇宫当卫士。他们住在京城,受到善意的对待。极为有趣的是,汉代的匈奴也曾向它的属国索求人质,以作为忠诚的保证。西域的一些小国发觉他们正处在中国与匈奴的夹缝之中,于是不得不同时遣送人质到两国。[③] 其后,唐宋时期也运用人质制度,以保证附属国的依附。而在非汉族的朝代中,拓跋鲜卑所建立的北魏从它的封国和附属部族接收外部人质。[④]

[①] 杨联陞:《中国历史上的人质》,《中国制度史研究》,江苏人民出版社,2007 年,第 34 页。
[②] 同上书,第 34—35 页。
[③] 同上书,第 36 页。
[④] 同上书,第 43—44 页。

金朝时期,阿骨打要求渤海、奚、曷苏馆女真等归附和被征服的部族、国家首领等送其弟子充当人质,以此作为控制和防范邻国、属国的手段。史乘有载,金代质子制度一直在其内政外交上发挥着重大作用,金末还向蒙古送去皇子充当人质。①

大蒙古国及元朝时期,人质制度运用得极为广泛。由成吉思汗所建立的制度是:"凡内属之国,纳质、助军、输粮、设驿、供数户籍、置达鲁花赤。"②当人质年老或死亡时,必须有人来递补他们的位置。所有的要求都很清楚地记载于1268年向高丽发布的敕令之中。③ 1206年,成吉思汗即蒙古大汗位后,建立了一万人的怯薛(禁卫军),其中火儿赤(箭筒士)1000人,客卜帖兀勒(宿卫)1000人,秃鲁花(散班)8000人。秃鲁花,《蒙古秘史》写"turqaγ"(秃儿哈黑),④该书记载:

> 成吉思汗说,在前我止有八十人做宿卫,七十人做护卫、散班。如今天命众百姓都属我管,我的护卫散班等,于各万户千户百户内选一万人做着。拣选时,于各官并白身人儿子内,选拣有技能、身材壮的,教我根前行。若是千户的子,每人带弟一人,带伴当十人;百户的子,每带弟一人,伴当五人;牌子并白身人子每,带弟一人,伴当三人;其千户的子,伴当十人。所用马匹,于本千户内科敛,整治与他。与时,除父分与的家财,并自置财物人口外,照依原定例与者。其百户子伴当五人,牌子白身人子伴当三人,所用马匹,只依前例与他。若干百户,牌子多人,有违者,加以罪责。若宿卫时躲避不来者,别选人补充,将那人发去远征。若有人愿要充做,诸人休阻当者。⑤

秃鲁花(散班)由万户、千户、百户和十户那颜以及白身人的儿子中有技能、身体健壮者充当,各级那颜人等都必须遵旨将自己的儿子送到成吉思汗跟前效力,不许躲避或以他人代充其役。可见秃鲁花军就是由蒙古国各级将领质子

---

① 董四礼、王金玲:《金代质子制度探析》,《北方文物》2007年第4期。
② 《高丽史》卷二六;《元史》卷二〇九《安南传》。
③ 《元高丽纪事》第13页,《广仓学窘丛书》第二十六册。
④ 《蒙古秘史》第224节。
⑤ 同上。

组成的。蒙古语 turqa-ut 系由突厥语 turghaq(哨兵,守兵)演变而来。①

1263年,忽必烈重申这种质子军制度,元朝按规制索取人质。《元史·兵志》载:"或取诸侯将校之子弟充军,曰质子军,又曰秃鲁花军。"后来降蒙的汉地诸侯亦各遣子入质,充宿卫之士。禁卫军的作用,关键在于"制轻重之势"。② 大汗直接掌握着这样一支最强悍的亲信军队,就足以制约在外的诸王和那颜。

其后,在明代,国家层面的政治行为中我们还没有发现类似的质子习惯的存在。

我们再把目光投向北元东蒙古的广大地域,也没有发现这种制度的例子,而在远离满洲的西蒙古即卫拉特地方却发现有运用质子习惯的事例。佐口透研究准噶尔汗国统治时代的布哈拉人集团时,谈到准噶尔汗国时期存在的人质习惯。指出,准噶尔侵掠中亚诸国时,中亚诸国的统治者即喀什噶尔的和卓家族、察哈台汗家族、维吾尔人、喀喇卡鲁巴克家族、哈萨克汗国等,都派王侯、贵族、高官等作为人质到准噶尔。准噶尔则利用这些人质来干预被征服地方的政治。人质制度成为准噶尔汗廷对定居社会的统治手段。征人质的目的是保证后者的纳贡、忠诚、商队的安全等。③

二、太祖时期的质子习惯

清代以前,女真地区也有质子习惯。河内良弘先生的研究显示,15世纪初期,朝鲜李朝太宗时期开始,建州左卫首长童猛哥帖木儿,建州卫首长李满住等人将其子弟入质于朝鲜朝廷,以表示他们的忠诚。④

16世纪末,女真各部落内外战争冲突不断:

> (1599)此时哈达国蒙格布禄,与叶赫国纳林布禄因隙构兵,力不能敌。蒙格布禄以三子与太祖为质乞援。太祖命费英东、噶盖二人,领兵二千往助。纳林布禄闻之,遂令明之开原通事赍书与蒙格布禄曰:"汝执满洲来援之将,挟赎质子,尽杀其兵。如此,汝昔日所欲之女,吾即与

---

① 〔法〕伯希和:《圣武亲政录译注》,1951年,第52页。
② 《元史》卷九九《兵志二》。
③ 〔日〕佐口透:《新疆民族史研究》,第250—251页。
④ 〔日〕河内良弘:《明代女真史研究》,同朋社,1992年,第188—200页。

之为妻,二国仍旧和好。"蒙格布禄依言,约叶赫人于开原,令二妻往议。太祖闻之,九月发兵征哈达。①

这是清初文献中有关质子习惯的最早记录。查看《满洲实录》,与"人质"对应的满语是 damtun,蒙古语是 damji。但是,据乾隆年间编纂而成的《五体清文鉴》所述,与满语 damtun 对应的蒙古语是 baričaγan,而满语 damtulambi 对应的蒙古语是 danjilamoi。② 据《增订清文鉴》解释,"yaya jaka be taka gaifi agdun obure be damtun sembi"意为"以暂时拥有物品为信实称为 damtun(当头)"。③

当时在女真各部内,质子习俗得到普遍认同。努尔哈赤灭哈达是以此质子事件为契机实现的,首先破坏信守的哈达国最后被满洲国征讨灭亡。

在以上记录里,哈达部长蒙格布禄以三子为人质求援于满洲,而另一段记录中位于满洲和叶赫之间的辉发部遣其七臣之子为人质借兵于努尔哈赤。《满洲实录》载此事:

> (1607)九月六日夜,有气从星出,向东直冲辉发国,七八夜方没。又有气自西方从星出,月余方没。时辉发国拜音达里贝勒族众多投赴叶赫,其部属亦有叛谋。拜音达里闻之,以七臣之子为质借兵于太祖,太祖以兵一千助之。有纳林布禄赚拜音达里曰:"尔若撤回所质之人,吾即反尔投来族众。"拜音达里信其言,乃曰:"吾将安居于满洲、叶赫之间矣。"遂撤回七臣子,复以子与纳林布禄为质。④

质子习惯是部落之间保证信用的一种制度。文献没有详细记录战役结束后辉发等部对满洲的报酬和满洲返还人质等细节问题。而事件被记录于早期满洲的文献里是因为这些事件都为满洲的对外扩张提供了很正当的理由而已,这真实地显示了一个王朝对外扩张的过程和手段。

在满洲早期的历史进程中,我们不断看到质子习俗的运行情况。以上两例是有关质子借兵,另外还有其他方面的例子。1612 年,满洲用兵于兀

---

① 〔日〕今西春秋:《满洲实录》,83 页。
② 《五体清文鉴》,第 1748 页。
③ 《御制增订清文鉴》,第 83—473 页。
④ 《满洲实录》卷三。

喇。努尔哈赤对兀喇部长布占泰曰："尔果未射吾女，娶吾婚，可将汝子并大臣之子为质，方见其真。不然，吾不信也。"①在此，努尔哈赤不仅要求兀喇部长送其子为质，还要求送其大臣之子为质。

质子习俗不只是在女真各部之间运用，还在他们与明朝的关系中使用。尤其是努尔哈赤兴起初期，他为表示对明朝的忠诚，于1613年提出将遣送其子于明朝作人质，刚开始明朝一个军事将领暂时接受了人质，并且高呼这乃是旷典的恢复。但是，朝廷由于难以确定人质是否真是满洲酋长的儿子，当即决定拒绝接受。②

如果说上述记录因没有真正实现结果而算不上是女真对外历史上运用质子制度的成功案例。那么，天命四年（1619），后金在萨尔浒战胜明军，又趁胜进军占领开原、铁岭后，与蒙古喀尔喀部斋赛、色本发生军事冲突，导致斋赛被俘引起的质子事件，可以说是一个成功的实例。这也是后金时期最早在满蒙关系中出现的质子问题。《满洲实录》载：

> 帝曰，宰赛与二子俱被擒，但恐其所属人畜为族人侵夺，可令其二子更番往来，一子在彼保守人畜，一子在此侍父。若宰赛之归期，须待五部贝勒同征明国，得广宁后，再筹之。于是赐其子克实克图轻裘三领、靴帽、衣带、鞍马，令还。③

斋赛及其二子被俘后，被后金当作人质关押。后允许其两个儿子轮流往来，但需保证一子经常在后金充当质子。

天命五年（1620）二月，"赐斋赛子色特希尔蟒衣、裘帽、靴带、鞍马，令还"。④ 到天命六年（1621），后金又允许喀尔喀以牲畜赎斋赛，送其二子一女为质。当年八月，"赎斋赛贝勒之使者至，献马二千匹、牛三千头、羊五千只及斋赛亲生之二子一女"。⑤ 努尔哈赤的高明之处在于，既能得到物资，又能制服蒙古部落。当时，斋赛返回自己部落之前和努尔哈赤等后金统治者立

---

① 《满洲实录》卷三。
② 杨联陞：《国史上的人质》。
③ 《满洲实录》卷六。
④ 同上。
⑤ 《满文老档》1，太祖1，第365页。《满文原档》第三册，第18页。

誓。《满文老档》载：

> 初九寅日酉时，汗率四贝勒、阿敏贝勒与斋赛各刑白马一匹盟誓。其词曰："我满洲国与尔斋赛蒙古国素相和好。然尔斋赛轻信叶赫之言，杀我使者和托，援助获罪之叶赫，侵我乌扎路。再又助明，三次与明盟誓，欲征伐我。又兵至铁岭，杀我属人众，掠夺牲畜。故天厌尔恶，以尔畀我。我不忍杀生擒之人，留而养之。料收养必得其益，故将尔释还。倘尔斋赛不以养父为父，不以众弟为弟，归故土后萌生二心，则必遭天谴，因罪而死。倘我骗取畜产，不释尔还，则罪及我身而死。"①

斋赛遵守诺言，一直和后金保持友好关系，直至归附后被编入八旗。《满洲实录》记载斋赛返回部落时言："赎斋赛，送其二子一女为质。帝用白马祭天，令斋赛誓之。赐貂裘、猞猁狲裘各一领，靴帽，玲珑带并弓矢，雕鞍马一匹、甲百副。十五日，诸王送斋赛，至十里外设宴饯别。将所质之女，与大王为妃。"②大王是代善。他娶了送来当人质的斋赛之女，这是人质去向的唯一记载。赎身所送牲畜的分配也有记载："八贝勒分取斋赛送来之马匹、羊只。羊只赐给都堂、总兵官。其余牛，按职次分赐都堂、总兵官以下千聪以上各官。"③

另外，巴克、色本是内喀尔喀扎鲁特部首领，也是和斋赛一起被后金俘虏的。《满文老档》记载天命四年(1619)十一月：

> 五部喀尔喀使者来时，扎鲁特地方之三十贝勒乃因其贝勒巴克、色本二人与斋赛一同被擒，特送来马三十匹、驼三只。英明汗曰："吾不需财畜，唯需至死不渝之诚。但见尔等之诚意，即不受财畜，尽行退还。若言诚信为何，俟见尔扎鲁特贝勒举兵伐明，即知其诚也。尔蒙古贝勒竟与语言殊异之明国合谋，盟誓天地，欲来伐我，故为天地不容，致尔蒙古贝勒为我所执。此天之所赐为我所获之贝勒，未见尔之诚信，不予放归。倘以被执之巴克、色本居此过久为怜，可遣巴克、色本之子各一人前来替代。至于巴克、色本二人，可一人先归，归者转来后，另一人再

---

① 《内阁藏本满文老档》19，第82页。《满文原档》第三册，第21—22页。
② 《满文原档》第三册，第26—27页；《满洲实录》第282页。
③ 《满文老档》1，太祖1，第370页。《满文原档》第三册，第28页。

归,如此更番往来之。"①

这里努尔哈赤提出了以质子来替代巴克、色本的办法。天命五年(1620)三月,努尔哈赤放回扎鲁特色本。据《王公表传》记载,此次巴克也和色本一起被放回。文献记载:

> 色本立誓曰:"吾与巴克弟兄二人素与满洲无隙,因与有罪之斋赛同来被擒。蒙恩视吾犹子,赐衣食豢养。今又放吾还国,若不恩报而如布占泰怀仇者,皇天后土鉴之,殃及其身,夺吾之算。若此心不易,常思恩报,神祇佑之,俾寿延长,子孙昌盛。"书毕,告天焚之。帝仍赐蟒衣、轻裘、靴带、鞍马之类,令还。②

> 天命八年(1623),是日有人来告,巴克台吉将至。汗问:"为何前来?"来人告曰:"台吉巴克被擒而遣放时,其曾言每年前来谒汗,今不负前言,前来谒见汗。"③

当巴克返回时,努尔哈赤基于巴克的诚信也释放了其质子鄂齐尔桑:

> 遣释鄂齐尔桑时,台吉巴克誓曰:"巴克我被擒于阵,该杀之身,蒙父汗收养,遣我回里,今又释代我为质之子鄂齐尔桑归。若负父汗养育之恩,信他人谗言而变心,则巴克、多尔济、鄂齐尔桑我三人,定受天地谴责,祸及自身。若不远离与父汗不睦之伊勒登贝勒之子,则受天地谴责,殃及我等。"④

但是,不知什么原因,到天命十一年(1626)大贝勒代善率师征讨鄂尔斋图时,再次擒获巴克,⑤后来他们被编入八旗。色本日后任扎鲁特右翼的扎萨克。

三、太宗时期的质子习惯

《满文老档》载,太宗天聪元年(1627)五月,后金派使者向锦州守将纪太监等二人言:"今欲降则降,若不降而欲议和,则尔二太监以一人来住我处,

---

① 《内阁藏本满文老档》19,第42页。《满文原档》第一册,第305—307页。
② 《满洲实录》卷六。
③ 《满文老档》2,太祖2,第626页。《满文原档》第三册,第168页。
④ 《内阁藏本满文老档》19,第147页。《满文原档》第三册,第181页。
⑤ 《蒙古回部王公表传》卷二九传第十三。

一人出城往,我将放行。"①这说明皇太极当政之初就对明人要求人质。

明崇祯元年(1628),以袁崇焕督师蓟辽,擢祖大寿前锋总兵,挂征辽前锋将军印,驻锦州。天聪三年十月,太宗皇太极率后金兵征明华北地区,袁崇焕、祖大寿等明辽东将军从山海关、锦州等地入关支援。天聪四年初,后金方面听说祖大寿的弟弟在石门,就派兵前去,"祖总兵官之弟遁,获其同族兄弟八人及妇女十三口携还,至村民,俱令剃发归降"。②

不久,"又访察祖总兵官消息,据所获永平人云在山海关等语,所获滦州人云在昌黎等语。又闻祖之族人在距永平三十里外一村内等语,遂遣人解至,该群人内有祖之兄子一人、子二人、亲戚三四人,俱未令之剃发,遂给与房屋居住,加以看守。拟遣其家一人往探,又遣巴都里、金副将、鲍副将、索尼、鲁克依,往邀迁安县郭侍郎,至其家,其妻孥家属俱在,而郭侍郎一人出避于外。诸臣遂携其妻妾四人及幼子至永平,给与房舍,交付知府养赡。"③

史料中的"祖"指的是祖大寿。看来,后金不断捉拿明朝将领的家属作为人质来给对方施加压力,希望以此达到制服的目的。捉拿人质成为后金对明朝关系中的一种惯用手段。

天聪五年七月,后金发动大凌河围城之战,当时明朝守将是祖大寿。"大寿谋突围出,则防守严密,一人不能逸,援兵自外至者,又皆败遁,计无所出。太宗复遣阵获参将姜新往招之,大寿率众官出城,与揖见,乃令游击韩栋随姜新诣御营朝见,韩栋以军容整暇严密防卫,还白大寿。大寿令其从子祖泽洪以书系矢射出城,复以其养子祖可法送大军为质,邀副将石廷柱过壕亲告以心腹语。"④祖可法是祖大寿的兄弟之子。当时,祖大寿把他冒充为亲子当人质送到后金。⑤

十月二十八日,祖大寿无奈之下最终决定投降,在大凌河和后金盟誓,互以约束。但是,当时祖大寿声称先回锦州,再相机献城投降。其后几日所

---

① 《满文老档》太宗1,第73页。
② 《满文老档》太宗1,第291页。
③ 《内阁藏本满文老档》20,第521页。
④ 《八旗通志初集》卷一七五。《清史列传》卷七八《二臣传甲·祖大寿》。王钟翰点校,中华书局,1987年。
⑤ 《八旗通志初集》卷一七五。《清史列传》卷七八《二臣传甲·祖可法》。

发生的事情在《满文老档》中没有记载。而据新近公布的内国史院天聪五年档，祖大寿回锦州后，他的三个儿子即养子祖可法、长子祖泽润、三子祖泽洪同其他大凌河降将一起留在了后金沈阳，等于是被后金当作了人质。皇太极对这些降将给予优待，十一月十七日把他们分归八旗，又分给他们房屋、食物、用具等妥善安顿下来。① 后金在已经知道祖大寿回锦州后转变心意，不再投降的情况下，不仅没有杀害人质，还能优遇他们，大概也是考虑到以此对明辽东将领们施加影响吧。

崇德元年改国号为大清时，"授泽润三等昂邦章京，泽洪、可法一等梅勒章京，予世袭敕书。设督察员，六部，满、汉、蒙古各置承政。汉承政皆授诸降将，可法、张存仁督察院，泽洪吏部，韩大勋户部，姜新礼部，泽润兵部，李云刑部，斐国珍工部。"②

崇德七年，"六月，乌真超哈分设八旗，以泽润位正黄旗固山额真。可法、泽洪、国珍、泽还为正黄、正红、镶白诸旗梅勒额真"。③ 当年二月，"松山副将夏承德遣子为质，约日献城。我兵如期攻之，克其城，生擒总督洪承畴、巡抚邱仰民、总兵祖大乐等。奉旨将洪承畴、祖大乐送入盛京。祖大名、祖大乐放入锦州，令与大寿相见"。三月，锦州破，祖大寿最终出降。④

纵观祖氏家族归附清朝的过程，虽然后金索取了人质，但并没有对祖大寿起到多大的牵制作用。不过可以看出在此过程中，后金是主动实施者，而辽东降将只是被动接受而已。

杨联陞又说："可能是受到蒙古的影响，满洲在他们早期的时候也向朝鲜索取人质，而且范围不限于朝鲜统治者的儿子，而兼及于主要官员的儿子。这些人质和他们的家族、仆佣等一起居住于盛京(沈阳)的特定住所。"⑤ 当然，满洲的质子习俗不光是受蒙古影响。天聪十年(1636)，后金满蒙汉诸贝勒、首领、大臣等想和朝鲜方面商量一同劝皇太极上尊号，遭到朝鲜的拒绝，因而议论出兵时，皇太极就主张："先遣人持书往谕以利害，令其以诸子

---

① 《内国史院档·天聪五年》2，318—320 页。
② 《清史稿》卷二三四列传二一。
③ 同上。
④ 《八旗通志初集》卷七一五。《清史列传》卷七八《二臣传甲·祖大寿》。
⑤ 杨联陞：《国史上的人质》。

第二章 满蒙交往中的制度：盟誓、质子和九白之贡

大臣为质，彼若许诺则已，不则再议征伐。"①但还是遭到朝鲜的拒绝。于是皇太极刚刚宣布改国号为"大清"后不久就亲征朝鲜。其结果就是朝鲜被迫签订城下之盟，皇太极对朝鲜国王言："尔以长子及再一子为质，诸大臣有子者以子，无子者以弟为质，万一尔有不虞，朕立质子嗣位。朕若征明朝，降诏遣使调尔步骑舟师或数万或刻期会处，不得有误……新旧城垣不许缮筑。"②崇德三年(1638)，朝鲜国王按条约，送其长子、次子及大臣诸子入质沈阳。其后，直至入关后的顺治二年(1645)才归还最后一批朝鲜质子。③

1692年，莫斯科派遣以伊兹勃兰特·伊台斯为首的使团前往北京。使团往返及在北京停留的时间持续约三年。返回后，伊台斯等使团成员分别在欧洲发表了出使笔记，记载了沿途民族的风俗习惯等。其中，有一段关于鄂温克人质子方面的记载，非常珍贵，记载如下：

> 应当说明，居住在边界上的居民采用人质的办法。规定这种办法是因为很多人来自各个不同的地方，到这里受沙皇陛下的统治，而西伯利亚的居民又分散居住在辽阔的土地上，于是军政长官便将显贵人物的子女，如果他们的子女已经成年，就将他们本人送到人质院，拘留并很好地供养起来，以防他们走掉或逃跑。他们被监禁一个时期后，再用别人来替换他们。有一次，在涅尔琴斯克（即尼布楚——引者）有两个显贵的通古斯人作了人质。④

这段记载让我们看到了存在于西伯利亚通古斯地区的人质习俗，各部落首领将其子女送至人质院，以证明他们对沙皇的忠诚。由此证明，一直到17世纪末期在满洲—通古斯地区人质习俗依然很流行。

以上我们探讨了清初政治生活中的质子习惯问题。把这些现象与杨联陞先生对有关人质问题的归纳加以对照后发现，杨氏首先将人质分为交换

---

① 《清太宗实录》卷二八，天聪十年三月二十日。
② 《李朝实录》仁祖实录卷三四，十五年正月戊辰。
③ 〔日〕田川孝三：《沈馆考》，《小田先生颂寿记念朝鲜论集》，1933年；刘家驹：《清初朝鲜世子等入质沈阳始末》，《中韩关系史国际研讨会论文集》，台北，1983年。
④ 〔荷〕伊兹勃兰特·伊台斯、〔德〕亚当·勃兰德著，北京师范大学俄语翻译组译：《俄国使团使华笔记(1692—1695)》，商务印书馆，1980年，第149—150页。

人质和单方人质,我们研究的案例显示16世纪末至17世纪初的辽东地区或东北亚地区不存在交换人质的习惯,我们看到的都是单方人质。在单方人质中,内部人质也较少,而人质习惯被运用的领域大部分情况下是在外交关系上。在满洲与女真其他各部、蒙古各部、朝鲜甚至明朝的关系当中,我们都发现了要求质子的实例。[①] 后金朝廷要求初期归附的汉人将领将他的子弟入侍内廷,以为一种控制的手段。如前文所述祖大寿之子祖可法、祖泽润、祖泽洪等留质沈阳。总的来说,人质(多数情况下是质子)习惯作为一种保证信用的手段在后金的对外关系中持续存在。质子的目的在于要求武力支援或保证忠顺。尤其是在后金与蒙古内喀尔喀部的较量中,努尔哈赤利用质子习惯,使自己始终处于有利的位置,最终迫使对方归附。有时,质子和盟誓制度是相结合的。

第三节 九白之贡:喀尔喀和清朝朝贡关系建立过程再探

朝贡制度[②]是中国历史上处理对外关系的一整套规范和运作体系的总称。清入关后在一段时期内,对一些尚未归附的蒙古部落推行类似明朝的朝贡制度,喀尔喀即为突出一例。清廷极力将喀尔喀纳入到以"九白之贡"为主的朝贡关系当中。学界有关"九白之贡"的相关研究,尤其是这项政策的制定年份和实施过程等细节问题依然不明朗,因而有必要重新梳理入清前的喀尔喀与清朝朝贡关系的建立过程。

一、对旧说的质疑

这是一个旧题,前人的研究似乎已成定论。蒙古国史学家纳楚克多尔济在《喀尔喀史(1691—1911)》中持谨慎的态度,没有明确说明喀尔喀部开始进贡九白的年代。[③] 多卷本的《蒙古人民共和国史》言:"1638年,满洲汗谕令喀尔喀三汗,每年进贡白驼一只、白马八匹,称为'九白'或年贡,如不进

---

① 《清初内国史院满文档案译编》上,第475页。
② 有关朝贡制度,近年较为深入的研究有李云泉《朝贡制度史论——中国古代对外关系体制研究》,新华出版社,2004年。
③ 〔蒙〕纳楚克多尔济:《喀尔喀史(1691—1911)》,内蒙古教育出版社,1997年(乌兰巴托1963年初版),第52—141页。

贡而过年则以不忠问罪。其后,满洲汗将九白贡不只看待为双方友好往来的标志,更使其转变为与蒙古(指喀尔喀蒙古——引者)交往的政治基础、表示君臣关系的法律制度,通过这样的方式逐渐将喀尔喀封建主纳入到它的统治之下。"① 从此1638年说基本成为定论,被学界引用至今。孔格尔的《喀尔喀史》②《蒙古民族通史》③等都持此观点。最近出版的《蒙古史纲要》等著作也持1638年说。④

正如《蒙古人民共和国史》的编著者所交代的那样,这其实是由于近代的学者们沿用《外藩蒙古回部王公表传》《宝贝念珠》(噶尔丹)和《蒙古游牧记》等清代官私史料的缘故。但是,我们翻开一些版本的《王公表传》后发现有如下冲突的记载:

> 崇德二年,衮布偕硕垒上书同好。二年,遣使贡驼、马、貂皮、雕翎及俄罗斯鸟枪。命喀尔喀三汗,岁献白驼一、白马八,谓之九白之贡,⑤以为常。⑥

> (崇德)二年,献所产兽曰獭喜。三年,献马及甲胄、貂皮、雕翎、俄罗斯鸟枪、回部弓箙、鞍辔、阿尔玛斯斧、白鼠裘、唐古特元狐皮。诏岁贡九白,他物毋入献。⑦

但是,四库全书本等版本的《王公表传》记述与此有些不同,即前一条史料中的崇德二年之后出现的"二年"写成"三年"。⑧ 从当时撰写史书的习惯来讲,这更符合规范。看来崇德二、三年两种说法的根源在于《王公表传》的版本差异。

---

① 《蒙古人民共和国史》(二)上册,内蒙古人民出版社,1986年,第980—981页。
② 〔蒙〕孔格尔:《喀尔喀史》,内蒙古教育出版社,1990年(乌兰巴托1970年初版),第449页。
③ 乌云毕力格、成崇德、张永江:《蒙古民族通史》第4卷,内蒙古大学出版社,2002年,第57页。
④ 达力扎布:《蒙古史纲要》,中央民族大学出版社,2006年,第205页。
⑤ 有时称为"九白年贡"。
⑥ 《外藩蒙古回部王公表传》(本文简称《王公表传》)卷四五传第二九《喀尔喀土谢图汗部总传》。《国朝耆献类征初编》本;包文汉、奇·朝克图整理:《蒙古回部王公表传》,内蒙古大学出版社,1998年(据整理者交代,是以乾隆年间武英殿刊本为底本做点校),第334—335页;全国图书馆文献缩微复制中心:《清代蒙古史料合辑》本(没有交代清楚所据版本)第四册,2003年,第485页。
⑦ 《王公表传》卷五三传第三七《喀尔喀车臣汗部总传》。《国朝耆献类征初编》本;包文汉整理本;《清代蒙古史料合辑》本;文渊阁四库全书本(台湾商务印书馆)。
⑧ 《文渊阁四库全书》本;《王公表传》(蒙古文),内蒙古人民出版社,2006年。

噶尔丹的《宝贝念珠》则称:"又,崇德二年之丙子年,喀尔喀土谢图汗衮布多尔济、车臣汗硕垒、扎萨克图汗素巴第等上奏满洲太宗文皇帝愿为和好一体。三年之丁丑年遣使,进贡驼马、貂、鹰毛及俄罗斯鸟枪。诏喀尔喀三汗,岁献白驼一、白马八,谓之九白之贡,以为常。"①噶尔丹在此记载的年代不正确:崇德二年并非丙子年,应是丁丑年;而崇德元年是丙子年,崇德三年是戊寅年。然而,崇德三年说的直接来源是比《宝贝念珠》早的《蒙古游牧记》:"崇德三年,三汗②并遣使来朝,定岁贡。三汗各贡白马八、白驼一,谓之九白之贡,岁以为常。"③张穆的说法又是从何而来?道光十七年(1837)寿阳祁寯藻典学政于江苏,延请张氏入幕。后祁氏为其父韵士刊刻《藩部要略》,即聘张穆校核。④《藩部要略·外喀尔喀部要略一》的记载:"(崇德)三年……诏岁贡白驼一、白马八,谓之九白之贡。以为常,他物毋入献。"⑤这就是张穆崇德三年说的来源。总而言之,祁韵士当主笔参与编纂的《王公表传》后收入《四库全书》,而张穆只是沿用其说。其实,和张穆同时代的魏源著《圣武记》时亦主张崇德二年说。⑥

那么,崇德三年或崇德二年之说,即《王公表传》原来的说法是否正确?崇德二年和三年在喀尔喀和清朝关系史上意味着什么?

喀尔喀与清朝的联系是从漠南察哈尔部灭亡后的天聪九年(1635)开始的。当年,车臣汗(即玛哈撒嘛谛塞臣汗)硕垒、土谢图汗衮布、塞臣济农(乌珠穆沁部长)等大小诺颜分别致书⑦察哈尔太后和太宗皇太极,对前者提示太后率领察哈尔遗众前去喀尔喀,对后者则表明和后金和平共处的愿望。但事与愿违,几乎与信到皇太极手中同时,后金和喀尔喀的摩擦也开始了,后金从察哈尔手里夺得包括喀尔喀在内的蒙古各部与明朝的贸易权。当

---

① 噶尔丹著,阿尔达扎布注释:《宝贝念珠》,内蒙古人民出版社,1999年,第456—457页。
② 指喀尔喀土谢图汗、扎萨克图汗和车臣汗三汗。
③ (清)张穆:《蒙古游牧记》卷七《外蒙古喀尔喀四部总叙》,文海出版社,1965年。《清史稿》(卷五二一列传三〇八《藩部四》中华书局1977年)亦持崇德三年之说。
④ 张穆:《蒙古游牧记·序》。
⑤ (清)祁韵士:《皇朝藩部要略》卷三,筠渌山房本。
⑥ (清)魏源:《圣武记》卷三,中华书局,1984年。
⑦ 参见齐木德道尔吉:《外喀尔喀车臣汗硕垒的两封信及其流传》,《内蒙古大学学报》1994年第4期。

第二章　满蒙交往中的制度：盟誓、质子和九白之贡　111

年,喀尔喀在归化城土默特人引导下准备到杀虎口与明贸易。同年五月,出征林丹汗子额哲的后金军截获土默特部和明朝遣往喀尔喀的使者,追逐车臣汗部使臣,俘获了乌珠穆沁部(当时在车臣汗部)来明贸易的人。①

通过这次事件,车臣汗等感觉到后金实力扩张的压力。天聪九年(1635)十二月,喀尔喀的首批使团来到盛京。《实录》载:

> 癸未,阿禄喀尔喀部落马哈撒嘛谛塞臣汗及乌朱穆秦部落塞臣济农、苏尼特部落巴图鲁济农、蒿齐忒部落叶尔登土谢图、阿霸垓部落查萨克图济农等大小贝子,遣卫征喇嘛、毕切齐达尔汉吴巴什、达尔汉塔布囊、托博兑冰图四头目,率一百三十二人,赍书来朝,贡驼马、貂皮并鞍辔、锁子甲、弓刀等物。②

可见这次使团是由喀尔喀车臣汗及其所属乌珠穆沁等部组成的,并不包括土谢图汗部。据内国史院档载,使团带来的礼物有"土产驼一、马四十七、貂皮十、佟莫(tougmo)③国鞍辔、网子甲、弓刀等"。④ 从其明细来看,一只骆驼是由浩齐特部阿玉希送的。但是在此我们没有发现"九白之贡"的痕迹。显然当时后金和喀尔喀的关系并不稳定,从常理来讲,后金也不可能规定所谓九白之贡。使团回去时后金按礼节也回赐礼物于喀尔喀各头目。天聪十年(1636)元旦,外喀尔喀使臣还在盛京与八旗各固山相互致礼。⑤

崇德元年(1636)二月,皇太极遣使致书车臣汗谴责:"今尔等卖马与明,以换取其财物,岂非加增明国势力乎。尔等行事,如此乖悖,我亦不为介怀。结盟同好事宜,愿听尔等之言。"⑥十一月己酉,"前遣卫寨桑等往蒙古喀尔喀部落马哈撒嘛谛汗处议和,至是还,偕其议和进贡使臣卫征喇嘛、毕车齐吴巴什、哲赫浑津、毕车齐班第、得兑冰图、乌朱穆秦部落纳木浑津等六人及从

---

① 《清太宗实录》卷二四,天聪九年八月庚辰。
② 《清太宗实录》卷二六,天聪九年十二月癸未。
③ 应为 toγmaγ,中亚吉尔吉斯坦的地名。
④ 中国第一历史档案馆:《清初内国史院满文档案译编》上,光明日报出版社,1989 年,第 211—212 页。
⑤ 《清太宗实录》卷二七,天聪十年正月丁未朔。
⑥ 《内阁藏本满文老档》20,第 673 页。

者一百五十六人至"。① 这应该是后金首位使者的返回和车臣汗部第二个使团的到来。《实录》又接着记载当月的事情：

> 辛亥，马哈撒嘛谛汗使臣卫征喇嘛等谒上，陈所贡马匹、野骡、雕翎、弓等物，跪献其主奏疏。大学士希福受之，跪读于御前。其疏曰："马哈撒嘛谛塞臣汗谨奏威服诸国皇帝。凡归顺者与为一体，遣使往来。我等原谓典籍之所首尚，但奉有不合与明国私贸马匹之谕，我等正欲禁止。因见喀尔喀部落七固山及厄鲁特四部落皆往交易，我等效而行之耳。"读毕。使臣行三跪九叩头礼。赐之大宴。②

> 甲子，赐阿禄喀尔喀部落贡使卫征喇嘛等衣服、缎布。遣察汉喇嘛率六十四人偕往喀尔喀，赐马哈撒嘛谛汗及众台吉大臣等雕鞍、鞓带、佩刀、撒袋、弓、金银器皿、珊瑚数珠、貂镶朝衣、蟒缎、白金、布匹等物有差。③

这次车臣汗致书皇太极解释其和明朝贸易之事，并进贡马匹等物。回访的后金使团人数较多，他们带去了回赐的物品。概括起来，这两次使者往来除了传达双方最高统治者有关贸易的意图外，喀尔喀进贡土产和清朝回赐是主要内容。然而，崇德二年（1637）之后，双方关系的焦点发生了变化。据内秘书院档，当年车臣汗致书皇太极回复后金有关延请达赖喇嘛的书信：

> 愿得安康！马哈撒嘛谛车臣汗奉表敬候皇上起居万福。我等亦幸粗安。闻欲延致达赖喇嘛，诚是。此地七固山喀尔喀及四卫拉特部落亦欲请之，乞遣使者过我国，同往甚喜。我等三汗合议，遣使候安。计献方物貂皮四十张、马四十匹。使臣为麻尼塞臣浑津、毕礼克图山津。④

信里虽说三汗合议，但流传至今的文书里只见到土谢图汗等喀尔喀左翼首领的书信，而没有右翼扎萨克图汗的书信。《王公表传》扎萨克图汗部总传的记载也证明他们与后金的来往是从崇德三年（1638）开始的，他们没有参

---

① 《清太宗实录》卷三二，崇德元年十一月己酉。
② 同上书，崇德元年十一月辛亥。
③ 同上书，崇德元年十一月甲子。
④ 齐木德道尔吉、吴元丰、萨·那日松主编：《清内秘书院蒙古文档案汇编》（以下简称《内秘书院档》）第一辑，第190页。其相关内容被编入《清太宗实录》卷三八，崇德二年八月辛丑。

第二章　满蒙交往中的制度：盟誓、质子和九白之贡　　113

与这次延请达赖喇嘛的事件。清朝统一漠南蒙古之后，漠北喀尔喀仍未臣服，清太宗深知蒙古各部崇信达赖喇嘛，因此，试图以邀请五世达赖喇嘛争取蒙古人心，提高清朝在蒙古信徒心目中的地位，并以此拉拢尚未归附的喀尔喀部，使其臣服。① 后来清与喀尔喀的关系恶化导致此事当年没有成功。从《实录》所记②赏赐情况来看，这次左翼使者在盛京滞留的时间较长，一直到十一月份。这就是崇德二年（1637）喀尔喀与后金来往的情形，即是《王公表传》所述"（崇德）二年，遣使贡陀马、貂皮、雕翎及俄罗斯鸟枪"。但各种文献都没有记载有关清朝九白之贡的规定，可见其说之不可信。

　　崇德三年（1638），喀尔喀与清朝关系中的主角是扎萨克图汗。当年喀尔喀右翼的扎萨克图汗素班第企图通过归化城土默特部与明朝贸易，而遭到皇太极亲自讨伐。当年正月土默特部遣使到盛京报告扎萨克图汗率兵至归化城的消息。二月，皇太极就率领八旗军从盛京出发。但越过兴安岭后得到扎萨克图汗已退去的消息后，三月初班师返回。而当月初七日，扎萨克图汗属下达尔汉喇嘛等使者来献方物，表示无意与清朝对抗。当时进献的方物有"北方阿禄喀尔喀部落扎萨克图汗下使臣达尔汉喇嘛等率六人贡马两匹，一曰千里马，一曰硕罗图（šorotu）。来使达尔汉喇嘛献马一匹，妆缎一匹，倭缎一匹；塞臣绰尔济献马两匹、单峰驼一只，俄木布献马一匹，卓礼克图侍卫献马一匹。"③共计马七匹、驼一只。

　　七月，扎萨克图汗使者达尔汉喇嘛（或称达尔汉囊苏喇嘛）返回时，太宗皇太极又给扎萨克图汗一封信，以武力威胁劝其归顺。崇德三年（1638）八月，土谢图汗和车臣汗两部使者同土默特使者一同到盛京，"壬子，喀尔喀部落土谢图汗及卫征诺颜、古英塔布囊、赛音台吉、豆尔格齐诺颜、绰克托卫征、什尔扎车臣、阿海台吉、诺穆汉喇嘛，土默特部落卫征囊苏等同遣博洛特扎尔固齐、卫征朗苏来朝，贡马、驼、貂皮、水獭皮、猞猁狲皮、雕翎及鸟枪等物"。"喀尔喀部落马哈撒嘛谛汗及俄尔寨图喇嘛、松海噶布褚、诺穆汉喇嘛、塞冷塔布囊，阿霸垓部落济农、那木尔阐、布牙和、达赖绰尔济、济农绰尔

---

①　达力扎布：《清太宗邀请五世达赖喇嘛史实考略》，《中国藏学》2008年第3期。
②　《清太宗实录》卷三九，崇德二年十一月辛未。
③　《清初内国史院满文档案译编》上，光明日报社出版社，1989年，第288页。

济、班第达、图内、莽奈、戴青诺颜等同遣卫征朗苏、兀喇诺克山津来朝,贡马、甲冑、雕翎、撒袋、弓、鞍辔、鸟枪、斧、白鼠、水獭等裘、貂、猞猁狲、元狐、红牛皮、老精茶等物。"①清朝也回赐了物品。喀尔喀的使者可能不久就回去了,文献中再也没有出现当年清朝和喀尔喀来往的消息,也没有有关九白之贡的信息。可见崇德三年之说亦不可取。

二、顺治六年多尔衮出兵喀尔喀始末

崇德四年(1639),原附属喀尔喀车臣汗的阿霸垓、苏尼特、蒿齐特等部脱离喀尔喀归附清朝,此前其属乌珠穆沁部已归附清朝。属部接二连三的叛逃,使车臣汗极为不满。但这似乎并未影响车臣汗部和清朝的使者往来。终太宗朝,车臣汗部、土谢图汗部几乎每年都有使者往来于清朝,表明他们关系的相对稳定。

相比之下,太宗时期清朝与扎萨克图汗部的关系较为紧张,扎萨克图汗素班第以喀尔喀万户首领自居,不承认满洲皇室对蒙古的统治,继续与之抗衡。②从崇德三年(1638)军事对抗至崇德五年(1640)期间,清太宗三次致书反驳和谴责扎萨克图汗。在第一封信中,清太宗历数收复蒙古各部的事实,谴责素班第出言不逊。但是,喀尔喀在清朝版图之外也是事实,因此,皇太极不得不警告素班第吸取历史教训、量力而行。喀尔喀、卫拉特联盟之后,素班第又遗书清朝称"谕旨",向清廷通报了与卫拉特建立联盟的消息。对此,清太宗做出了强硬的回应,质问扎萨克图汗是否准备和清朝兵戎相见。第三次文书写于崇德五年十月,但文书没有什么实际内容,只是严厉斥责扎萨克图汗无礼。此后直到太宗去世,文献和档案记载中再不见双方任何文书往来。③

顺治时期,元年(1644)正月就有喀尔喀使者前来盛京行元旦礼。《实录》载:"岁贡驼马,未尝有缺,因尚未入我版图,是以未娴礼节耳。"④从内国史院档和《实录》的记载来看,土谢图汗、车臣汗、扎萨克图汗三部使臣前后

---

① 《清太宗实录》卷四三,崇德三年八月壬子。
② 乌云毕力格:《清太宗与喀尔喀右翼扎萨克图汗素班第的文书往来——兼谈喀尔喀一卫拉特联盟的形成》,《西域研究》2008年第2期。
③ 同上。
④ 《清世祖实录》卷三,顺治元年正月庚寅朔。

第二章 满蒙交往中的制度：盟誓、质子和九白之贡

都有进贡。不久，清朝移都于北京，喀尔喀部似乎也前往张家口、古北口等长城关口进行贸易。《实录》载：

> （顺治二年春正月）戊子，设张家口、古北口满洲章京各一员，命哈克沙哈驻张家口，满都布赉驻古北口。谕之曰："尔等驻防之地，凡外藩各蒙古来贸易者，俱令驻于边口，照常贸易，毋得阻抑。其喀尔喀部落来市马者，令驻于口外，申报户部，听候定夺。"①

这并不说明双方关系进入平稳时期，接下来发生的"腾机思事件"②将双方的关系推入一个新阶段。据《王公表传》载：

> 顺治三年（1646）苏尼特部长腾机思叛逃，豫亲王多铎率师追剿，至扎济布喇克，衮布遣喇瑚里等，以兵二万援腾机思，为大军所败，弃驼马千余窜。额尔克楚琥尔者，衮布族也，复私掠巴林部人畜，诏使责之。会所部额尔德尼陀音贡马匹，敕归，谕其汗等擒获腾机思，并以所掠归巴林。③

清朝和外喀尔喀的正面军事冲突是从顺治三年（1646）腾机思事件开始的。当时，清摄政王多尔衮任命和硕豫亲王多铎为扬威大将军率清军深入喀尔喀腹地，打败了腾机思和喀尔喀军队。双方关系进入了到一个紧张时期。至顺治五年（1648），"腾机思降，衮布等表乞罪，诏各遣子弟来朝，不从"。④清朝对喀尔喀入质子弟的要求遭到拒绝，另外喀尔喀也没有归还掠走的巴林人畜。顺治六年（1649）多尔衮出兵喀尔喀就是在这样的背景下发生的。

当时，清廷刚入关不久，南方和南明及农民军的战争仍在继续。而在北方，顺治五年（1648）十二月大同总兵姜瓖叛清归明，一时山西全省震动。顺治六年（1649）二月癸卯，"摄政王多尔衮总统内外官兵征剿大同"。⑤ 多尔衮率军从北京出发往征大同叛军。

---

① 康熙本《清世祖实录》卷一三，顺治二年正月戊子。
② 专门研究，参见齐木德道尔吉《腾机思事件》，《明清档案与蒙古史研究》第二辑，内蒙古人民出版社，2002年。
③ 《蒙古回部王公表传》卷四五传弟二九《喀尔喀土谢图汗部总传》。
④ 同上。
⑤ 《清世祖实录》卷四二，顺治六年二月癸卯。

当月己酉,摄政王多尔衮师次古儿班口,"有喀尔喀硕雷汗下七人携妻子来归,言硕雷汗兵马距我国有十日程,散处于野。王因止大同之行,议定出张家口,趋喀尔喀。遣人调外藩蒙古兵"。① 多尔衮从前来归附的喀尔喀车臣汗硕雷部人探听到军情后有突袭对方的计划。顺治三年,和硕德豫亲王多铎率军征讨腾机思时,多尔衮就有命令:"闻腾机思、腾机特等已奔喀尔喀部落硕雷,果尔,即将硕雷一并取之。"②但我们还无法确切考证"古儿班口"的具体位置,从多尔衮进军的路线来判断,似为一个长城的关口。朝北方向的行军持续三天,到本月壬子,摄政王多尔衮师次察喜儿土察罕脑儿,"以军中马瘠,且蒙古道路无水,遂罢往喀尔喀,转趋大同,遣人止外藩蒙古兵。"③察喜儿土察罕脑儿,清中前期的《皇舆全览图》和《内府舆图》都没有标出这一地名。但从三日的行程来推测,此地应在察哈尔境内。

当时,喀尔喀相对清朝,力量明显处于弱势,这或许与三年前的战败有关系。顺治六年(1659),喀尔喀土谢图汗和车臣汗硕雷等多次遣使贡献方物,也证明他们对清廷采取的是和平相处或不对抗的政策。

反之,清廷对喀尔喀实行的是恩威并施的政策。以多尔衮为首的清朝决策层一方面以礼相待零星前来归附的喀尔喀人,另一方面也准备着下一次的军事打击。

八月癸巳,摄政王多尔衮还京。从后来发生的史实来看,多尔衮这次返京之后,主要策划了再次征讨喀尔喀的有关事宜。当时的政治环境对清廷征讨喀尔喀较为有利。八月丁酉,"达赖喇嘛遣使奉表言,于壬辰年夏月朝见,并贡方物"。④ 清廷还争取刚入主青藏高原的顾实汗联军打击喀尔喀。

《内秘书院档》中有一份顺治六年(1649)十月七日清廷写给顾实汗的书信,⑤最能反映清朝决策者的意图。

首先对蒙古文原档作拉丁文转写,并附上汉译,再作相应的评述。其中( )号中的阿拉伯数字是原档行数,单一逗号是文中的停顿符号,而双逗号是

---

① 《清世祖实录》卷四二,顺治六年二月己酉。
② 《清世祖实录》卷二六,顺治三年五月丁未。
③ 《清世祖实录》卷四二,顺治六年二月壬子。
④ 《清世祖实录》卷四五,顺治六年八月丁酉。
⑤ 《内秘书院档》第三辑,第88—90页。

句子完结符号。

原文拉丁文转写：

qaɣan-u ǰarliɣ bičig, šasin bariɣči nom-un qaɣan-dur ögbe, bide ǰaɣur-ača(2) el ulus-dur dain-i küseǰü ölü egüsgemü, gem ügei sain yabun atala, daisun-i (3) egüskegči ulus-dur, bide ǰüg-iyer ölü baimu,, edüge qalq-a qarilčan (4) elči-ben yabulčan el saɣun bügetel-e, manu sünid-ün tenggis-tan-i elči-ber (5) ügeseǰü kükigülün abču odba.,, tenggis-i nekegsen manu čerig-tür yerü (6) siltaɣan ügei tüsiyetü qaɣan, zdanjin lam-a, šoloi qaɣan, qoyar üy-e,(7) čerig ɣarču uɣtun qadqulduqui-dur, tngri teten-i buruɣusiyaǰu, (8) čerig-inü daruɣdaba,, qoyar čükegür öčüken-ber siltaɣan ügei manu (9) baɣarin-i dobtulǰu, kümün-i alaɣad, mal aduɣusun-i abču odba,, (10) ombu erdeni basa siltaɣan ügei man-dur dailar-a ireged, manu čerig (11) ɣaruɣsan-i sonusun qoinaɣsi qariǰu odba,, balbu bingtü aɣulɣalar-a (12) ireǰü, manu tümed-ün kümün-i alaɣad, qoyar mingɣan aduɣun-i abču(13) odba,, ede ürgülǰide eimü daisun-i egüsgebesü-ber, bide ǰüg-iyer (14) baiǰu ker bulqu, manu uridu elči-dür, nom-un qaɣan či, bi (15) nasuǰiba-ya, minu kübegüd ba čerig nasujiɣsan bosu, aliba ǰüg-dür (16) ayalabasu bide-ber tusalaǰu čeriglesügei geǰü bülüge,, manu čerig čöketeǰü küčün ölü kürkü-degen(17) tan-u čerig-i üm-e tataqu bosu, činu uridu üge-ber sonusqar-a ilegebe, edüge uridu üges-dür-iyen(18) kürčü qamtu-bar čeriglesügei kemebesü, kerkibesü-ber bide bulǰuɣan-ača ölü qoǰidaqu (19) kemen doɣtaɣaǰu ilege, ölü čeriglekü bolbasu, čeriglekü ügei kemen dotaɣaǰu ilege,

汉译：

谕持教法王曰："本朝于旧好之国，初不愿加兵，若当交好之时而乐事干戈，诚不能默然处之。今喀尔喀方以信使通好，乃遣人诱我苏尼特部落腾机思反叛，挟之而去。及我师追腾机思时，土谢图汗、丹津喇嘛、硕雷汗无故出兵，两次拒敌，惟天降罚，使之败衄。二楚虎尔又无故侵我巴林,杀人掠畜。鄂木布额尔德尼又无故加兵于我,及闻我出师,始还。巴勒布冰图又来侵我土默特部落,杀其人民,劫马二千匹。此辈每起兵端,朕焉能默然处之耶?朕前此遣使,尔持教法王云:'我虽老,我诸子、兵卒尚未老也,凡有征讨,我当以兵助之。'朕非因兵力单弱,求援于尔,因尔有前言,故使尔闻之。今尔若践前言,出兵相助,誓不愆期,可以定议报我。如不欲出兵,亦定议来报。"①

在先行研究中,没有注意到这封文书。持教法王是指顾实汗。从文书内容可以知晓,当时清朝采取的是"远交近攻"的策略,尽力拉拢顾实汗及其儿子们,如有可能,计划与顾实汗联军出兵打击喀尔喀。同时,清廷也把同样内容的书信送给顾实汗的两个儿子峨木布车臣戴青和罗木席额尔得尼戴青及其部将墨尔根济农,"以破回逆及招降西宁城功,赐厄鲁特部落峨木布车臣戴青为土谢图巴图鲁戴青,和罗木席额尔得尼戴青为巴图鲁额尔得尼戴青,墨尔根济农为卓礼克图巴图鲁济农"。② 信发出后只过十日,没有等到顾实汗的回信多尔衮就领兵从北京出发,由此可以看出,清朝对与顾实汗合作其实并没有抱多大希望。我们也没有发现顾实汗有关这封书信的回复。联系当时的政治环境,1640 年的喀尔喀、卫拉特会盟之后,顾实汗也不大可能帮助清朝出兵攻打喀尔喀。

十月辛丑,"命摄政王多尔衮率王、贝勒、贝子、公等征喀尔喀部落二楚虎尔,上亲送之"。③ 多尔衮军队的人数史料没有记载。这里明确记载征讨的对象是二楚虎儿,而不是其他首领。"楚虎尔"(čögükür)是名号,但史书没有说明二楚虎尔的本名。据《王公表传》述:"额尔克楚虎尔者,衮布族也,复私掠巴林人畜,诏使责之。"④这个楚虎尔应该是诺诺何伟征诺颜的第四子图孟肯昆都楞楚虎尔子罗雅克额尔克楚琥尔。⑤ 他劫掠巴林人畜可能是报

---

① 相同的汉文文书见中国第一历史档案馆《清初内国史院满文档案译编》下,光明日报出版社,1989 年,第 47 页;《清世祖实录》卷四六,顺治六年十月己丑。
② 《清世祖实录》卷四六,顺治六年十月己丑。
③ 《清世祖实录》卷四六,顺治六年十月辛丑。
④ 包文汉、奇·朝克图整理:《蒙古回部王公表传》第一辑,内蒙古大学出版社,1998 年,卷四五传二九,第 335 页。
⑤ 乌云毕力格著:《〈阿萨喇克其史〉研究》,中央民族大学出版社,2009 年,第 135 页;乌力吉图校注:《大黄册》(蒙古文),民族出版社,1983 年,第 139 页。

复清朝的军事行动。那么,另一个楚虎尔是谁呢?进一步查看喀尔喀首领的世系谱后发现,图孟肯昆都楞楚虎尔长子叫卓特巴车臣诺颜,他有一个儿子叫车满楚虎尔,出家后称楚虎尔喇嘛。① 如这一推测正确,罗雅克额尔克楚虎尔和楚虎尔喇嘛二楚虎尔是叔侄关系,也明确了他们都属于土谢图汗部,而亲族联兵征战也比较符合喀尔喀社会的习惯。

另外,还应考虑到的是,清廷对喀尔喀首领中的左翼土谢图汗、丹津喇嘛、硕雷汗及二楚虎尔和右翼的鄂木布额尔德尼、巴勒布冰图等人都曾采取过敌对措施。笔者推测,因右翼相距较远,清廷无力征伐,在左翼中除了二楚虎尔之外,在此提到的其他三个首领或上书或朝贡都曾表现出商议解决冲突的意思,但没有发现二楚虎尔上书或朝贡清朝的记载,所以,战争的矛头可能指向了他们。

十一月庚申,"摄政王军次席巴尔台。是日,吴喇忒、土默特、四子等部落王、公、固山额真等各率兵来会,王宴劳之"。② 清廷出兵时和外藩蒙古各旗兵会合一同征战是他们一贯的做法。这次多尔衮召集吴喇忒、土默特、四子等部落的兵丁,其部落的游牧地都在内蒙古的中西部地区,距离清军的行军路线较近。

"癸酉,摄政王军至喀吞布喇克地方,遣四子部落固山额真布内率侍卫什长阿育锡等前往侦探,回报空戈尔峨木布地方见有敌踪,失实,下诸大臣议。布内自引错悞之咎,拟解固山额真任,籍牲畜之半,侍卫等各革职,鞭责,启入。王以布内屡立军功,且既引咎,与众官无涉,俱免罪。"③因四子部落距喀尔喀土谢图汗等部较近,因而派其固山额真等人前去侦探,但他们提供的是假情报,影响了清军下一步的行动。"甲戌,摄政王自喀吞布喇克旋师。"④至此,多尔衮的喀尔喀出兵只用了二十多天的时间就戛然而止,最终无果。十二月丁未,摄政王多尔衮率大军返还北京。

有关这次出兵到达的地方,《清实录》和《东华录》等史书只记下席巴尔台、喀吞布喇克、空戈尔峨木布等三处蒙古地名。因蒙古地方称作席巴尔台

---

① 《〈阿萨喇克其史〉研究》,第135页;《大黄册》,第140页。
② 《清世祖实录》卷四六,顺治六年十一月庚申。
③ 《清世祖实录》卷四六,顺治六年十一月癸酉。
④ 《清世祖实录》卷四六,顺治六年十一月甲戌。

(sibartai)的地方较多,先查看称为喀吞布喇克(katun bulaγ)的地方。但遗憾的是,在清军可能路过的内蒙古中部地区,笔者没有发现这一名称的地方。进一步查找后发现,在达尔湖西边有个地方叫"奎屯布喇克"(küiten bulaγ,蒙古语,意为冷泉),崇德三年皇太极前往征伐扎萨克图汗时也路过此地。① 笔者以为此处《实录》所写"喀吞布喇克的"就是"奎屯布喇克"的误写。奎屯布喇克,又作"奎腾布喇克"或"魁屯布喇克"。康熙年间,在蒙古地方铺设驿站时,奎屯布喇克是独石口驿站路线上的一站。那么,席巴尔台指的应该是克什克腾旗境内的席巴尔台河附近的地名了。据《蒙古游牧记》载:"(克什克腾)旗北五十里有白河,蒙古名阿鲁察罕,源出岳碧尔山,西流会塔里齐河,二百六十里,有土河,蒙古名西巴尔台,源出木叶山,东流会木锡夏河、黑河、哈尔达苏台河,东南入潢河。"②"西巴尔台"和"席巴尔台"是同一蒙古语地名的不同汉译。另外,"空戈尔峨木布"应该是"空戈尔峨布"(qongγor obuγ-a,或可译空戈尔鄂博),清代所记蒙古地名错讹较多,不足为奇。清末光绪三十三年(1907)画的克什克腾旗地图上这一地名标得很清楚,汉译写成"黄霍尔鄂伯",地处克旗与乌珠穆沁交界处。③

通过以上的地名考证可知,多尔衮这次出兵至克什克腾北部地区就返回了,远没有到达作为目的地的喀尔喀土谢图汗部。

分析多尔衮撤兵的原因,有两种可能。一是谎报军情引起的。因为打击蒙古兵难度较大,没有准确无误的军事情报是很难进入喀尔喀腹地的,其中军队的后勤供应最为困难,军队在蒙古地方停留的时间不能太长。第二个原因可能是因多尔衮元妃患病之故。因为多尔衮返京后不久,这一妃子就去世了。这两种可能或单独或一起为多尔衮的回兵提供了理由。

多尔衮执政时期,在与喀尔喀的关系中,采取的是以武力为主的恩威并施政策。清廷以武力威慑的同时也采取了有限制的通贡贸易政策。多尔衮返回北京后修订原来的贸易法令,制订了更为严厉的对喀尔喀贸易政策。顺治七年(1650)二月乙酉,"谕户、兵二部,自今以后,喀尔喀、厄鲁特从边外

---

① 《清太宗实录》卷四十,崇德三年二月乙卯。
② 《蒙古游牧记》卷三。
③ 〔德〕海西希:*Mongolische Ortsnamen*,威斯巴登,1966年,第98页。

前来,凡章京以下,披甲兵以上,若无驼只马匹,有愿买者,每一次止准买一匹,有违例多买者,所买之马入官,问以应得之罪。若有自己不买,包揽他人,顶己名买者,二人俱问应得之罪,所买之马入官。每旗选章京二员监视买卖。即令此二章京于各旗牛录及拨什库,将买马人姓名汇造清册一本,送户部照验,一本自收备察。卖马处所,执册呼名放入,不许强占预记,违者,章京照职罚银,兵丁照例鞭责。一应贩子、买卖人及不系披甲者,概不许买喀尔喀、厄鲁特驼马,犯者鞭一百,驼马入官。居庸关以内,一应官吏、军民人等,俱不许沿途迎买,著差官役搜察,如有被获者,即缚解至京,以贼律问罪。所差官役,如有私买及通同纵买者,亦按贼律问罪,着严行晓谕"。① 这种法令意味着对喀尔喀的经济制裁,其目的无非是迫使喀尔喀顺服甚至归附清朝。

但是,这些似乎并不意味着多尔衮放弃了武力征讨的政策。顺治七年(1650)夏四月乙未,清廷遣侍卫舒尔虎纳克等往谕厄鲁特台吉鄂齐尔图时说:"朕遂遣使同往谕之,饬彼(指喀尔喀——引者)还二楚虎儿所掠巴林牲畜,赎俄木布额尔德尼、巴尔布冰图侵犯之罪,及巴尔布冰图擅入土默特杀掠之罪,并还所掠人畜,令其部落之长,及贝勒、贝子誓告天地,然后罢兵息战,永通和好,违则必行征讨。尔等既已效顺,倘朕再征喀尔喀,尔不得与之通好,尔其思之。"②如此肯定的口气表明在多尔衮掌握实权时,对喀尔喀武力威慑的政策基本未变。

多尔衮的征讨行动虽然没有实现,但这一行动也起到了威慑作用,这可以从第二年即顺治七年(1650)以后清朝和喀尔喀关系的变化中窥见一斑。

三、"九白之贡"的规定和实施

纵观天聪九年(1635)至顺治六年(1649)间的喀清关系,③虽然双方有时发展到兵戎相见的地步,但使臣往来并未断绝。顺治六年(1649)多尔衮准备征讨喀尔喀期间这种关系也未中断。④

---

① 《清世祖实录》卷四七,顺治七年二月乙酉。
② 《清世祖实录》卷四八,顺治七年四月乙未。
③ 相关研究参见齐木德道尔吉:《1640年以后的清朝与喀尔喀的关系》,《内蒙古大学学报》1998年第4期。
④ 《清世祖实录》顺治六年六月丙申。

内秘书院档记下了顺治七年(1650)十月来到北京的扎萨克图汗、土谢图汗、车臣汗、丹津喇嘛、俄木布额尔德尼及二楚虎尔等喀尔喀主要首领派遣前来的由三台吉和五十五名臣下组成的使者团。这不是一般的进贡者，而是顺从清廷的要求，由喀尔喀各部最高首领派出的高规格的进贡使团。这与喀尔喀部以往的表现明显不同，应该说是清朝武力威慑的结果。喀尔喀使团带的文书如下(原文为蒙古文，笔者汉译)：

> 愿得安康! 以汗①和诺门额真②为首众诺颜上表于汗。喇嘛圣者教导众人勉力于政教。若追论过去之言行，恐致废语甚多。如今以四诺颜③为首派遣大臣等为盟誓和好而前去。太平汗和格根汗④规定，尔以表来，我以敕往，我等依从，撰成表文，彼处之格根汗明鉴。良日。冬十月二十五日。⑤

这是喀尔喀第一次遵循清朝文书格式的表白，证明他们已初步顺从于清朝。使团返回时，清廷又回信说：

> 嗣后，尔等如欲罢兵永通和好，尔部落之长汗及诺颜、台吉等誓告天地，欲和则和，倘有一二固山诺颜不愿和好，自与尔诸诺颜愿和好者无与，如我问罪于彼，尔亦不得相助，其修好诸诺颜，宜照定例，每年各按旗进贡一次，每旗下诺颜合进驼一只、马八匹，遣大臣朝见，朕亦照定例赏赉。此外遣使贸易，各从其便。尔等如遵朕命，则尔部落之长诺颜等可遣大臣来朝，否则毋遣。⑥

从这封信我们可以看到，虽然有前提，但清廷还是发出了和平的信号，打算分化瓦解喀尔喀，并首次提出每年"每旗下诺颜合进驼一只、马八匹"的九白之贡。

---

① 指土谢图汗衮布多尔济(简称衮布)。
② 指土谢图汗部丹津喇嘛。
③ 从清朝回复的书信内容看，这四个首领似乎是扎萨克图汗、土谢图汗、丹津喇嘛和俄木布额尔德尼四人。
④ 指太宗皇太极和车臣汗硕垒。
⑤ 《内秘书院档》第三辑，第165—171页。
⑥ 同上书，第172—177页。其相关内容被编入《清世祖实录》卷五一，顺治七年十一月辛未。

第二章 满蒙交往中的制度:盟誓、质子和九白之贡

17世纪50年代,扎萨克图汗素巴第、土谢图汗衮布、车臣汗硕垒相继故去,喀尔喀各部处于权力交替时期,其内部开始分裂,矛盾突出,对清朝表现出更为软弱和妥协的态度。如上述,顺治七年(1650)喀尔喀派出的使团给清廷的书信格式和内容明显表现出其示弱的心态。但是,此时清朝对南方的战争远未结束,而作为总指挥的多尔衮却突然死去,使清廷对喀尔喀之强势态度有所缓和。从顺治八年(1651)开始,有些喀尔喀的首领已依从清廷的要求开始进贡九白了。

据内秘书院档,顺治八年(1651)闰二月有个叫额尔德尼台吉的喀尔喀首领首先向清廷贡献九白。① 当时那位台吉写信说:

> 请皇帝之安!原先赛音布格达、赛音格根汗②二人友好往来。额尔德尼台吉上表于父亲般之汗。我等会盟遵照汗谕,进贡一只白驼、八匹白马。从前没有专门上过表文,汗明鉴如何恩养如子般的额尔德尼台吉。闰二月二十六日。③

据喀尔喀世系,额尔德尼台吉是硕垒达赉车臣汗之子。他的本名为察布哩,额尔德尼台吉为号(cula)。④ 清代官私修书都没有准确记载喀尔喀首领台吉等第一次进贡九白之贡的具体年代。虽有《博尔济吉忒氏族谱》在记载喀尔喀与清朝关系时言:"顺治间,始与中国通,岁贡九白。"⑤但还是没有明确交代其年代。因此,也没有纠正崇德初进贡九白之记述。《实录》的同月记载里还有卫拉特、喀尔喀贡使赏例的制订情况:

> (顺治八年闰二月)丁丑,定厄鲁特、喀尔喀贡使赏例。厄鲁特贡使一等者,上号蟒缎一,帽缎、彭缎各一,毛青布二十四,银茶桶一,重三十

---

① 张双智文(《清代喀尔喀九白年贡仪制》,《青海民族研究》2012年第2期)据此判定"确立了九白年贡关系",没有充分考虑到右翼不进贡和左翼被拒纳的情况。
② 指清太宗皇太极和车臣汗硕垒。
③ 《内秘书院档》第三辑,第239—240页。
④ 乌云毕力格:《〈阿萨喇克其史〉研究》,中央民族大学出版社,2009年,第139页;乌力吉图注释:《大黄册》,民族出版社,1985年,第171页;《王公表传》卷五三传第三七。但三种文献所述额尔德尼台吉在硕垒汗诸子中的排名不同。
⑤ 罗密编纂,博清额修订:《蒙古博尔济吉忒氏族谱》,《汉译蒙古黄金史纲》,内蒙古人民出版社,1987年,第242页。

两。随从五人,各彭缎一、毛青布八。次等者,布缎一、彭缎一、毛青布十六。随从三人,各彭缎一、毛青布八。小台吉及塔布囊各官来使,各彭缎一、毛青布八。随从一人,各毛青布四。喀尔喀汗下贡使,一等者三号蟒缎一、帽缎、彭缎各一、毛青布二十四。随从二人,各毛青布六。次等者,布缎、彭缎各一,毛青布十六。随从一人,毛青布六。三等者彭缎一、毛青布八。随从一人,毛青布四。①

这段文字里没有看到清廷对喀尔喀、卫拉特进贡物品的要求,而只是制定了对进贡使者的赏赐物品。《实录》在当年九月的记载里则透露出喀尔喀首领们的进贡情况:

> (顺治八年九月)己丑,谕喀尔喀部落土谢图汗、车臣汗、伊斯丹津喇嘛、大小贝勒等曰:"尔等岁贡牲畜七十二头口已经收纳。至巴林人畜因不能赔偿,止以马百匹、驼十头赎罪,是尔等无归附之意,故尔如此。今若归我巴林人口,遣为首诸贝勒入觐,其牲畜自当宽免。如遵朕命,则为首四旗岁贡自当收纳,其诸小贝子各自贡献俱行停止。倘不归我巴林人口,不遣为首诸贝勒入觐,则尔等使臣可勿遣,岁贡可勿献。兹将尔等赎罪马百匹、驼十头发还。"②

根据这里所述的七十二头口牲畜,可以推测是八名首领每人进贡九白。但右翼扎萨克图汗的名字一直没有出现,这与他的对抗政策有关。虽说左翼首领按清廷要求进贡九白,然而此时的清朝已不满足于这些,提出了进一步的要求。并规定:"为首四旗岁贡自当收纳,其诸小贝子各自贡献俱行停止。"结合《实录》前后所述判断,这并不表示清廷不喜进贡之物,而是一种削减赏赐的办法。《实录》载:

> (顺治九年)十一月,己巳朔。甲申,谕喀尔喀部落土谢图汗、车臣汗、伊思丹津喇嘛等曰:"尔等为四九牲畜来奏,辄言从前赏例太薄,我等再不来贡,又言逃人有在贝子、大臣讲和以前去者,有在后去者,逃人往来私行,何以称和等语,又朕曾遣使至尔处,迟至两月余,乃先令拜塔

---

① 《清世祖实录》卷五四,顺治八年闰二月丁丑。
② 《清世祖实录》卷六〇,顺治八年九月己丑。

第二章　满蒙交往中的制度：盟誓、质子和九白之贡　125

而后见尔等，种种违谬，朕故不复遣使。朕为天下主，尔乃弹丸小国之长，以方物来贡，朕酌量赏赉，即云微薄，亦宜奏请增益，乃辄言赏例如前，则九畜不贡，尔等将欲构衅乎？且尔既不归我巴林人畜，为首贝子又复不至，尚何可言？若尽还巴林人畜，为首贝子前来，视同一国，誓言修好，始可候旨定夺。若不遵信誓而为此大言，是尔等终无诚心，不愿修好也。朕荷天眷，统一四海，尔弹丸小国逼处一方。慎勿恃道里辽远，听奸邪言词，以败和好。朕开诚相示，自古以来曲者曲，直者直，悉听天鉴。今尔速将所有我国人畜并额贡驼马，遣为首贝勒、贝子、大臣来觐则已，否则后悔，自贻伊戚，于朕无预，可亟详虑裁处，勿更延缓也。"①

喀尔喀左翼四名首领进贡四九牲畜后，提出按以前的标准得到赏赐，而清廷则以威胁的口吻驳斥其要求。就这样，双方交好的希望又重新被黑云所遮盖。

顺治十年(1653)，清廷成功地邀请五世达赖喇嘛进京。其间，喀尔喀各部不断前来归附，也削弱了喀尔喀的力量。当年六月，清顺治帝遣书：

敕谕喀尔喀部落鄂齐赖土谢图汗、车臣汗、丹津喇嘛等曰："前敕令尔等将我巴林人口归还，并遣为首贝子来朝，以谢擅掠巴林牲畜之罪，其逃来之人，俟彼时酌处。今抗违前旨，不遣为首贝子来朝，又不进本年常贡牲畜，不尽偿巴林人口，尔等负罪实多，反以归顺朝廷之贝子擅来奏取，昧理甚矣。今纵尽偿巴林人口，遣贝子来朝，其已经投来贝子、大臣，朕亦不即遣还。惟将巴林人口尽数归我，且遣贝子来朝，庶自此以后再有逃来之人，俟彼时酌量施行，否则岂但已投之贝子不即遣还，凡贝子、大臣来归者，即尽收养，且宠以富贵矣。"②

当年喀尔喀首领没有完成清朝所定九白之贡，而清朝作为报复性措施不归还前来投奔者，双方的矛盾再次升级。从后来的记载看，在清朝的重压政策之下，当年九月间喀尔喀左翼四旗进岁贡白马、骆驼即九白，但清朝谴责道：

---

① 《清世祖实录》卷七〇，顺治九年十一月己巳。
② 《清世祖实录》卷七六，顺治十年六月庚申。

"因尔屡违诏旨,是以众使臣来,不许入觐。仍如前宣谕,遣回。"①似乎是贡物也被拒纳。

清朝和喀尔喀关系发生真正转折是在顺治十二年(1655)。当年,"春正月,甲寅,喀尔喀部落毕席勒尔图汗、俄木布额尔德尼并子胡土克图等,以从事抢掠巴林部落,上表引罪,并求和好,进献驼马"。② 一直以来与清对抗的扎萨克图汗部改变其一贯的做法,努力和清廷修好关系。这里所说"进献驼马"很可能是指九白之贡。《实录》载:

> (夏四月)辛酉,喀尔喀部落厄尔得尼那木齐、门章墨尔根楚虎儿、伊士希布厄尔得尼台吉、厄尔克代青各台吉,遵谕引侵掠巴林之罪,进岁贡白马骆驼来朝。优赏之。③

接下来的几个月里喀尔喀左翼的首领们也不断遣使来贡。表明喀尔喀已普遍顺从清廷的要求了。对此清朝也表现出积极的回应,《实录》又载:

> (五月)戊子,遣精奇尼哈番祁他特、车尔贝等赍敕往谕喀尔喀部落土谢图汗、丹津喇嘛、车臣汗、墨尔根那颜等。敕曰:"曩因尔等抗违谕旨,故数次不纳来使。今尔等遵奉朕言,诚心引罪,遣额尔德尼诺穆齐、门章墨尔根楚虎尔、伊世希布额尔德尼、额尔克戴青四台吉,岁贡来朝。朕不咎既往,朕将应还巴林缺少人畜悉从宽免,兹特遣大臣前来。尔等可以修好之故,面坚盟誓,每岁照常额进贡,交通贸易,朕亦不靳赏赉。既盟之后,尔逃人至此,亦不收纳,仍行送还。若不修好坚盟,即进贡,朕亦不纳,逃人至此,仍命收纳,且加恩养。尔其识之。"④

你来我往,这两次的交往似乎给双方都提供了发展双方关系的台阶,清朝的态度也比以往柔和多了,只是要求喀尔喀"尔等可以修好之故,面坚盟誓,每岁照常额进贡,交通贸易,朕亦不靳赏赉"。收到敕谕之后,当年十二月丙子,"以喀尔喀部落俄齐赖土谢图汗、那门额真、车臣汗、岱青台吉等遣使请

---

① 《清世祖实录》卷八二,顺治十一年三月庚戌。
② 《清世祖实录》卷八八,顺治十二年正月甲寅。
③ 《清世祖实录》卷九一,顺治十二年四月辛酉。
④ 《清世祖实录》卷九一,顺治十二年五月戊子。

好,命多罗安郡王岳乐同其使臣于宗人府酹酒约誓"。① 这表明喀尔喀左翼与清朝双方全面友好时代的到来。当时,土谢图汗属下几个首领遣使进贡,《实录》载:

> 初定例,喀尔喀部落土谢图汗、车臣汗、丹津喇嘛、墨尔根诺颜、毕席勒尔图汗、鲁卜藏诺颜、车臣济农、坤都伦陀音此八札萨克,每岁进贡白驼各一、白马各八,谓之九白年贡。我朝赏每札萨克银茶筒各一,重三十两,银盆各一、缎各三十、青布各七十以答之。至是,土谢图汗、丹津喇嘛、车臣汗、墨尔根诺颜各遣使遵例进贡,赏赉如例,并赐宴。②

清廷承认喀尔喀左右翼八扎萨克,让他们代表全体喀尔喀每岁进贡白驼各一、白马各八,称为"九白年贡",并修订了赏赐之例。这就是后来编入《大清会典》的喀尔喀与清朝朝贡关系的表述来源。③ 看起来似乎是喀尔喀左右翼的首领们都与清立誓和好。其实,右翼首领们与清立誓和好是几年以后的事情。

顺治十二年,清廷致书右翼毕席勒尔图汗(即扎萨克图汗)、俄木布额尔德尼等大小诺颜们,只是要求他们:"今尔等如欲复通盟好,赎俄木布额尔德尼、巴尔布冰图侵犯之罪,并赎巴尔布冰图擅入(土默特)杀掠之罪。尔等归还全部人口,为首诺颜、台吉等前来赎罪,则当面论巴尔布冰图劫掠牲畜之罪。如此则互派使者和好往来,并赏赐不断。否则毋遣使。五月二十二日。"④从后来的记载看,右翼做出的反应是,为首四个扎萨克各派遣一名台吉前往北京,并进贡驼马。顺治十四年(1657)二月,清廷回信说:

> 今尔等既遵谕旨,遣冰图台吉、巴图鲁台吉、额尔克卓礼克图台吉、额尔克巴图鲁台吉等诚心认罪,进贡驼马来朝。朕不念旧恶,将驼马发回。其从前杀掠人口、劫夺牲畜之罪,悉行宽宥。今尔等可于朕所遣大臣前修好伸誓。自誓之后每年照定例进贡贸易,朕仍加轸恤,恩赏弗绝。尔处有逃来之人,亦不收纳。如不修好伸誓,无庸入贡,当仍收尔

---

① 《清世祖实录》卷九六,顺治十二年十二月丙子。
② 《清世祖实录》卷九五,顺治十二年十一月辛丑。
③ 康熙朝《大清会典·理藩院·柔远清吏司·朝贡》,文海出版社,1993年。
④ 《内秘书院档》第四辑,第181—189页。

逃来之人，加以富贵恩养也。①

这封文书与顺治十二年(1655)给左翼诺颜们的文书内容几乎一模一样，包括要求右翼"修好伸誓"、进贡九白及清廷方面的一些承诺。从当年十一月顺治帝给俄木布额尔德尼的敕谕来看，除了这位诺颜之外，右翼的毕席勒尔图汗、昆都伦托音、车臣济农②等三扎萨克都已立誓表明与清朝和好。信中清廷还督促俄木布额尔德尼尽快立誓。③ 其后，从内秘书院档顺治十六年(1659)四月给右翼四诺颜的文书和赏赐情况看，在此之前俄木布额尔德尼应该也立誓过了。④

可见顺治十六年(1659)才是全体喀尔喀右翼的大首领们最终与清廷立誓和好的年份。对此，清廷也实现其诺言，以赏赐来回应对方，⑤这一定程度上满足了喀尔喀方面的物资需求。这也是喀尔喀蒙古被纳入到清朝制度的开端。⑥ 顺治十七年(1660)清又制订喀尔喀到京进贡和归化城贸易方面的规定：

> （十二月）己亥，理藩院题，喀尔喀部落土谢图汗、车臣汗、毕席勒尔图汗等每年应各进贡白马八匹、白驼一只，其管旗汗、贝勒及台吉、为首大臣、喇嘛等许其来京进贡。至小台吉、喇嘛等托名贡马贸易，永行停止，仍不许潜入边境。若欲置买茶帛等物，俱令于归化城交易。命严行晓谕。⑦

规定进一步限定、规范喀尔喀来朝的活动。

以上就是顺治一朝喀清关系的概貌。从顺治末年至康熙初，除俄木布额尔德尼和罗卜藏一系之外，喀尔喀左右两翼首领们进贡九白基本不误。⑧

---

① 《内秘书院档》第五辑，第202—203页。
② 原文书中写成 Jonong（昭农），应为济农。
③ 《内秘书院档》第五辑，第256—257页。
④ 《内秘书院档》第六辑，第30—31页。
⑤ 《内秘书院档》第五辑，第321—322页；《内秘书院档》第六辑，第22—33页。
⑥ 张永江认为："八札萨克与九白之贡具有政治上臣属的象征意义。"（《清代藩部研究——以政治变迁为中心》，黑龙江教育出版社，2001年，第86页。）
⑦ 《清世祖实录》卷一四三，顺治十七年十二月己亥。
⑧ 《内秘书院档》第六辑，第221—225页。

第二章　满蒙交往中的制度：盟誓、质子和九白之贡　129

康熙元年（1662），喀尔喀右翼发生罗卜藏①以私憾袭杀扎萨克图汗事件，引发了喀尔喀之乱。清朝以此为契机加快了对喀尔喀的控制。一方面接纳逃来台吉，另一方面开始涉入喀尔喀的内政。

到康熙二十七年（1688），喀尔喀和卫拉特准噶尔部发生军事冲突，噶尔丹领兵入蒙古高原中心地带，喀尔喀各部在走投无路的情况下南迁投奔清朝。康熙三十年（1691），清廷举行所谓"多伦会盟"，喀尔喀正式归附清朝。《实录》载"多伦会盟"后的事情：

> 甲午，理藩院奏："喀尔喀人等既与四十九旗同列，则众扎萨克自亲王以下，骁骑校以上，凡请安进贡奏事或遣使，或亲来，俱应照四十九旗例。土谢图汗、车臣汗旗内自王以下，骁骑校以上，凡行事，亦应与四十九旗同。土谢图汗、车臣汗，其身仅存汗号，应令进九白之贡，其来使仍令照前例。泽卜尊丹巴胡土克图之使令照前例行。"奏入，上曰："喀尔喀人等初降，新行安插，俟三年后，依此议行。泽卜尊丹巴胡土克图，亦著贡九白。"②

又据《清会典事例·贡献·外札萨克贡物》记载："康熙三十年复准：土谢图汗、车臣汗既留汗号，令仍旧进贡白驼一、白马八，其余概不得进贡九白。"③但没有说哲布尊丹巴呼图克图是否进贡九白。据《理藩院则例》的记载："喀尔喀图什业图汗、车臣汗、哲布尊丹巴呼图克图，每年均准贡九白。用白驼一只，白马八匹。此外蒙古王、公等不得擅进九白。"④与上述《实录》记载相同，也要求哲布尊丹巴呼图克图"贡九白"。然而，奇怪的是当年清廷是否要求扎萨克图汗进贡九白，文献中没有直接记载。这可能与当时扎萨克图汗部发生的汗位继承事件有关。但从后来的事例来看，入清以后扎萨克图汗也确实每岁进贡九白。总之，与入清前比较，有资格进贡九白的喀尔喀贵族

---

① 即上文所提到的鲁卜藏诺颜，是俄木布额尔德尼之子。有关研究，参见若松宽著，马大正等译：《阿勒坦汗传考证》，《清代蒙古的历史与宗教》，黑龙江教育出版社，1994年；哈斯巴根、阿音娜：《17世纪前期喀尔喀右翼在西藏的活动》，《中国藏学》2009年第4期。

② 《清圣祖实录》卷一五二，康熙三十年七月甲午条。《朔漠方略》（《四库全书》本）卷十一也有相同的记载。

③ 《钦定大清会典事例》卷九八六，（台北）新文丰出版公司，1976年。

④ 《钦定理藩院则例》卷一七《贡输》，海南出版社，2001年。

人数减少了一半。

综上所述,本文以九白之贡为主线,从对以往的研究提出质疑出发,考察清初太宗、顺治和康熙初年与喀尔喀朝贡关系的建立过程。在下述几个方面进行考察:

第一,清朝制订九白之贡的年代。崇德二年或三年说不确。考察表明,从天聪九年(1635)开始的喀清关系刚刚起步,还没有形成规范和制度化。清廷也不可能制定九白之贡,其他史料也不支持这一观点。相反当时的档案和《实录》所记喀尔喀诺颜们进贡土产证明了《王公表传》记述的不确。通过考察认为,清廷首先制订九白之贡是顺治七年(1650)。虽然有些喀尔喀首领从顺治八年(1651)开始进贡九白,但是,为首的左右翼诺颜们按照清廷的要求与清立誓和好分别是在顺治十二年(1655)、十四年(1657)和十六年(1659),由此双方关系最终进入和平稳定的时期。

第二,清朝和喀尔喀朝贡关系的特征。清入关以后直至多伦会盟前,借鉴中原王朝朝贡制度的传统,努力将其运用到对喀关系上。其表现有贡赐、贸易、礼仪等形式和内容。清朝不光是简单地继承了明朝所遗留的中原王朝的朝贡制度,在其推行当中还融入了包括满蒙等内亚地区的一些因素,如制定贡物为一只白驼及八匹白马,又在朝贡制度中附加了满蒙地区较为流行的立誓等行为规则。这表明在一段时期内,清朝的国家制度(包括对外关系)中内亚因素持续存在这一特征。

第三,清朝对喀尔喀统治权的来源。清朝对喀尔喀的控制是逐步实现的,其约束的办法有文书格式、军事威胁、限制贸易[①]和九白之贡等。到顺治末康熙初年实现岁贡九白的要求,接着趁喀尔喀内乱,更为直接地干涉其内部事务。这样一来,噶尔丹攻击喀尔喀时清朝介入就是顺理成章的事情了。

---

① 相关研究参见达力扎布:《清太宗和清世祖对漠北喀尔喀的招抚》,《历史研究》2011年第2期。

第四节 小　结

　　将盟誓、质子习俗和九白之贡等政治行为规范与满洲早期政治中显示的其他政治文化现象，如汗、巴克什、①扎尔固齐、达尔汉、巴图鲁等名号、官号相结合来看，满洲早期在内政和外交上呈现出与当时包括蒙古地区在内的内亚地区相似的政治文化现象，这些现象在同时期的明朝政治生活中并不存在。

　　有关"政治文化"的概念，美国学者阿尔蒙德解释为政治系统成员的行为取向或心理因素，即政治制度的内化。② 然而另外一个学者小 P.R. 穆迪在概述中国政治文化研究取向的文章中，主张政治文化涵盖政治制度。他说，文化就是行为、思想和互动关系之间非人格的结构或联系模式。政治文化分析应该涵盖制度和习惯的行为方式。③

　　当时满蒙地区在官制及政权构造上的相似，导致二者在政治行为的规范方面也有着类似的制度。这种相近性使清朝与蒙古各部更易交往，从而为清朝逐渐控制蒙古统治过的地区和人种提供了重要条件。清朝入关后，也并非一蹴而就变成中原汉地性质的国家政权，而是在较长时间内依然实行着入关之前就延续下来的政治文化和行为方式。

---

① 〔日〕真下裕之：《莫卧儿帝国的巴克什职——在大巴克什职运用当中的人的要素》，《东洋史研究》第七十一卷第三号，平成二十四年十二月。
② 〔美〕阿尔蒙德、维尔巴主编：《公民文化——五国的政治态度和民主》，浙江人民出版社，1989年，第15页；王乐理：《政治文化导论》，中国人民出版社，2000年，第19页。
③ 《政治文化导论》，第22—23页。

第三章 后金(清)对漠南蒙古的管辖

皇太极即汗位时,随着漠南蒙古诸部的陆续归附,后金面临着由同盟者向统治者角色转换的问题,怎样有效统辖蒙古?以统一军事行动为基础,后金开始采取会盟、划分牧地、设立蒙古衙门等措施,逐渐加强了对漠南蒙古诸部的控制。通过国家制度的法制化,蒙古衙门升级为理藩院,清代外藩蒙古的制度逐渐步入规范化的道路。崇德至康熙初,清廷授予蒙古贵族世职、世爵,并建立蒙古八旗、扎萨克旗等制度,将原先漠南地区的蒙古人完全纳入其管辖范围之内。

第一节 太宗朝对漠南蒙古的约束和管辖措施

一、军令与法制

天命晚期,漠南蒙古的内喀尔喀、兀鲁特、科尔沁等部或与后金订立同盟,或已归附后金。至天聪元年(1627)皇太极即汗位时,敖汉、奈曼等原察哈尔下属部落也前来归附,使后金力量大增。在此形势下,后金发动了对察哈尔的战争,击败林丹汗后,将漠南蒙古诸部纳入其管辖范围。①

---

① 相关研究参见达力扎布:《明代漠南蒙古历史研究》,内蒙古文化出版社,第三章(第265—336页)。

天聪二年(1628),皇太极将征蒙古察哈尔部,遣人"命西北归服外蒙古科尔沁部诸贝勒,喀喇沁部塔布囊,敖汉、奈曼部诸贝勒,喀尔喀部诸贝勒,各率所部兵前来会集于所约之地。汗亲率诸贝勒大臣及其大军,于九月初六日启西行。初八日,至都尔鼻地方。敖汉部济农色臣卓里克图、奈曼部达尔汉洪巴图鲁各率兵来会。初九日,大军抵辽阳,喀尔喀诸贝勒各率兵来会。十二日,抵约科尔沁部会兵之地,于绰诺郭勒地方驻营。十三日,扎鲁特部贝勒喀巴海率兵来会。"① 当时,蒙古诸部首领率领各自兵丁前来,皇太极下诏书谕敖汉、奈曼、巴林、扎鲁特部诸贝勒,曰:"闻各处来归之逃人,尔等要而杀之等语。嗣后,遇有来归之逃人,若诸贝勒明知而杀者,罚民十户;诸贝勒不知,而下人杀者,杀身抵命,并以其妻孥为奴。旁人前来首告,即将首告之人留养内地。再者,着尔诸部周围妥设哨卒,其违命不设哨卒者,即罚牛五;哨卒有不听遣者,各罚牛一。"② 这是后金针对蒙古诸部颁布的最早具有具体内容的法令。③

这次军事行动虽然无果而终,但后金通过一些措施达到了和蒙古诸部统一军事行动的目的。如《大清太宗文皇帝实录》天聪三年(1629)一月十五日条记载:"汗下旨于科尔沁、敖汉、奈曼、喀尔喀、喀喇沁五部落,尽入满洲法。"④ 这就说明蒙古各部遵循后金军令的事实。至此,后金成功地转变其角色,在双方的同盟关系中扮演领导者。虽说后金有效管辖漠南蒙古诸部的进程并非一帆风顺,但总的趋势对后金是有利的。

天聪三年(1629)皇太极再次率兵伐明。十月初六日,"蒙古巴林部贝勒色特尔、色棱率兵来会。因彼等马匹羸瘦,汗责之曰:'我曾谕尔等善养马匹,俾之膘壮,勿得驰骋,以备征讨之用。然尔等违谕,用以畋猎,致马匹羸瘠,来兵减少,成何体统。'其来朝所进糗粮尽却之"。⑤ 十一日,驻跸辽河。是日,汗曰:"色特尔、色棱有误会师,命蒙古诸贝勒会议色特尔、色棱罪。"蒙古诸贝勒拟罚色特尔、色棱驮甲胄马二、空马八,共罚马十。奏闻于汗。汗

---

① 《满文老档》太宗1,第176页;《内阁藏本满文老档》20,第492页。
② 《满文老档》太宗1,第180页;《内阁藏本满文老档》20,第493页。
③ 〔日〕岛田正郎:《清朝蒙古例研究》,创文社,1982年,第7页、第117—118页。
④ 《大清太宗文皇帝实录》顺治初纂满文本,卷五,天聪三年一月十五日。
⑤ 《满文老档》太宗1,第231页;《内阁藏本满文老档》20,第505页。

曰:"其罪俟班师后再议。"遂将所献十马不纳却之,允色特尔、色棱朝见。蒙古诸贝勒叩拜汗。①

天聪三年(1629)十月末又重申不得杀害来归者,"汗谕喀喇沁、土默特部曰:'尔等随我出征,遇明人拒我者,当诛之;有杀明降民掠其衣服者,乃我之敌也,必斩无赦。'"②十一月,喜峰口参将赍书来降,传谕蒙古不得扰害汉人。③

十二月,"十一日,库尔禅、白格依、穆成格、喀木图赴蒙古兵克取之城,赏蒙古有职官员银两衣物。有职官员以赏衣礼,叩谢于汗。遣叶臣、谭泰、郎球等十六人前往捉生。汗命自良乡城搜掠,此次济农及奈曼部洪巴图鲁亦随掠,因未请于汗,违法擅掠,夺其所得衣物给与有职大臣等,夺其马骡按份分之。"④奖惩分明是从努尔哈赤开始后金朝制度运作的一大特色,皇太极时期用到蒙古台吉首领身上。天聪四年(1630)六月,"先是遣阿什达尔汉、西巴泰、额勒毕赫、艾松古等往问科尔沁部未发兵伐明之诸贝勒罪。至是还,携八马进汗赎罪"。⑤

总而言之,在战争时期后金对蒙古诸部发布谕令都是以统一军事行动战胜敌人为前提的。楠木贤道曾经考察天聪年间后金对以科尔沁部为主的漠南蒙古的法律支配过程。⑥ 不过他的关注点只是集中在后金和蒙古诸部的统一军事行动上,而没有考虑到牧地划分等后金政权的其他政治措施。笔者在此要强调的是,划分蒙古牧地也是后金约束蒙古的一项重要措施。据《王公表传》扎鲁特部总传记载:"(天聪)三年,奉敕定随征军令。寻以越界驻牧,自议罪,内齐、色本、玛尼及果弼尔图、巴雅尔图岱青,请各罚驼十、马百,诏宽之,各罚马一。"⑦

从天聪四年(1630)三月开始,后金和阿鲁部接触,成为阿鲁诸部归附后金的开端。天聪五年(1631)正月,"十三日,致阿鲁部四贝勒书云:'天聪汗

---

① 《满文老档》太宗1,第232页;《内阁藏本满文老档》20,第505页。
② 《满文老档》太宗1,第232页;《内阁藏本满文老档》20,第507页。
③ 《满文老档》太宗1,第255页;《内阁藏本满文老档》20,第511页。
④ 《满文老档》太宗1,第268页;《内阁藏本满文老档》20,第514页。
⑤ 《满文老档》太宗1,第417页;《内阁藏本满文老档》20,第551页。
⑥ 〔日〕楠木贤道:《清初对蒙政策史研究》,汲古书院,2009年,第113—140页。
⑦ 《蒙古回部王公表传》卷二九传第十三《扎鲁特部总传》。

谕四子部落。据闻,为道法一统而来,竟行盗贼之事,驱赶牧群而去。若敖汉、奈曼、巴林、扎鲁特、科尔沁合谋,赶走尔等牧群,尔等之牧群尚可余乎。不弃原有邪恶之念,我行我素,乃尔之不幸。'"①在察哈尔的打击和后金的引导下,阿鲁诸部纷纷南下靠近后金居住。当年四月,天聪汗与阿鲁蒙古诸贝勒盟誓划分驻牧地界,"所指驻牧地西界为噶海、萨尔、门绰克、阿勒坦、冬霍尔、鄂齐尔沁、乌济叶尔;东界至津河尽头"。②这些阿鲁部包括翁牛特、阿鲁科尔沁和四子部落等。

我们在此暂不对地名进行考证,先来考察后金统治者的意图。后金对毗邻的蒙古诸部的管辖基本呈两个特征:其一,统一对察哈尔和明朝的军事行动;其二,在靠近后金的外围地区,重新划定蒙古诸部的牧地。

不过,当时后金对蒙古诸部内部事务还是以"自治"为原则。天聪五年(1631)皇太极与蒙古诸贝勒台吉盟誓立约可说明这一论点:"满洲人若往科尔沁、阿巴噶地方犯罪,则按科尔沁、阿巴噶之法办理。科尔沁、阿巴噶人若至满洲地方犯罪,亦按满洲之法办理。若于两国中间犯罪,则按各自法律办理。"③规定虽有补充说:"凡有罪台吉,若不听扎萨克台吉之言,则奉闻天聪汗。"承认了天聪汗的最后裁决权,但一般情况下,蒙古台吉有充分的权力处理各自部落内部事务。这种权力到后来逐渐削弱了。后金划定阿鲁部牧地的同时,也调整了科尔沁部的牧地。

> 辛未年(1631)四月十一日,土谢图汗、哈坦巴图鲁、乌克善、伊儿都齐、达古尔哈坦巴图鲁、穆斋、喀勒图巴图鲁、班迪伊勒都齐及大小台吉,集于天聪汗前,核减所定法度:东边之达古尔格勒哲尔库至绰儿满为居住地,乌拉之珠尔齐特霍尔坤以西为居住地,自乌拉之珠尔齐特扎沁以东为驻牧地。大旗筑一大城。有破坏此法者,罚马百、驼十。倘十扎萨克之十台吉见有不服从者,务请汗遣使令其迁移。拟于辛未年十月以前迁移。④

---

① 《内阁藏本满文老档》20,第563页。
② 《满文原档》第七册,第352页。
③ 《内阁藏本满文老档》20,第572—573页。
④ 《内阁藏本满文老档》20,第573—574页。

天聪五年(1631)是后金政权历史上一个非常重要的年份,当年后金加强了对蒙古立法及其实施:

> 扎鲁特部噶尔诺特鄂勒博台吉、布库特鄂勒博台吉,当汗班师时,未谒见汗而去,故拟罪,罚驼一、马一。①

> 敖汉、奈曼、巴林、扎鲁特诸部立法云:"逃人无论从何方来,贝勒等若杀之,则罚十户诸申;若平民杀之,诛其身,夺其妻子、牲畜为俘。凡人举告杀害逃人者,将举告之人断出。贝勒若不遣人出哨,罚牛五;庶人不出哨,各罚牛一。"②

> 命阿什达尔汉舅舅、希福巴克什往科尔沁议和会盟,议罚未出征、未来会盟之诸贝勒。③

天聪汗又致书蒙古诸贝勒约定伐明、征察哈尔的日期。④ 天聪六年(1632),皇太极出兵时,谕蒙古诸贝勒严加管束所部官兵。⑤ 又和蒙古诸部兵会合之后:

> 召集土谢图汗兄弟诸贝勒及扎鲁特、敖汉、奈曼、阿鲁各部落诸蒙古贝勒一百人,汗谕之曰:"土谢图汗不惜其畜群,散给军士,率众而来。至于乌克善,则心有不爽。土谢图额驸心诚意笃,效力行间,与我休戚与共。扎鲁特部诸贝勒亦属实心效力。尔巴林部诸贝勒,既来投我,倘不竭力戎行,又不承办马匹,怠缓不前,则尔之同类喀尔喀诸贝勒,既有被察哈尔所俘戮者,亦有妻离子散而孑然一身者。我今致力国政,不辞劬劳,察哈尔能至我城下乎,我岂惧之耶。色特尔,尔言有病,果有病耶。不以国政为念,沉湎于酒,为酒所困耳。"又谕阿鲁部诸贝勒曰:"尔等为察哈尔所逐,自来投我至今,屡谕尔等仍当牧于近处,然不遵我言,竟游牧于远处,致为察哈尔抢掠。察哈尔以所掠之物献于明,诳称系'诸申兵进攻之后,我入诸申地方所得之物'云云。此乃彼诬指我侵略

---

① 《内阁藏本满文老档》20,第574—575页。
② 《内阁藏本满文老档》20,第575页。
③ 《内阁藏本满文老档》20,第575页。
④ 《内阁藏本满文老档》20,第576—577页。
⑤ 《内阁藏本满文老档》20,第590页。

> 尔国也。我之属国被掠,我岂不恨之耶。尔等诸物为察哈尔劫掠而去,尔等自当恨之,何不思仗汗恩报仇雪恨,何不散给马匹,何不多出兵耶。尔等之罪,俟我班师后查之。敖汉、奈曼部诸贝勒先他部来投我。济浓居沈阳,班迪年少,尔洪巴图鲁身居本国,尔等好于巴林者实,然亦未尽善。至尔各部诸贝勒之善恶,俟班师后再议。"①

可见,皇太极对蒙古诸部的要求越来越严格甚至苛刻,较之以前细化很多。此次出兵也是无果而终,但后金对蒙古诸部的规范化管理又前进了一步。《满文老档》又载:

> 归顺之厄鲁特(应为兀鲁特——引者)部明安贝勒、布彦代额驸俘获甚少,所获之羊,妄自耗费,捏称无获,未与众送来合并。又命以俘获人口编为五十户,未遵行。明安贝勒又以所获官牛一擅与其家大凌河蒙古人。出猎无纪,自行行猎。再者,有镶蓝旗孙太分得蒙古男丁二人,乘夜遁至其立营之屯中,即行隐匿之。故革明安贝勒总兵官职,念彼当其国太平时来归有功,宥之,罚银六十两,夺所得赏物。……因归顺之蒙古诸贝勒所行悖乱,不令另编为旗。令其诸贝勒随各旗贝勒行走,属下人员并入乌讷格、鄂本堆旗。②

这就是取消兀鲁特、喀尔喀蒙古二旗的原委。以前这两旗独立于八旗之外,从此其人丁归入八旗,其编制也不复存在。

当年,后金又重新调整了蒙古诸部的牧地。《满文原档》载:

> 奉汗谕,济尔哈朗贝勒、萨哈廉贝勒于申年十月初五日,前往西喇尔济台,指定牧地,并订立法规:从门绰克至巴哈萨尔为孙杜棱;从巴哈萨尔至浩塔齐为巴林;从浩塔齐至花当③为敖汉;从花当至毕茹图杭安为四子、达赖;从毕茹图杭安至塔尔浑为扎鲁特;自所划之牧地界越入他人之界者,若台吉则罚马十,平民则罚其主马一。越过西喇木伦者被视为敌。④

---

① 《内阁藏本满文老档》20,第632—633页。
② 《内阁藏本满文老档》20,第658页。
③ 指今通辽市区正南、科左后旗北之花灯苏木一带。玉芝:《蒙元东道诸王及其后裔所属部众历史研究》,内蒙古大学博士学位论文,2006年,第82页。
④ 《满文原档》第八册,第322—325页。

据《王公表传》巴林总传曰:"(1632)十月,遣大臣赴硕翁科尔,定诸藩牧。以扈拉琥、瑚呼布哩都、克哩叶哈达、瑚济尔阿达克为巴林界。"①和上述《满文原档》的记载有很大的出入,这或许可以理解为两处记载的是不同的边界划分问题。

据《王公表传》阿鲁科尔沁部总传,于天聪八年(1634)"遣大臣赴硕翁科尔,定诸藩牧,以两白旗外,塔喇布拉克、逊岛为其部界"。②"以扈拉瑚、琥呼布里都为翁牛特部界。"③"以扎哈苏台、囊嘉台为敖汉界。"④"以巴克阿尔和硕、巴噶什鲁苏台为奈曼与红旗界。"⑤

划定牧地的严肃性表现在将越界者视为敌方的规定上。如前所述,天聪三年(1629)扎鲁特部因越界游牧受到处罚。天聪八年(1634)冬,又发生翁牛特部某些台吉越界游牧,而受到后金的处罚:"班第伟征、达拉海诺木齐以越界游牧罪,议罚驼百、马千,诏从宽罚十之一。"⑥在此之后,蒙古部落越界而受到后金(清)处罚的事件还是频繁地发生。有时受到的处罚更为严厉,甚至被当作叛乱对待。这里包含着后金限制蒙古部牧地本身的意图,但更应注意的是,后金在八旗驻地周边(主要在北边)划定蒙古各部牧地,其主要目的也在于对后金形成有效的保护圈。

二、清初蒙古的左右翼问题

从天命朝晚期至崇德年间,是蒙古社会制度承前启后的时期。在此期间,蒙古内喀尔喀、科尔沁、敖汉、奈曼及阿鲁诸部或与后金建立同盟关系,或归附于后金,在后金的对外战争中发挥着重要作用。那么,在当时的军事行动中,后金对蒙古诸部的组织形式是怎样的?这种组织形式与整个国家制度又有怎样的联系?与蒙古原有的制度及顺治以后的制度有何异同?这些问题都值得深入探究。在此主要考察清太宗年间的蒙古左右翼制问题。

---

① 《蒙古回部王公表传》卷二十八传第十二《巴林部总传》。
② 《蒙古回部王公表传》卷三十传第十四《阿鲁科尔沁部总传》。
③ 《蒙古回部王公表传》卷三十一传第十一《翁牛特部总传》。
④ 《蒙古回部王公表传》卷二十六传第十《敖汉部总传》。
⑤ 《蒙古回部王公表传》卷二十七传第十一《奈曼部总传》。
⑥ 《蒙古回部王公表传》卷三十一传第十五《翁牛特部总传》。

满洲八旗建立初始,在战争时将兵丁分成左右翼(hašū ergi 和 ici ergi),①按固定的位置和方向攻打城池。如 1615 年征额赫库伦,后金将兵丁分翼攻打其城。② 又如天命四年(1619)萨尔浒之战和明兵交战时,将八旗分为左右两翼,各为四旗。③

努尔哈赤时代,后金把零散来降或战争中俘虏的蒙古人或编入八旗,或赐给兵丁等当奴隶,而像内喀尔喀巴约特部恩格德尔等一些主动率部前来归附的蒙古台吉,则仍被准许管辖部众,依附于八旗之下,拥有较大的自主权。

天命七年(1622),后金攻占广宁后,察哈尔兀鲁特部明安和内喀尔喀古尔布什等台吉归附,努尔哈赤下令以上述二部为主体建立二旗,独立于满洲八旗之外。

当然,在外游牧的蒙古诸部和后金建立军事同盟关系是从天命至天聪初期开始的。作为同盟者,蒙古的义务主要是以支援后金的军事行动来体现的。如天聪三年(1629),皇太极又率八旗兵及蒙古科尔沁、敖汉、奈曼、内喀尔喀诸部兵征明。据说当时前来的科尔沁部就有六个固山兵马。④ 当时,后金左右两翼兵丁分别由阿巴泰、阿济格和岳托、济尔哈朗率领。但蒙古诸部兵丁到底分属哪一个翼,文献均没有清楚的记载。可见,当初对蒙古诸部的分翼并不分明。只是知道两翼中都有蒙古兵。在两翼八旗兵的基础上,再加入吴讷格巴克什和苏纳额驸率领的两个固山,后金兵总共有两翼十旗。⑤ 当时的蒙古诸部兵和后金左右翼的关系,《实录》记载也较为混乱:

> 大军次老河,上集诸贝勒大臣,各授以计,分兵前进。命贝勒济尔哈朗、岳托率右翼四旗兵及右翼蒙古诸贝勒兵,于二十六日夜半进攻大安口,至遵化城合军,其斩关攻城,遇敌进剿之事,令诸贝勒相机而行。又命贝勒阿巴泰、阿济格率左翼四旗兵及左翼蒙古诸贝勒兵,从龙井关

---

① 有关专门研究有白新良的《努尔哈赤时期八旗左右翼考》(《清史考辨》,人民出版社,2007年)。
② 《满文原档》第一册,第 114 页;《内阁藏本满文老档》19,第 11 页。
③ 《满文原档》第一册,第 210 页;《内阁藏本满文老档》19,第 26 页。
④ 《满文原档》第六册,第 316 页。
⑤ 《内阁藏本满文老档》20,第 512 页。

攻入。于是上与大贝勒代善、莽古尔泰暨众贝勒率大军继发。①

这是乾隆本《清太宗实录》的记载,表明当时蒙古诸部被分成左右两翼及与后金两翼的关系。但是,进一步查阅更早期编纂的康熙本《清太宗实录》后发现,跟随阿济格的是右翼蒙古兵,②和乾隆本《清太宗实录》记载正好相反。由此可见,蒙古兵确实被分为左右两翼随后金主力参战,但有关其更详细的情况没有资料记载,只能从当年的征战记述中找到一些蛛丝马迹:

> 又有敌兵一队距城稍远,屯树林内,遂令左翼蒙古各旗往击。额驸恩格德尔、贝勒巴克率扎鲁特、喀尔喀部落诸贝勒兵,不俟整队徐行,骤马而进,与敌兵接战,遂败归,巴克什吴讷格及外藩扎鲁特部落贝勒色本、马尼突入迎战,始击败敌兵。③

可见,在左翼蒙古中,除包括扎鲁特等在外游牧的蒙古部落外,还可能包括恩格德尔和吴讷格率领的二固山在内。这种归类法和之后天聪六年(1632)的归类法是一致的。

进入天聪四年(1630),后金和明朝的战争依然继续着,据乾隆本《实录》,春正月:

> 癸巳,巳刻,谕攻昌黎县将士曰:"鸟枪火炮自远而至,目不得见,避之诚难,至于矢石,乃目力所及,可以引避。尔等宜善为攻击,倘蒙天佑,进拔其城,违命士卒尽歼之。"于是命右翼四旗攻其南,左翼四旗攻其东,敖汉、奈曼、巴林、扎鲁特攻其北。布云梯列城下,军士树梯将登,城上滚木、檑石、火炮、鸟枪齐发,火燎梯折,难以进攻。复移挨牌近城下,欲凿其城而乏锹钁,大贝勒代善遂遣人驰奏。上曰:"既不能克,可退兵。"因焚其近城庐舍而还。④

其实,康熙本《清太宗实录》记载敖汉等蒙古四部攻的是东面,⑤而乾隆本根

---

① 《清太宗实录》卷五,天聪三年十月乙亥。
② 齐木德道尔吉、巴根那编:《清朝太祖太宗世祖朝实录蒙古史史料抄——乾隆本康熙本比较》,第148页。
③ 《清太宗实录》卷五,天聪三年十一月辛丑。
④ 《清太宗实录》卷六,天聪四年春正月癸巳。
⑤ 康熙本《清太宗实录》卷六,天聪四年春正月癸巳。

据前文改为北面了。记载证明了蒙古各部有时被安排在后金两翼兵之外单独行动的事实。

天聪五年(1631),后金发动大凌河之战,攻下明朝宁锦线上的重要前沿阵地大凌河城。有关此次战役的过程及布阵情况,日本学者楠木贤道有专文研究。① 他的研究表明,当时后金组织的 17 个固山(或军团)中,除了由八旗组成的 8 固山和鄂奔堆、吴讷格率领的 2 固山及恩格德尔、明安率领的 2 固山外,包括外藩蒙古 4 固山、佟养性率领的汉人 1 固山。② 参战的外藩蒙古诸部有科尔沁、翁牛特、阿鲁科尔沁、四子部、敖汉、奈曼、扎鲁特、巴林、喀喇沁、土默特等,基本囊括了当时和后金建立同盟关系的所有蒙古部落。攻城布阵时,几个部落兵组成一个固山,如敖汉和奈曼一个固山,巴林和扎鲁特一个固山,土默特和喀喇沁一个固山,剩下的科尔沁、翁牛特、阿鲁科尔沁、四子部落组成一个固山。③ 但左右翼的划分情况仍不清楚。

天聪六年(1632),皇太极率领满蒙兵丁亲征察哈尔。据《满文原档》《满文老档》载:

> 阿济格台吉率其十五牛录护军及我左翼蒙古兵、科尔沁部土谢图额驸兵、阿鲁部达赖楚呼尔兵、四子部落兵、巴林部兵、喀喇沁部兵,往征宣府。④

阿济格依然率领左翼,蒙古科尔沁、阿鲁科尔沁、四子、巴林、喀喇沁等部都归属其中。《实录》当年五月的记载更为明确:

> 庚申,大军次木鲁哈喇克沁地方。分兵两翼,左翼命贝勒阿济格为帅率,巴克什吴讷格、科尔沁土谢图额驸奥巴及巴林、扎鲁特、喀喇沁、土默特、阿禄等部落兵万人,往掠大同宣府边外一带察哈尔部民。右翼命贝勒济尔哈朗、岳托、德格类、萨哈廉、墨尔根戴青贝勒多尔衮、额尔克楚虎尔贝多铎、贝勒豪格等率兵二万人,往掠归化城黄河一带部民。

---

① 楠木贤道:《从天聪五年大凌河攻城战看后金国政权构造》,《东洋史研究》第 59 卷第 3 号,2000 年。

② 同上。

③ 同上。

④ 《满文原档》第八册,第 169 页;《内阁藏本满文老档》20,第 638 页。

又命车尔格、察哈喇率兵五百人,往黄河取备船艘。为前队命图鲁什、劳萨先往捉生,上与大贝勒代善、贝勒莽古尔泰统大军继进。①

左翼中除了前述几个蒙古部落外,还包括吴讷格率领的兵丁及扎鲁特、土默特等部兵。从另一处的记载看,恩格德尔额驸的固山也属于左翼。② 属于右翼的是"镶蓝、镶红、明安贝勒及鄂本堆等四固山"。③ 看来,翁牛特、敖汉、奈曼等部此次没有跟随后金兵行动。

天聪朝几次改革整顿兵制,其中天聪八年(1634)制订名色是一项重要措施。据《实录》载:

> 是日,上谕曰:"朕仰蒙天眷,抚有满洲、蒙古、汉人兵众,前此骑、步、守、哨等兵,虽各有营伍,未分名色,故止以该管将领姓名,称为某将领之兵。今宜分辨名色,永为定制。随固山额真行营马兵,名为骑兵,步兵为步兵,护军哨兵为前锋,驻守盛京炮兵为守兵,闲驻兵为援兵,外城守兵为守边兵,旧蒙古右营为右翼兵,左营为左翼兵,旧汉兵为汉军,元帅孔有德兵为天祐兵,总兵官尚可喜兵为天助兵。"④

清初蒙古左右营分别由吴讷格和苏纳额驸率领。天聪六年(1632)以后,兀鲁特、喀尔喀二固山的部分人众也编入蒙古左右两营,这就确定了内属蒙古固山兵的归类。但外藩蒙古诸部兵的归类至此还没有固定下来。这或许与蒙古部落刚开始归附后金的现状有关。

天聪八年(1634)皇太极再次率兵至明大同、宣府边外,收集察哈尔溃散东来的遗众。《实录》有两段记载:

> (1) 命和硕贝勒德格类率正蓝旗固山额真觉罗色勒、镶蓝旗固山额真篇古、左翼固山额真公吴讷格及两蓝旗护军将领、蒙古巴林、扎鲁特、土默特部落诸贝勒众头目兵,进独石口,遇敌人,拒战杀之。取其地,规视居庸,会大军于朔州,休兵秣马,以候进取日期。⑤

---

① 《清太宗实录》卷一一,天聪六年五月庚申。
② 《满文原档》第八册,第182页;《内阁藏本满文老档》20,第641页。
③ 《满文原档》第八册,第174页;《内阁藏本满文老档》20,第639页。
④ 《清太宗实录》卷一八,天聪八年五月庚寅。
⑤ 《清太宗实录》卷一九,天聪八年六月甲戌。

(2)甲申,命大贝勒代善、和硕贝勒萨哈廉、硕托率正红旗固山额真梅勒章京叶克书,镶红旗固山额真昂邦章京叶臣,右翼固山额真甲喇章京阿代,敖汉部落杜稜济农,奈曼部落衮出斯巴图鲁,阿禄部落塔赖达尔汉、俄木布达尔汉卓礼克图,三吴喇忒部落车根,喀喇沁部落古鲁思辖布、耿格尔等兵自喀喇俄保地方入得胜堡。往略大同一带,取其城堡,西略黄河,会兵于朔州。①

看来,当年吴讷格率领的左翼兵及巴林、扎鲁特、土默特部兵都归后金的左翼兵,敖汉、奈曼、阿鲁科尔沁(塔赖达尔汉②)、四子、吴喇忒(或写乌喇特)、喀喇沁等部兵归爱新国的右翼参战。而科尔沁、翁牛特等部没有派兵支援当年的战争,就不存在分归左右翼的问题了。

天聪九年(1635),以内喀喇沁壮丁为基础成立八旗蒙古。崇德元年(1636),皇太极称帝的同时,编在外的蒙古诸部人口,设立扎萨克旗。《满文原档》载:

(崇德元年四月十六日)是日,以宽温仁圣汗受尊号礼成,外藩蒙古左翼科尔沁土谢图济浓,冰图、卓里克图黄台吉,扎萨克图杜棱倡首,率诸贝勒进盛宴于大政殿。诸贝勒以筵宴礼,进马五十九、驼二、貂皮袄一,圣汗阅毕,悉却之。③

(当月十八日)是日,以宽温仁圣汗受尊号礼成,外藩蒙古右翼贝勒阿鲁部济浓、达赖楚虎尔,奈曼部洪巴图鲁,扎鲁特部内齐,巴林部阿玉希,土默特部古鲁斯辖布、耿格儿倡首,率诸贝勒进盛宴于大政殿。诸贝勒以筵宴礼进马五十七、驼五,汗阅毕,不纳,悉却之。

(十九日)是日,圣汗召左翼外藩蒙古科尔沁部诸贝勒至清宁宫,大宴之。

二十一日,圣汗召右翼外藩蒙古巴林、扎鲁特、敖汉、奈曼、阿鲁、喀喇沁、土默特等部诸贝勒至清宁宫,大宴之。④

记载表明,崇德元年(1636)时,清统治者将外藩蒙古诸部的左右翼划分得基

---

① 《清太宗实录》卷一九,天聪八年六月甲申。
② 正确写法为"达赖达尔汉"。
③ 《满文原档》第十册,第139页;《内阁藏本满文老档》20,第695页。
④ 《满文原档》第十册,第141—145页;《内阁藏本满文老档》20,第696页。

本很明确了。如科尔沁部单独组成左翼,而右翼包括翁牛特、阿鲁科尔沁、敖汉、奈曼、扎鲁特、巴林、土默特、喀喇沁等。

崇德元年(1636)十二月,兵分两翼南征朝鲜。"是日,驻跸沙河铺东冈,命和硕睿亲王,多罗贝勒豪格分率左翼正白旗、镶白旗、正蓝旗满洲三旗兵、蒙古三旗兵及外藩蒙古左翼兵、从宽甸道入长山路。"①

崇德二年(1637),清朝考虑到一年三次进贡的不便,又对外藩蒙古诸部固山进行调整。据内秘书院档记:

> (崇德二年[1637],科尔沁)右翼土谢图亲王254鄂托克,为两固山。(科尔沁)左翼卓里克图亲王193鄂托克,为两固山。总共447鄂托克,四固山,户数22350。
>
> 满珠习礼17鄂托克,阿玉石12鄂托克,两处合计29鄂托克,为一固山。敖汉26鄂托克,奈曼24鄂托克,两处合计50鄂托克,为一固山。桑噶尔38鄂托克,内齐29鄂托克,两处合计67鄂托克,为一固山。达尔罕卓里克图42鄂托克,为一固山。穆章60鄂托克,为一固山。杜棱郡王25鄂托克,扎萨克达尔罕岱青34鄂托克,两处合计为59鄂托克,为一固山。乌喇特37鄂托克,为一固山。喀喇沁60鄂托克,为一固山。土默特56鄂托克,为一旗。察哈尔、喀尔喀、阿巴噶、喀喇沁、土默特等总共460鄂托克,九固山,户数23000。
>
> 土谢图亲王五固山合并为两个固山,卓里克图亲王五固山合并为两个固山。敖汉、奈曼一固山,两巴林一固山,两扎鲁特一固山,四子部一固山,穆章一固山,两翁牛特一固山,乌喇特一固山,喀喇沁一固山,两个土默特一固山。总共十三固山。为一年三次给博格达汗上贡而合并,围猎、出征时仍按原固山。②

此处出现的"固山"是指军团或围猎单位或进贡单位。注意其最后一句,围猎和出征时的组织形式与此次所分13固山制不同,是按两翼24固山制执

---

① 《满文原档》第十册,第697页;《内阁藏本满文老档》20,第1718—1719页。
② 《清内秘书院蒙古文档案汇编》第一辑,第207—211页。档案原件为蒙古文,在此参照达力扎布汉译(《清初"外藩蒙古十三旗"杂考》,《明清蒙古史论稿》,民族出版社,2003年,第274—275页)。

行任务的。

以上简单考察了清太宗时期蒙古各部的左右翼问题。太祖晚期至太宗初期,或和后金国建立同盟关系,或归附于后金国的蒙古各部,主要任务是军事支援。采取军事行动时,蒙古各部也和满洲兵一样组成左右两翼。蒙古诸部被划分为两翼的时间,大概从天聪三年(1629)征明战争开始。通过多次战争后,崇德初年蒙古两翼的情况是,科尔沁部单独构成左翼,其他蒙古部落构成右翼。一般情况下,外藩左翼和内属左翼(吴讷格率领的)一同和满洲左翼组成更大的军团作战。右翼的情形也相同。

那么,这种左右翼制与之前蒙古本身的左右制、清初以后的左右翼之间的关系又是如何呢?据森川哲雄研究,达延汗以后北元蒙古大汗直接统治下的诸部被划分为左右翼,分别由大汗和吉囊(又写济农)直接管辖。当时,左右翼各有三万户(tümen)。因分封和大汗权的衰弱,在万户下又分为左右翼(ǰegün baraɣun ɣar,或称东西营ǰegün baraɣun qoriy-a)。因地理位置的关系"左右"有时也称之为"内(ebür)外(aru)"或"南(ölge)北(aru)"。左右翼分别由拥有"威征诺颜"和"洪台吉"称号者当政。左右翼又各自下属几个鄂托克或爱马克。① 需要补充的一点是,右翼一般由长子一系掌管,而左翼由兄弟中的其他人来掌管。这是蒙古地区的一种惯例。

不管原来的左右翼制如何,蒙古各部兵被编入后金国军后,根据军事行动的需要重新被分配到满洲左右翼。如敖汉、奈曼两部原属于南(或左翼)察哈尔,而在后金国的军事行动中一般跟着右翼参战。还有一种情况是,天聪时期军事行动中蒙古各部都以部落为单位,部落之下再也没有划分成左右翼等更小单位。

森川哲雄氏探讨"万户"性质时,也肯定"翼"的军事集团性质。② 其实,北元左右翼拥有军事集团兼社会集团的性质,但清早期组织蒙古部落兵时主要关注其军事集团性质而忽略其社会集团的性质。清初蒙古诸部的"翼"获得社会集团性质是在天聪末年至顺治初年间基本实现的。据《王公表传》载:

---

① 〔日〕森川哲雄:《关于中期蒙古的万户——主要与兀鲁思的关系》,《史学杂志》第81卷第1号,1972年。

② 同上。

喀喇沁："(天聪)九年(1635)正月,诏编所部佐领,以苏布地子固鲁思奇布掌右翼,色棱掌左翼。"①

土默特："(天聪)九年(1635),诏编所部佐领,设扎萨克三:曰善巴,曰庚格尔,曰鄂木布楚琥尔。庚格尔者,善巴族也。崇德二年(1637),以罪削扎萨克,善巴领其众,自是土默特分左右翼。命善巴及鄂木布楚琥尔掌之。"②

巴林："(顺治)五年(1648),诏编所部佐领,以满珠习礼掌左翼,爵固山贝子;色布腾掌右翼,爵多罗郡王,各授扎萨克。"③

扎鲁特："(顺治)五年(1648),诏编所部佐领。时内齐、色本卒,以内齐子尚嘉布掌左翼,色本子桑噶尔掌右翼,各授扎萨克贝勒。"④

崇德元年(1636),"先是阿鲁科尔沁设两旗,达赉、穆彰各领一。至是始并两旗为一,以穆彰领之。"⑤

翁牛特："崇德元年(1636),诏编所部佐领,以逊杜棱掌右翼,爵多罗杜棱郡王。栋岱青掌左翼,号多罗达尔汉代青,各授扎萨克。"⑥

科尔沁划分左右翼,据前文似乎是在崇德二年(1637)确定的。《游牧记》载:"右翼附札赉特部一旗、杜尔伯特部一旗,左翼附郭尔罗斯部二旗。"⑦明确了当时大科尔沁部左右翼更具体的情况。

看来,从天聪九年(1635)到顺治五年(1648),清朝将当时已归附的外藩蒙古各部内部继续划分或重新确认了左右翼。如果说入清之前蒙古各部划分左右翼主要是以分封和军事行动需要为标准的话,那么入清后划分左右翼尤其是任命左右翼首领的时候,则开始或多或少地加入了清朝统治者优待亲近的蒙古贵族的因素,而并不关心他们是否拥有"洪台吉"和"威征"称号了。

---

① 《蒙古回部王公表传》卷二十三传第七。
② 《蒙古回部王公表传》卷二五传第九。
③ 《蒙古回部王公表传》卷二八传第十二。
④ 《蒙古回部王公表传》卷二九传第十三。
⑤ 《蒙古回部王公表传》卷三十传第十四。
⑥ 《蒙古回部王公表传》卷三一传第十五。
⑦ 《蒙古游牧记》卷一。

我们再结合天聪晚期至崇德初年清朝划分蒙古各部牧地、编佐及设立扎萨克等情况考虑，这种对蒙古社会集团内部的不断干涉和渗入，体现了清统治者欲从深层次上影响和治理蒙古各部的统治意识。但不管怎么说，清代蒙古各部内左右翼的社会集团性质具有明显淡化的趋势。

三、从蒙古衙门到理藩院

划分牧地之外，在机构运作方面，蒙古衙门及其发展而成的理藩院，作为后金(清)管理蒙古的中央办事机构，发挥着重要的作用。有关蒙古衙门和理藩院的研究，①尤其是其早期活动的研究目前还很薄弱。

有学者提出，蒙古衙门成立于天聪五年(1631)至天聪八年(1634)之间。② 我们权且从天聪八年(1634)开始考察蒙古衙门的活动情况。当时，后金对漠南蒙古诸部的管理工作刚开始不久，其事务简单，操作容易。蒙古衙门的工作重点从为军事行动服务逐渐转移到民事方面上来了。可以从以下几个方面去考察蒙古衙门时期的职掌和办事活动情况。

第一，调动蒙古兵丁参与军事行动。内国史院档载，天聪八年(1634)五月，"命吏部承政图尔各依、前锋将领梅勒章京劳萨等率巴雅喇出边，渡辽河，沿彰武台河驻扎，保各外藩蒙古，以御敌兵。谕曰：'敌若来侵，必先来侵尔等所驻防一带外蒙古。尔等当从养息牧河北岸赴彰武台河立营，预先分兵二队，一队简选精锐令劳萨来侵，亦未可知。至驻巨流河兵，令四大臣率兵四十留于村内，余皆尔等率之以往。再者，勿令外蒙各部沿边屯住，俱令退至养息牧河迤北。凡此遣退及发喀喇沁兵，俱不可无蒙古衙门官员，可留该衙门扈锡布、温泰及其属下办事员四人。'"③在此皇太极说得很清楚，即蒙古衙门负有协调之责，征调蒙古兵。

有时，蒙古衙门官员还参与对蒙古的军事行动。天聪八年(1634)，皇太

---

① 早期研究有，赵云田：《清代蒙古政教制度》(第三章)，中华书局，1989年；马汝珩、马大正主编：《清代的边疆政策》，中国社会科学出版社，1994年；达力扎布：《明代漠南蒙古研究》(第三章第二节《内扎萨克六盟的形成及蒙古衙门设立的时间》)，内蒙古文化出版社，1997年；齐木德道尔吉：《"蒙古衙门"与其首任承政阿什达尔汉》，《内蒙古大学学报》2007年第4期。达力扎布和齐木德道尔吉对蒙古衙门早期活动的研究贡献较大。

② 达力扎布：《明代漠南蒙古研究》，第361页。赞同这一观点者有齐木德道尔吉《"蒙古衙门"与其首任承政阿什达尔汉》。

③ 《清初内国史院满文档案译编》上，第82—83页；《清太宗实录》卷一八，天聪八年五月甲辰。

极亲自率兵至明大同、宣府边外，收集察哈尔溃散东来的部众。闰八月，"遣阿希达尔汉、额尔德尼囊苏同前锋将领吴拜等八大臣率兵一百往探察哈尔汗之子额尔赫孔果尔信息"。① 不久，"遣托克退率每旗官一员、兵十名，携察哈尔来归之蒙古户口还京，令席伯泰、尼堪指挥前往"。② 在此，蒙古衙门官员阿什达尔汉、尼堪等虽然没有直接到战场，但他们的活动对收服察哈尔部起到了重要的作用。

第二，颁布法令，会审案件。天聪八年（1634）六月：

> 二十四日戊寅。汗遣章京阿锡达尔汉、巴克希希福召集各路蒙古诸贝勒谕曰："科尔沁部贝勒额尔济格之子噶尔珠塞特尔、海赖、布颜代、塞布垒、白谷垒等，凡遇兴师，既不随行，又违法令，于出兵后，抢夺无主部落之牲畜。朕仍不念其恶，仍欲保全归顺部落，屡加宽宥。乃彼反厌朕豢养之恩，顿忘来此受朕庇护，得以安居乐业，曾欲叛朕奔察哈尔部。今果奔索伦，为其兄弟科尔沁土谢图济农、扎萨克图杜棱、孔果尔老人、吴克善洪台吉等追获，并杀噶尔珠塞特尔等。因此，朕心犹为悯怜，未曾料想伤朕食指，今杀彼等，犹伤朕之食指。朕意愿宣布德化，招集国民，安居乐业。今阿禄部杜棱济农之子弟达喇海、萨阳等，越所限之地驻牧。律例载：驻牧于所限之地，按以军法从事。尔众贝勒可议其罪。"蒙古诸贝勒答曰："汗谕甚是。噶尔珠塞特尔等，作孽殒身。阿禄部达喇海、萨阳等越汗所限牧放之地，按律当诛。但念伊等虽违法越限，犹能自归。特请免死，各罚驼百头、牲畜一千、家人十户，以奏闻汗。"汗曰："所议良是，应罚之物，或全追，或追其半，俟朕裁酌。"③

阿什达尔汉、希福等参与惩处科尔沁部噶尔珠色特尔叛逃事件的处理和善后工作：

> （天聪八年六月二十六日）遣舅阿希达尔汉、巴克希希福、伊拜往迎科尔沁兵。谕之曰："可尽取班第、色本、额古此三人部众，以一分给蒙

---

① 《清初内国史院满文档案译编》上，第103页。
② 同上书，第105页。
③ 同上书，第90—91页。

果,以一分给土默特部明安达礼及明安。班第、色本、额古等,向不遵法度,向怀叛心。此次又与噶尔珠塞特尔等同叛。宜尽收其人民只给看守牲畜贫民各五户,其班第命孔果尔老人兼管,其色本命吴克善洪台吉兼管,其额古命伊尔都其兼管,以噶尔柱塞特尔、海赖、布颜代、白古垒、塞布垒等人部下人各十户,并海赖之家属及其牲畜给噶尔图、海古,被杀贝勒如有子嗣,勿夺其牲畜,惟令离其所属人民,归并他人兼管。其所属人民拨给土谢图济农、扎萨克图杜棱、吴克善洪台吉、杜尔伯特等人各一分,孔果儿老人、伊尔都齐合给一分,若伊尔都齐遣来兵少,勿得分给。以噶尔珠、海古并入孔果尔老人编为旗。"①

崇德二年(1637)七月癸未,"遣都察院承政国舅阿什达尔汉、蒙古衙门承政塞冷、尼堪等往古尔班察干地方,颁敕诏,并会外藩蒙古科尔沁国亲王、郡王、贝勒,清理刑狱"。② 八月已未,"遣国舅阿什达尔汉、尼堪、塞冷等往外藩蒙古巴林、扎鲁特、喀喇沁、土默特、阿禄诸部落,会诸王、贝勒等颁敕诏,审理刑狱"。③

与崇德元年以前的情况不同的是,清朝官员直接介入蒙古部内部案件的审理。崇德三年(1638)元月,"十四日,翁牛特部落杜棱郡王杀赍书者四人,又二人被杀。于是国舅阿希达尔汉、多尔济达尔汉诺颜、塞冷、尼堪及诸贝勒大臣等于西喇木伦会盟,议革王爵,解扎萨克任,其所杀者,各罚九九之数。国舅阿希达尔汉、尼堪悉以奏闻。上怜杜棱郡王染病,免其罪"。④ 可见蒙古衙门作为清朝的一个办事机构,参与到有关从扎萨克王到普通兵丁的案件当中去了。又如,崇德三年(1638)元月,"扎鲁特部落内齐,所辖绰博辉与塞楞,相斗滋乱,内齐知而不加劝止,以反令出使,取其牲畜。遂议解扎萨克任,罚马五十匹,国舅阿希达尔汉、塞棱、尼堪奏闻,上恤免其罪"。⑤

第三,查户口,编佐设旗。崇德元年(1636)十月,皇太极分别派蒙古衙门官员在漠南蒙古诸部统计户口,编佐领,设立扎萨克旗。这次设立的旗有

---

① 《清初内国史院满文档案译编》上,第91页。
② 《清太宗实录》卷三七,崇德二年七月癸未。
③ 《清太宗实录》卷三八,崇德二年八月己未。
④ 《清初内国史院满文档案译编》上,第266页。
⑤ 同上书,第250页。

蒙古左翼科尔沁10旗和右翼17旗。① 这是在蒙古部落设扎萨克旗的开端，有关工作都是由蒙古衙门官员阿什达尔汉等在蒙古诸部首领的配合下具体办理完成的。

第四,出使蒙古,传达文书。崇德二年九月,"乙酉,遣内弘文院大学士希福、学士王文奎,内国史院学士罗硕,员外郎席代,内秘书院学士詹霸,蒙古衙门参政艾松古等,赍诰命,封外藩奈曼部落多罗达尔汉郡王衮出斯巴图鲁妻为多罗达尔汉郡王福金。吴喇忒部落多罗杜棱郡王孙杜棱②妻为多罗杜棱郡王福金。四子部落多罗达尔汉卓礼克图俄木布妻为多罗达尔汉卓礼克图福金。多罗达尔汉戴青东妻为多罗达尔汉戴青福金。土默特部落多罗达尔汉单把妻为多罗达尔汉福金。喀喇沁部落多罗杜棱古鲁思辖布妻为多罗杜棱福金。赐衮出斯巴图鲁妻诰命曰:'奉天承运宽温仁圣皇帝制曰:朕闻表章懿德,锡予褒封,乃圣王之常经,古今之通典。今朕诞登大宝,效法前王,爰定藩封,特颁制诰,封尔多罗达尔汉郡王之妻为多罗达尔汉郡王福金,尔其恪守闺箴,毋违妇德,益辅佐尔多罗达尔汉郡王,敬慎持心,忠勤践职,勋垂当世,誉显来兹。钦哉,勿替朕命。'其余诰命文皆同"。③ 文书信息的传递是从蒙古衙门到理藩院一直职掌的工作。

第五,主持办理有关外藩蒙古的礼节性活动。崇德三年(1638)五月,"十四日,苏尼特部落腾吉斯台吉下阿巴图等三十一人来贡马,命蒙古衙门承政尼堪宰羊列筵,宴于礼部。十六日。鄂尔多斯部落额林臣济农等六十四人,土默特部落古禄格章京、陶虎章京等九十六人,共一百六十人来朝贡马、缎等物,遣官迎于五里外演武场,宴之"。④ 这些宴请一般在礼部举办,这或许表明有关外藩的一些礼节性的工作是由礼部和蒙古衙门共同完成的事实。

以上简单考察了蒙古衙门对蒙古工作、活动的情况,从中可以大致了解到蒙古衙门的职掌。此外,应注意的是机构和官制问题。

在蒙古衙门的活动中,频繁出现的官员有阿什达尔汉、达雅齐塔布囊、

---

① 达力扎布:《清初内扎萨克旗的建立问题》,《明清蒙古史论稿》。
② 记载有误,孙杜棱应为翁牛特部多罗杜棱郡王。
③ 《清太宗实录》卷三八,崇德二年九月乙酉。
④ 《清初内国史院满文档案译编》上,第318—319页。

尼堪、塞冷以及上文叙及的艾松古等人。

阿什达尔汉是满洲正白旗人,姓纳兰氏,叶赫贝勒之子。天命四年(1619),大兵灭叶赫国,始臣服于后金国。①

尼堪的生平事迹,以往没有人专门介绍过,在此引用《满洲名臣传》了解他有关蒙古的活动:

> 姓纳喇氏,世居松阿里乌喇。太祖高皇帝时率众来归,赐号巴克什,后隶满洲镶白旗。初以说降蒙古科尔沁部授骑都尉。……(天聪)七年(1633),随贝勒等鞫狱藩部,同行佐领阿什达尔汉以所赍敕谕二十道付尼堪,尼堪委之从役,遂失其九,所司奏劾谕罚如律。是年,蒿齐忒部台吉额林等归顺,命尼堪往迎之。明年正月,收其所部户口,取牲畜以还。七月,上统大军征明,道遇察哈尔部众来降,尼堪奉旨还盛京安置降人家属。……九年,随贝勒岳托驻兵归化城,土默特部长博硕克图之子私与明通,使人往喀尔喀约明使偕来,岳托遣尼堪同参领阿尔津等伺之,擒其使十人及明使四人以献,寻与户部承政英俄尔岱、马福塔等赍谕朝鲜。崇德元年六月,授理藩院承政。二年正月,大军攻克朝鲜国都,上命尼堪同参领吉思哈、佐领叶克舒率八旗及科尔沁、扎鲁特、敖汉、奈曼诸外藩兵征瓦尔喀,将出,朝鲜兵于吉木海列营抗拒。尼堪率师进击大破之……进略瓦尔喀部,即以所获分给外藩将士,遣之还,班师奏凯。寻同承政阿什达尔汉往科尔沁、巴林、札鲁特、喀喇沁诸部颁敕诏,并会诸部王、贝勒清理刑狱。三年五月,部议尼堪于科尔沁察审诸事徇庇失实,应解部任籍家产之半。得旨,解任免籍家产。七月,授理藩院右参政。四年,大军征明,檄调科尔沁诸部兵,来会者俱不及额,诏尼堪会科尔沁王、贝勒等讯其罪,遂历喀喇沁、土默特诸部谳定罪状。五年四月,上以尼堪克副任使,授三等轻车都尉,先是,承政萨穆什喀等征索伦部,俘其众数千,至是复有数百户来归。命尼堪往颁赏赍,并与郭尔罗斯部新附之众共编为八佐领而还。七月,奉谕檄外藩兵征索伦,简其军实。……(顺治)三年,复随豫亲王讨苏尼特部腾机思,大破其

---

① 《八旗通志初集》卷一五四《名臣列传十四》。

众,多斩获。明年,叙功晋三等男,迁本部尚书。……十七年,以疾卒。①

阿什达尔汉、尼堪等官员的登场是在库尔禅、希福等巴克什们逐渐失宠的情形之下实现的。

天聪五年(1631)始设六部时,每部设3至4员。在崇德三年(1638)改制之前,蒙古衙门在同一时间内也不止设一名承政。《满文老档》载:

> 遣员往外藩蒙古诸贝勒大臣处会盟,审议民间奸盗邪乱之事并颁法律。都察院承政国舅阿什达尔汉、蒙古衙门承政达雅齐塔布囊往察哈尔、喀尔喀部诸贝勒处;弘文院大学士希福、蒙古衙门承政尼堪往科尔沁诸贝勒处。伊等所赍书曰:"圣汗谕国舅阿什达尔汉、希福等,着传谕前来会盟之诸和硕亲王、多罗郡王、多罗贝勒及众贝子等曰:'今俟冰冻,即当出师。在此期间,凡欲亲自来朝,或遣人来朝,或来探亲者,俱着停止。此言勿谓系圣汗之谕,可称系尔等之言。至停其前来之缘由,我国内粮米歉收,以粮米赈济之闲散人口甚多,其来朝者之马匹倘以粮喂之,有所不敷,因命停止。此谕勿令他人知之,尔等阅毕密藏之。'"②

这里就出现两名承政,分别是尼堪和达雅齐塔布囊。国舅阿什达尔汉被委以都察院承政,尼堪任为蒙古衙门承政是崇德元年六月。③据《八旗通志初集》载:"达雅齐,满洲正黄旗人。初任部院官,以才能称。崇德元年(1636),奉遣同塔布囊等往察哈尔、喀尔喀、科尔沁诸国,查户口,编牛录。会同外藩诸王台吉等,审罪犯,颁法律,禁奸盗,并有功。寻以事罢官。复以废官奉命遣至明宣府北张家口,与明人创议开立布市,有裨国计。四年议叙,授牛录章京世职。"④和前述记载对比,这里所说"初任部院官"就是暗示达雅齐曾任过蒙古衙门承政。他参与办理外藩蒙古事也可作旁证。

然而,阿什达尔汉在任都察院承政之前,曾担任过蒙古衙门承政。《太宗实录》记载:"增国舅阿什达尔汉敕辞曰,尔为蒙古衙门承政时,审理外藩

---

① 《满洲名臣传》卷五。
② 《内阁藏本满文老档》20,第766页。
③ 《清太宗实录》卷三〇,崇德元年六月丙戌。
④ 《八旗通志初集》卷二〇三《勋臣传三》。

讼狱,不辞勤劳,允称厥职。"①崇德元年(1636)以后阿什达尔汉没有任过蒙古衙门承政是确定的。因此说以上的推断是成立的。

除了承政之外,蒙古衙门还有参政、理事官和拨什库等各级官员和办事人员。

崇德二年七月,"庚午,蒙古衙门承政塔布囊塔雅齐有罪解任,以塞冷代之"。②崇德五年(1640)诰命写道:"塞棱(即塞冷——引者),尔原系蒙古察哈尔汗宗室人,察哈尔汗遁往唐古特时,尔子身来归,授为理藩院参政,不违指令,克勤厥职,殊属可嘉,复擢为三等甲喇章京,仍准再袭四次。赫德缮写。"③

崇德三年(1638),清朝对中央各部院官制采取了改革。首先改定了蒙古衙门的名称。在六月二十九日"圣汗谕定蒙古衙门为理藩院"。④ 接着更定官制,七月二十四日,"先是,六部、督察院、理藩院各设承政、参政,官止二等。崇德三年七月二十五日,宽温仁圣汗命吏部和硕睿亲王更定八衙门官制"。⑤ 具体人事安排是:"理藩院设承政一员,以贝子博洛任之;参政二员:塞冷为左参政,尼堪为右参政;副理事官八员:诺木图、希福讷、胡希格、扈什布、罗毕、阿布达哩、艾松古、罗多里;启心郎敦多惠。"⑥此次在天聪朝的基础上对蒙古衙门进行了扩充改革,从此理藩院制度更为规范。

当年十二月,"初九日,赐理藩院印信仪:奉印信陈黄安,自礼部捧出,参政巴颜、陈邦选,理事官喇玛、启心郎周文野、齐国汝导引至大清门,置丹墀上。理藩院承政贝子博洛受印信,赞礼官赞叩,行三跪九叩头礼毕,跪授内弘文院大学士希福、学士王文魁奉印匣,转授承政贝子博洛,跪受毕,赞礼官赞退,乃退,陈印信于红案上。参政色楞、尼堪捧印案至本衙门,承政博洛随行。承政贝子博洛、参政色楞以赐印信谢恩,行三跪九叩头礼"。⑦

《清朝通典》概括顺治以前蒙古衙门和理藩院的改革问题:"国初设蒙古

---

① 《清太宗实录》卷三七,崇德二年七月癸未。
② 《清太宗实录》卷三七,崇德二年七月庚午。
③ 《清初内国史院满文档案译编》上,第453页。
④ 同上书,第321页。
⑤ 同上书,第340页。
⑥ 同上书,第342页;《清太宗实录》卷42,崇德三年七月丙戌条。
⑦ 《清初内国史院满文档案译编》上,第396页。

衙门承政、参政等官。崇德三年(1638)六月,定蒙古衙门为理藩院。七月,定置承政一员、左右参政各一员。顺治元年改承政为尚书,左右参政为左右侍郎。"①

改制以后,理藩院对蒙古的办公活动,据内国史院满文档及相关蒙古文档案的记载可以概括为如下几种。其中有些明显是继承蒙古衙门的工作而形成的。

第一,礼节性的活动。如,崇德三年七月十五日,"是日,乌珠穆沁部落多尔济济农送郡王阿达礼妻,将至,命阿达礼率贝子和托、都尔库,正黄旗莽古尔泰、满珠西里、额尔科代青、侍卫阿尔喇、马勒济干、丹代,镶红旗吴善,镶蓝旗虎希布,正蓝旗布丹,正白旗德木图,礼部承政曼达尔汉、启心郎祁充格、参政都尔济,理藩院承政色棱,渡辽河迎之,十八日相会,以会见礼,杀牲十九之数,迎宴多尔济济农"。②迎接、欢送外藩朝觐人员及其日常的安排都由理藩院办理。此外,外藩进贡物品的接收和清廷的赏赐也是通过理藩院官员实现的。如,当年十二月二十三日,"是日,扎鲁特部落桑噶尔下伊苏德尔等三人,获炮五位来献。本日,赐之佛头青布七匹。理藩院参政尼堪赏之"。③还有,对蒙古王公的吊唁也由理藩院完成。如,顺治十四年(1657)十月,"二十三日,上赐祭文、纸、羊、酒等,派理藩院员外郎安达海读祝,奠酒,照例致祭乌珠穆沁色楞额尔德尼贝勒下三等台吉和多和沁"。④

第二,参与对蒙古规章制度的订立。崇德四年(1639)十一月,"二十三日。理藩院奉命定制:外藩诸王、贝勒,若以猎兽肉尽数进献,必劳其民驿马疲瘦。嗣后,诸王、贝勒,若以猎获兽肉进献,献猪二头,鹿二只,共四即可。若未获猪鹿,献狍子黄羊,共九即可。"⑤

第三,会审案件。崇德四年(1639)十一月,"十三日,上命参政塞冷、尼堪,副理事官希佛纳、奈格、富喀,审事官等率正黄旗耨德依、正红旗下鄂克绰木、镶红旗下吴巴里、正蓝旗下绰斯齐等,召喀喇沁、土默特贝子、塔布囊

---

① (清)乾隆官修:《皇朝通典》卷二六《职官四》,浙江古籍出版社,2000年。
② 《清初内国史院满文档案译编》上,第332页。
③ 同上书,第400页。
④ 《清初内国史院满文档案译编》下,第372页。
⑤ 《清初内国史院满文档案译编》上,第448页。

等于迈赖衮鄂罗木(mailai gun olom)地方,会审锦南府中后所两次出征时,出兵不足诸事宜。喀尔喀土谢图汗下多尔济台吉、陶齐,至镶红旗下布彦岱处,又曾至土默特部落扎萨衮达尔汉、多尔济家。遂以札萨衮达尔汉、多尔济任其出入,议扎萨衮达尔汉罚马五十匹,多尔济罚马二十匹。奏闻上,上命扎萨衮达尔汉罚马一九数,多尔济罚马一匹。"①崇德七年(1642)四月,"科尔沁和硕墨尔根福晋之牛三十九头被盗,追蹑至绰诺和处,绰诺和拨牛十八头与之。参政塞冷等审之,绰诺和偷盗果实,遂议绰诺和偿还其牛,并罚牲畜九九之数。奏闻,上命依议偿还其牛,罚牲畜九九之数,给与和硕墨尔根福晋"。②顺治七年(1650),鄂尔多斯发生扎木苏叛逃事件,理藩院官员也参与审理其案。③

第四,参与在蒙古及其附近地区的军事行动。顺治三年(1646)十二月,议叙追剿苏尼特王腾机思战争之功:"和硕德豫亲王率兵追歼腾吉思之次,曾遣正蓝旗为署护军统领叶希、镶黄旗为甲喇章京巴赛、正红旗属理藩院员外郎桃赖率满蒙兵百人,赴扬吉喇齐山除卡。彼等前去后,遇有卡伦,拿获一人,获马一百五十,然未尽力歼其步兵便返回。为此拟罚叶希、巴赛银各百两,夺俘兵;桃赖拟罚银五十两,夺俘兵。启和硕德豫亲王,叶希、巴赛、桃赖均免罚银,仅夺俘兵。"④顺治十一年(1654)十二月,理藩院阿思哈尼昂邦、正白旗希达里、护军甲喇章京镶黄旗牙博伊及顺路外蒙古章京、兵丁一千等全部官属兵丁,由正白旗蒙古旗固山额真明安达礼统率,往征罗刹于黑龙江。⑤

第五,派遣使者前去蒙古传达信息。顺治七年(1650)十二月,"二十二日。降旨遣皇上侍卫桑阿尔寨、皇父摄政王侍卫乌巴丹、理藩院员外郎图鲁依等出使喀尔喀"。⑥

第六,救济贫困。崇德三年(1638)七月,宽温仁圣汗谕曰:"我国新旧满

---

① 《清初内国史院满文档案译编》上,第442—443页;《十七世纪蒙古文文书档案(1600—1650)》,第255—256页。
② 《清初内国史院满文档案译编》上,第473页。
③ 《清初内国史院满文档案译编》下,第156页。
④ 《清初内国史院满文档案译编》中,第340页。
⑤ 《清初内国史院满文档案译编》下,第336页。
⑥ 同上书,第154页。

洲、旧蒙古及新旧汉人,有贫困不能娶妻、披甲不能买马及有勇敢堪充行伍而家贫不能披甲者,皆许自陈,先告于本牛录章京,牛录章京率之告于固山额真,固山额真详闻,即带陈诉之人及牛录章京启知本王、贝勒、贝子。……新附蒙古无妻奴马匹者,则陈诸理藩院承政色楞、尼堪。该部大臣,即详向该陈诉之人,察其等级,及从前给过之物,若给养既已相称,而诳称贫困者,弗与之,若给养之物不相称,而贫困是实,则启知本王、贝勒、贝子,本王、贝勒、贝子等收而养之则已。"①当时,有关救济贫困方面的谕旨还有很多。

第七,管理喇嘛事务。崇德三年十二月,"二十九日,以喇嘛等不遵戒律,上遣察汉喇嘛、戴倾囊苏、理藩院参政尼堪、一等内侍卫鄂博特、沙济达喇等谕席勒图绰尔济曰:'朕闻尔等众喇嘛,不遵喇嘛戒律,肆意妄行等语。朕蒙天佑,为大国之主,治理国政。今其不遵戒律,任意妄行者,朕若不惩治,谁则治之?凡人请喇嘛诵经者,必率众喇嘛同往,不许一二人私行,且尔等众喇嘛不出征行猎,除徒弟外,他人何用?'喇嘛等曰:'然,多余之人,俱当遣还。'察汉喇嘛、戴青囊苏、理藩院参政尼堪、一等内侍卫俄博特、沙济达腊等以喇嘛直言具奏,上曰:'喇嘛处闲人虽多,然须于其中择能随征行猎有用壮丁,方可取之,否则,取之何用?乃止。于是,内齐托音喇嘛及诸无行喇嘛等私自收集徒弟、汉人、朝鲜人等,俱断出携回,给还本主,给以妻室。以土谢图亲王下喇嘛一名、扎鲁特部落青巴图鲁下喇嘛一名,不遵喇嘛戒律,肆行妄为,令之娶妻,其又不从,阉之。'"②

第八,和未附蒙古部的各种交往。当时,漠南蒙古已全部归附清朝,但外喀尔喀和在青藏地区的和硕特及阿尔泰地区的准噶尔等蒙古诸部依然保持其独立态势,和他们的交往也是由理藩院负责完成的。顺治三年(1646)四年,"初二日。为来朝贡马之喀尔喀扎萨克图汗岱青哈谈巴图鲁青台吉一行六十二人,及喀尔喀麦达里胡土克图下车臣喇嘛一行二十四人,合八十六人,以见面礼赐宴于礼部,杀牛一、羊三,并备果品,共设席二十五,用酒八瓶、土产酒一瓶、茶八桶,由侍郎阿哈尼堪、理事官巴岱、理藩院侍郎尼堪宴

---

① 《清初内国史院满文档案译编》上,第334页。
② 同上书,第405页。

之。"①顺治十五年(1658)十二月,"敕谕厄鲁特车臣台吉等曰:帝王抚有四海,画土分疆,谨防关隘,所以严中外,安远人也。朕素以怀柔为心,欲与尔等共享升平,凡属小过,绝不苛求。乃迩年以来,该督、抚、按屡奏尔等侵犯内地,攘夺牛马,抗拒官军,追协番人,故特遣兵部右侍郎石图、理藩院启心郎鼐格等勘明其事"。②

第九,有关以上活动的文书记录工作也是理藩院职掌之一。正因注意建立比较规范的文书工作制度,崇德年间的档案资料逐渐丰富,为后人的研究提供了方便。

改制后的理藩院,其官制制度更为规范化,工作也更繁忙,在清朝有效管辖漠南蒙古诸部的进程中起到了更为重要的作用。

概括而言,太宗时期在满蒙关系史和清代蒙古史上是非常关键的历史转折时期。这一时期后金(清)政策的影响深远。

天聪朝满蒙关系是从对察哈尔和明朝的军事行动开始发生变化的。战前满蒙关系是在盟誓基础上,较为平等的同盟关系,而这一同盟关系渐渐在后金领导下的统一军事行动的基础上,向后金对漠南蒙古诸部实施有效管辖的道路上迈进。

清代蒙古诸部被分为内属和外藩(后来的扎萨克旗)也是从此时开始的。有些蒙古部落(毛明安等)或因叛离牧地,或因不适应角色的转变,被后金打击削弱,以致后来无力单独成立扎萨克旗。而另外一些蒙古部落则在这期间因表现突出而得到单独成立扎萨克旗的资格。其典型代表是内喀尔喀的巴林和扎鲁特二部。

牧地的划分对整个有清一代蒙古的政治、经济和社会的影响深远。在天聪时期,首先划定漠南蒙古的东部诸部落之牧地,为全体蒙古部落的牧地划分打下了基础。牧地划分的规定是严格执行的,后期有关规定更加细化。尤其是视"越界者为敌"的规定,一度使蒙古诸部很不适应,这和以前的游牧生活极为不同。清中后期这种情况发生了一些变化,但有关法令却肇开蒙古社会定居化的先河。

---

① 《清初内国史院满文档案译编》中,第298页。
② 《清初内国史院满文档案译编》下,第384页。

四、清初会盟制的演变

包括蒙古、满洲以及他们的祖先在内,北亚、东北亚的古代民族都有贵族议事会制度,但蒙元之前的名称我们已经无从知晓,从蒙元时期开始称这种制度为"忽里台",或"忽邻勒塔"。蒙古的忽里台是部落和部落联盟议事会,用于推举首领、决定征战等大事。入元以后,忽里台即大朝会的形式保存下来,历朝皇帝即位都要召开忽里台,举行仪式,颁发赏赐。忽里台也是宣布新定制度的会议。①

但是,到北元时期,蒙古人把这种会议改称为"čiɣulɣan"(楚古勒罕)了。苏联时期的蒙古学家符拉基米尔佐夫研究过北元时期的会盟制度,指出:"战争与和平问题,一切公共事务,都在这些集会上来解决;有时只为庆祝和娱乐而举行王公的集会。但会议所讨论的多半是包括有若干汗国和大领地的某一广大地域内各封建主间的相互关系如何安排的问题。这种集会的决议常以'律例'或'法典'的形式编纂起来,作为出席会议的全体领主所必须遵守的法令。"②我们今天看到的《白桦法典》和《蒙古卫拉特法典》都是在外喀尔喀和卫拉特各部长的"楚古勒罕"上制定出来的。

有学者通过研究《白桦法典》的文本,指出当时(16 世纪晚期至 17 世纪初期)的外喀尔喀包括立汗、洪台吉及征战、制定律令等大小事务均由会盟来解决。③ 1616 年昆都伦楚琥尔诺颜主持制定的《火龙年小律令》第 2 条规定:"若从异部族传来紧急情报,诺颜们须亲自前往边境和硕会集。若情属不急,则以单骑[一人]赴会。谁若拒赴这两个聚会,则处以大例。从哪个方向来紧急情报,应立即报知该方向之和硕渥巴森扎。若在兀鲁思内部商议政事,则聚集于汗、太后、诺颜之三大努图克中心地。……若[会盟]系征战之事,则在大纛所在处会集。"④法令规定敌方来袭击时会盟协商及违反此法

---

① 参见《中国大百科全书·中国历史·元史》,中国大百科全书出版社,1985 年,第 44—45 页。

② 〔苏〕Б. Я. 符拉基米尔佐夫著,刘荣焌译:《蒙古社会制度史》,中国社会科学出版社,1980 年,第 276 页。

③ 图雅:《〈桦树皮律令〉研究——以文献学研究为中心》,内蒙古大学博士学位论文,2007 年,第 97 页。

④ 同上书,第 79 页。

令的惩罚办法。

另外,有关漠南蒙古的会盟情况,明萧大亨的《北虏风俗》"战阵"条载:

> 夫虏之犯顺也,其小入零窃,则无如我何,独纠众大举,则往往得志去。尝闻虏之大举也,不缔盟与国,则藉援婚姻,合群而部署之,辄逾数月。始则虏王令人持三尺之挺,昼夜兼程谕诸部,约以某月某日集于幕中,敢有愆期者,必罹重罚。至期,诸部果毕至。至则迸逐左右,不令与闻,独召各酋长入幕议所掠事。议毕,仍令散归各部,备弓矢甲胄及牲畜若干以充军需,至某日会于某所,敢有愆期不毕会者,仍罹重罚。至期,诸部又毕至。虏所重者,坐纛也。其虏王之纛,列之于中,诸酋之纛,则横列如雁行。大会群夷于纛下。是日杀牲致祭,俱南面叩首,祈神之佑。祭毕,大享群夷,誓师启行。……及虏既归,仍以纛竖之如前,将所获一人生束之,斩于纛下,然后会众论功。①

虏王是指察哈尔汗,各酋长是指蒙古各部之长。萧大亨在此描述漠南蒙古各部在察哈尔汗的主持下会盟商讨和征伐明朝的经过。一般会盟被看作是协商部落间事务的较为松散的组织形式。但从以上记述看,有些规定还是很有约束力的,如"敢有愆期者必罹重罚"和会盟地点等。看来,经过较长时间的发展,会盟制也愈加制度化、规范化。

本文关注的是会盟制在后金、清初对蒙古的管辖中所起到的作用问题,尤其是北元至后金时期会盟制的演变问题,如会盟的时间、地点、人员和商议事项等。

第一,时间和地点问题。

田山茂探讨清初会盟制时,首先以天聪八年(1634)太宗派遣阿什达尔汉和达雅齐塔布囊到硕翁科尔齐集蒙古各部之长的会盟为例,并指出"在蒙古设盟,并定为三年一盟的定期会盟,在内札萨克方面,是顺治年间,在外札萨克方面,是康熙二十九年前后施行的"。②

达力扎布首先引用康熙四十九年(1710)清圣祖玄烨话说:"会盟之事肇

---

① 〔明〕萧大亨:《北虏风俗·战阵》。
② 〔日〕田山茂著,潘世宪译:《清代蒙古社会制度》,商务印书馆,1987年,第197—198页。

自太宗文皇帝,三年一次遣大臣会盟,朕遵行已久。"①并分析说:"会盟之事可以说始自清太宗,但是据清代史籍记载,三年一盟的制度似始于清朝入关以后,即顺治末、康熙初,到康熙初年才有三年一盟的确切记载。"②

那么,对努尔哈赤时代和蒙古各部的会盟怎样理解呢?有关会盟的最早记录出现在《满文老档》天命九年(1624)正月:

> 二十八日,喀尔喀之达尔汉巴图鲁贝勒,因其子恩格德尔额驸、莽古尔岱之故遣二人携其书曰:"达尔汉巴图鲁亲家夫妇谨奏于英明汗:与大国行事之前,蒙汗眷佑以女相嫁。又因嫁女于不相往来之五部喀尔喀,尔之二位亲家信而前往结盟,出兵将恩格德尔、莽古尔岱二人遣散。会盟以后,停止逃人及亲戚往来。汗亲家与我曾言不存悖逆之念。恩格德尔、莽古尔岱请愿前往,我岂能劝阻此二人二马耶。既信于汗亲家,则赖汗而存之。此乃大国之言也。"③

"会盟"字样首先出现在内喀尔喀首领的文书中,这一词对应的满文是culgan,明显是从蒙古语Čiɣulɣan的口语形式转变而来。虽然此时的史料才出现"会盟"字样,但是依照达尔汉巴图鲁贝勒的说法,已将天命四年(1619)后金和喀尔喀立誓活动视为一种会盟行为了。随着后金和蒙古各部的频繁交往,后金的文臣们对蒙古会盟制的了解逐渐深入,在后金权力运行当中便开始出现会盟制度了。

纵观后金(清)和漠南蒙古各部的会盟时间和地点,这种活动从天命年间就开始了。到天聪朝时,其频率更高。天聪五年(1631)四月及当年十二月、天聪八年(1634)十二月、崇德元年(1636)十月至十一月、崇德二年(1637)正月、崇德四年(1639)等都是举行会盟的年月。据《满洲名臣传》阿什达尔汉传,他在崇德元年(1636)十月"偕文臣希福往察哈尔、喀尔喀、科尔沁部,明刑申禁宣谕而还。……明年(1637)正月……会遣大臣往科尔沁、巴淋(即巴林——引用者)、扎鲁特、喀喇沁、土默特、[阿]禄等部颁敕诏,并会

---

① 《清圣祖实录》卷二四二,康熙四十九年四月乙巳。
② 达力扎布:《明代漠南蒙古历史研究》,第357页。他的后续研究有《清代外藩蒙古会盟制度浅谈》,《纪念王钟翰先生百年诞辰学术文集》,中央民族大学出版社,2013年。
③ 《内阁藏本满文老档》19,第218—219页。

诸外藩清理刑狱,阿什达尔汉为正使。"①崇德四年(1639),"大军征明,檄调科尔沁诸部兵,来者俱不及额,诏尼堪会科尔沁王、贝勒等,讯其罪,遂历喀喇沁、土默特诸部谳定罪状"。②

总结有限的资料后发现,入关前的记述中没有三年一次举行会盟的记载。据康熙三年(1664)内秘书院档载,康熙帝针对当时蒙古各部诉讼案件多而长年得不到解决的问题说:"朕想原先三年一次会盟。从在盛京以来屡次会盟,应办理完结以往互告之案件。"③这种说法与上述康熙四十九年(1710)的说法基本相同,即再次说明三年一次会盟的制度是从盛京时代(1644年以前)就开始了。但可能并不是每次都按期举行,也不一定都是三年一次。

至于会盟的地点,最初的地名都没有记录下来。从后来的记载看,有硕翁科尔、土谢图王府、古尔班察罕、滔里河④波洛代刚甘、迈赖滚俄罗木等地。达力扎布引用后三个地名说:"这是后来哲里木、昭乌达、卓索图三盟的滥觞。"⑤看来会盟地点是经历一段时间后才逐渐固定下来的。

第二,参加的人员和部落问题。

首先看会盟时到场的蒙古部落,这是随着前来归附部落的逐年增加而相应增多的。刚开始有内喀尔喀各部(扎鲁特、巴林等),后来科尔沁、喀喇沁、土默特、敖汉、奈曼、阿禄诸部(翁牛特、四子王、阿禄科尔沁、喀喇车里克等)等都参加过后金主持的会盟。

后金方面,最初皇太极也参加过。可见初期后金非常重视和蒙古的关系,会盟在盛京附近举行。如,天聪五年(1631)四月天聪汗召集蒙古诸贝勒会盟,"初九日,召集科尔沁部诸贝勒、阿鲁四子部落及其他蒙古众台吉会盟,杀羊八、牛二。设宴时,喀尔喀部噶儿图台吉、班钦台吉见汗,遥拜,复近前叩拜一次,抱汗膝相见。拜见两大贝勒,亦如见汗礼见之。见毕,命住于

---

① 《满洲名臣传》卷三。
② 《满洲名臣传》卷五。
③ 《清内秘书院蒙古文档案汇编》第六辑,第242—245页。
④ 达力扎布认为:"似为今洮儿河。"《明代漠南蒙古历史研究》,第355页。
⑤ 《明代漠南蒙古历史研究》,第355页。

左侧远处所设之账房内。噶尔图台吉、班钦台吉各献汗马二,悉却之"。① 后来双方实力发生了明显的变化,后金汗再也没有亲临现场。在一段时间,派遣济尔哈朗、萨哈廉等诸王前去和蒙古诸王会盟制定法令等。到后来诸王也不去了,只是派蒙古衙门官员和文官等前去召集蒙古王公、台吉会盟。阿什达尔汉、达雅齐塔布囊、希福巴克什、尼堪都是会盟的常客,还有一些临时派遣的人员,如满洲八旗各旗使者等。

此外应澄清的一个问题是,天聪年间有没有设盟长一职? 以前的学者根据汉译《满文老档》天聪五年(1631)十二月的记载认为当时就有盟长一职。② 其实,此处"盟长"字样的满文原为 culgan-i data,日译者将其译为"会盟的头目等",③意义不清楚。但是,和蒙古文文书对照后发现,这里的蒙古文对应词是 Čiγulγačin noyad,应该翻译为"参与会盟的诺颜们"或"参加会盟的台吉们"。这就否定了当时设有专职盟长的说法,而起召集和监督作用的是清廷派去的大臣。

第三,商议和办理、解决的事项。

举行会盟的目的是后金(清)的军事协力要求所决定的。④ 因此,当初会盟办理的事情与此有关,如不按后金命令出兵协力就会受到惩罚。天聪五年(1631),从征伐明朝的战争归来后,五月"初七日,命阿什达尔汉舅舅、希福巴克什往科尔沁议和会盟,议罚未出征、未来会盟之诸贝勒"。⑤ 又据档案载:

> (天聪五年[1631]十二月)是日,遣使前往蒙古。遣拜里往孙杜稜、班迪卫征、达赖寨桑、萨扬墨尔根、巴木布楚虎尔、东戴青等处,关堆往达赖楚虎尔、达喇额克、海色巴图鲁、四子部落等处,苏达里往巴林、伊苏特、喀喇车里克、喀喇沁、土默特部诸台吉塔布囊等处,鄂齐图往敖汉、奈曼及扎鲁特部右翼、左翼等处。此四人所赍书云:"汗谕曰:管旗诸台吉等,携所有交换之罪人,当于正月初六日集于四子部落处。倘有

---

① 《内阁藏本满文老档》20,第 572 页。
② 达力扎布:《明代漠南蒙古历史研究》,第 357 页。
③ 《满文老档》太宗 2,第 616 页。
④ 相同观点,见《清代蒙古社会制度》,第 197 页。
⑤ 《内阁藏本满文老档》20,第 575 页。

如期不来集齐者,则盟长等令其下马,驰驿时令台吉等自乘马驹,其余人犯可乘牛驼,切勿劳累壮马。明抢之盗有几,均执之来。倘有隐匿贼犯或纵令逃跑者,则罪其主。"①

在此,后金要求交换的罪犯是"大盗",和前述"不出征、不会盟"罪不同,与军事无关,表明后金的统治已开始深入管理蒙古社会内部的民事案件的过程中了。从后金后期到清朝的很长一段时间内,满洲统治者非常注意治理蒙古地方的盗贼案件。会盟任务中的"清理刑名"的规定很大程度上指的是对这种盗贼案件的审办。可见在会盟上清理刑名是较早开始的。崇德元年(1636)十月,"遣员往外藩蒙古诸贝勒大臣处会盟,审议民间奸盗邪乱之案并颁法律。都察院承政国舅阿什达尔汉、蒙古衙门承政达雅齐塔布囊往察哈尔、喀尔喀部诸贝勒处,弘文院大学士希福、蒙古衙门承政尼堪往科尔沁部诸贝勒处"。②

当初会盟的另外一项任务是划定蒙古诸部牧地。天聪八年(1634)十一月,"初十日,先是,舅阿希达尔汉、达雅齐塔布囊往外蒙古与诸贝勒会盟,分划牧地。至是还奏"。③ 这次划分牧地是在当年十月会盟的主要议题。《实录》对这次会盟情况记载较详细:

> 壬戌。前遣国舅阿什达尔汉、达雅齐塔布囊往外藩蒙古与诸贝勒议事分划牧地,至是还。报会议之事言,本年十月二十二日,臣等二人与两黄旗下多诺楚虎尔、达赖,两红旗下寨桑榜式、吴巴里山津,两白旗下塞冷塔布囊、阿都海,两蓝旗下卫征虓、班札尔,敖汉、奈曼、巴林、札尔特、翁牛忒、四子、塔赖、吴喇忒、喀喇沁、土默特各部落管事大小诸贝勒,大会于春科尔地方,分给蒙古诸贝勒地。翁牛忒与巴林以胡喇虎、胡虎布里都为界,巴林与镶蓝旗以克里叶哈达、胡济尔阿达克为界,两红旗与奈曼以巴噶阿尔合邨、巴噶什鲁苏忒为界,敖汉与正蓝旗以札噶

---

① 《内阁藏本满文老档满》(20,第599—600页)对这段文字的翻译有错讹。笔者根据李保文公布的档案(《写于17世纪初叶的43份蒙文书信》续,《内蒙古社会科学》蒙古文,1996年第2期)纠正。
② 《内阁藏本满文老档》20,第766页。
③ 《清初内国史院满文档案译编》上,第119页。

苏台、囊家台为界,镶蓝旗与四子部落以杜木大都藤格里克、倭朵尔台为界,塔赖达尔汉与两白旗以塔喇布喇克、孙岛为界,正蓝旗与札鲁特以诺绰噶尔(应为绰诺高勒——引者)、多布图俄鲁木为界,合计地界大势西南至噶古尔苏,西至纳喇苏台,西北至哈尔占,北至胡喇虎、克里叶哈达、巴噶阿尔合邵、札噶苏台、杜木大都藤格里克、塔喇布喇克、诺绰噶尔,东北至纳噶台,东至兀蓝达噶胡里也图,东南至哈尔噶巴尔,南至多布图俄鲁木、胡得勒、乌讷格图莽喀、布木巴图、胡鲁苏台、古尔班充谷尔、库痕尼哈喇合邵、噶海、茅高阿大克、门绰克、什喇虎敖塔孛罗、兀喇汉哈达等处。倘有越此定界者,坐以侵犯之罪。至于往来驻牧,应会齐移动,不许参差。

其分定地方户口之数,正黄旗二千户,镶黄旗六百户,正红旗八百二十户,镶红旗八百三十户,镶蓝旗六百七十户,正白旗六百四十户,镶白旗七百户,正蓝旗七百户,敖汉一千八百户,奈曼一千四百户,巴林塞特尔八百户,满朱习礼八百户,达尔汉巴图鲁、土巴二千四百五十户,内齐、土巴济农二千户,四子部落土门达尔汉二千户,塔赖达尔汉、车根塞冷二千户,杜稜济农二千户,陈代青二千户,共计一万五千二百户。

复以会同审断罪案,分款奏闻。一,奈曼部落衮出斯巴图鲁于征大同、宣府时,争夺俘获,斫伤喀喇沁琐诺木塔布囊部下布颜图头颅。达赖吴巴什、脱固塔布囊、纳哈虾、喀喇沁部落布牙什里浑津、博第榜式等五臣不以衮出斯巴图鲁事赴告于会审之所,乃私议于达赖吴巴什家,衮出斯巴图鲁应罚牲畜八十一只,止议罚十六只,有违律令。会审诸贝勒议,坐衮出斯巴图鲁以违令罪,离其部众。其违例私议之五臣,论死,妻子入官。山津于彼等私议时,不谏,亦拟罚牲畜二十七只。上曰:"诸贝勒大臣所议良是,此辈过恶,何足较量。衮出斯巴图鲁姑免离部众,罚马二百匹、驼十只。五臣亦免死,达赖吴巴什、纳恰虾各罚牲畜八十一只,脱固塔布囊、布牙什里浑津、博第榜式各罚牲畜二十七只,山津罚牲畜九只。仍令给衮出斯巴图鲁斫伤之人牲畜八十一只。"塔赖楚虎尔部下一人奔入奈曼俄齐尔部落,依其亲戚,业农为生,畜有二牛。俄齐尔不问其主,私杀其一食之。初议罚牲畜二十七只。俄齐尔诬国舅阿什达尔汉审断不公,疏闻于上。会审诸贝勒大臣覆审,并无徇庇,议罚俄齐尔马百匹、驼十只。上曰:"尔等所议良是,似此过恶,何足较量,今姑罚牲畜二十七只。"一,翁牛忒部落塔喇海、班第二人,越所限地界,私至哈尔占、哈赖木轮地方。议罚马千匹、驼百只。上命从宽各罚马百匹、驼十只。令八旗各分一分,俄木布达尔汉卓礼克图、塔赖楚虎尔、吴喇忒各一分,车根半分。一,奈曼部落衮出斯巴图鲁围大同、朔州、井坪三城时,不依指授,汛地立营,私驻营外。议罚马三千匹、驼三百只。上命从宽,罚马百匹、驼十只。令八旗各分一分,杜稜济农、东代青、达尔汉卓礼克图、塔赖、吴喇忒各一分,车根半分。其衮出斯巴图鲁因斫伤喀喇沁部落琐诺木塔布囊下布颜图头颅,所罚马百匹、驼十只,亦令八旗各分一分,审事贝勒塞本达尔汉巴图鲁、内齐、东代青、俄木布、达尔汉卓礼克图、塔赖、吴喇忒各分一分,车根半分。①

后金通过会盟制度,掌握了对蒙古部划定牧地、审断罪案等权力。尤其是案件的审断,蒙古首领们虽然参加会审,但不能私下审断。上文所述奈曼部衮出斯巴图鲁砍伤喀喇沁部琐诺木塔布囊下布颜图头颅案件的审理就很说明问题。

崇德元年(1636)查户口、编佐领也是通过会盟办理的。当年十一月"巴克什希福、尼堪奉圣汗命率阿布达尔汉、巴雅尔、镶黄旗色稜、正白旗阿陶盖、正蓝旗博勒格依,于十月十六日前往科尔沁部会盟。召贝子班迪额驸、阿玉希、内齐、桑图、巴雅尔图、额登、达尔汉卓里克图、索诺姆、伊尔扎姆、达赖、海色、杜稜郡王、达尔汉戴青、萨扬、巴木布、茂明安之巴特玛等,于所定二十六日会于土谢图亲王府。此次会盟,查户口,以五十家编为一牛录,造具牛录章京姓名及甲兵数目册籍,并议一切事务"。② 在这次会盟上"造载牛录章京姓名及甲兵数目册籍"以后,清朝非常重视"编审丁籍"的问题,这就是《大清会典》和《理藩院则例》相关规定的来源。顺治九年(1652)、十四年(1657)、十七年(1660)档案都记载了清朝方面重申强调编审丁籍的重要性。如顺治九年内秘书院档载:"至编查壮丁,务将所属丁数细加查点,毋得隐

---

① 康熙本《清太宗实录》卷二一,天聪八年十一月壬戌。
② 《内阁藏本满文老档》20,第784页。

漏,倘有隐漏,后经发觉,从重治罪。"[1]这一规定和前述"清理刑名"一同成为后期会盟的两项主要内容:

一种主要制度的有效运行需要与其配套的辅助措施,包括奖惩和礼节等。会盟制也不例外,发展到一定时期之后,其配套措施也应运而生。后金对蒙古的赏赐和惩处就是这一措施的具体表现形式。

第一,对未前来参加会盟的各部长惩处的决议。

天聪六年(1632)三月,皇太极又致书科尔沁部绰思吉,谴责其不参加会盟的行为。其文如下:

转写:

sečen qaɣan-u ĵarliɣ bičiɣ: čosɣi-du ilegebe. ayan čiɣulɣan qoyar-tu ölü irem ta. qaĵaɣai buruɣu nutuɣlaĵu yabuĵu ulus mal-iyan abtaɣad ende kelekü kereg boyu. bolba yaɣubi tan-i maɣu-yi sanamu. čuɣlaqu bolĵuɣan-i ɣaĵar-a ire. tende kelelčey-e.[2]

汉译:

天聪汗谕绰思吉曰:尔不前来参加战争和会盟,亦不在指定牧地居住而被抢劫牲畜,告到我处何用? 既如此,不会责怪尔等,令尔前来赴会,再商议。

后金提出,如果蒙古各部不参加会盟,不遵守法令,则后金不负责保护他们。天聪七年(1633)十月,"先是扎赖特部台吉海赖,以会盟不至,及行军失约罪之。至是,台吉海赖戴罪来朝,献驼一头,马八匹。汗纳马二匹,余皆却之,又以前罪,罚马七匹"。[3]可见,后金奖惩制度的实施是比较分明的。

第二,定外藩蒙古诸王贝勒接旨受赏仪制。这种有关会盟制度的礼节性规定是在崇德元年(1636)改国号为"大清"之后公布的。其规定如下:

---

[1] 《清内秘书院蒙古文档案汇编》第三辑,第316页。相同内容见《清世祖实录》卷六三,顺治九年二月丁巳。该条规定后正式编入《康熙六年修订蒙古律例》(《清内阁蒙古堂档》卷二二,第344—345页,内蒙古人民出版社,2005年)。

[2] 李保文、南快:《写于17世纪初叶的43份蒙古书信》,《内蒙古社会科学》(蒙古文)1996年第2期。

[3] 《清初内国史院满文档案译编》上,第41页。

（崇德元年十月）圣汗凡遣部院首辅大臣前往外藩蒙古诸和硕亲王、多罗郡王、多罗贝勒处会盟，或办理政事，或鞠审罪犯，则王之部下人即以来臣之职名及事由，先驰告诸王知之，王闻之，即至五里外迎接。倘有谕书，诸王率众均皆下马，排班立于西，俟谕书经过后，方可上马随后进前，伴随谕书到府，即设案拈香，赍书大臣陈书于案上毕，在东侧面西站。王行一跪三叩礼，不起，赍书大臣将书自案上取下，授与读祝人。读祝人立读毕，呈与王。王双手接之，授与属员，行一跪三叩礼。礼毕，先将谕书收起。王与使臣互行一跪一叩礼毕，虚中位，使臣于东面，王于西面对坐。若无谕书，则王即于马上相见，陪伴左右，至府下马，互行一跪一叩礼。礼毕，王在西面，使臣在东面对坐。宣谕时，王跪聆听。若以送圣汗恩赏，办理小事遣大臣或侍卫等往，王之部下亦以使臣职名及事由，先告王知之。诸王出其营迎至府，呈赏物时，跪受。若系衣物，则即服之，向汗行二跪六叩礼。若系平常财帛、食物，亦跪受，仍行二跪六叩礼。礼毕，仍虚中位，王坐于东，使臣坐于西。送行使臣，必送至迎接之处。外藩诸王、贝勒、贝子遣人朝贺进献，圣汗若恩赏其主，令来人赍还，则到府后，王亦自府出迎领受，向汗行二跪六叩礼。内外和硕亲王、多罗郡王、多罗贝勒、固山贝子等，互相遣使往来，仍遵旧制。[①]

繁琐的礼节背后表现的是汗权的威力。这一规定后来编入清朝典章制度类书籍，如《康熙六年修订蒙古律例》及其后编纂的康熙朝《大清会典》、乾隆朝《大清会典事例》和嘉庆朝《理藩院则例》等，成为正式的律例。

第二节 清初的封爵与蒙古贵族的分流

"身份"是指法律或习惯所规定的社会成员的地位、生活方式和特权等。北元时期蒙古贵族的名号有汗、济农、洪台吉、王、台吉、塔布囊等，作为兀鲁

[①] 《内阁藏本满文老档》20，第766—767页；《清内秘书院蒙古文档案汇编》第一辑，第181—189页；《康熙六年修订蒙古律例》(《清内阁蒙古堂档》卷二二，第264—268页)，《理藩院则例》卷三十《会盟·会盟仪注》；《大清会典事例·理藩院·会盟》。

思、鄂托克等首领而世袭其地位的,主要是成吉思汗或其同族的子孙后裔。①蒙古诸部贵族等率领各自的部落或自愿归附,或被迫投降,后金(清)根据他们的系谱、功劳封为各级王公(包括台吉、塔布囊),将原来众多的蒙古贵族阶层重新划分等级身份,这就是清初蒙古台吉等贵族的分流及其相关社会结构的重大变化。

一、16 世纪末 17 世纪初的满蒙台吉

伯希和指出,"taiji"(台吉)这个蒙古语是从汉语"太子"发展而来,并在元朝时期开始使用了。② 符拉基米尔佐夫研究北元时期蒙古社会制度时说过:

> 现在转过来说封建阶级的最上层,即成吉思汗系拥有分地的诸王。他们在元代已经不叫卜温,而是称为借自汉语的 taiji(台吉)了。这个称号直到现在(20 世纪二三十年代——引者)还保存着完全相同的意义,这使我们往往能够认出蒙古编年史和蒙古故事的原文。只有阿勒坦·兀鲁克(黄金氏族)的真正成员,也速该把阿秃儿和成吉思汗的后裔才能称为台吉,其他任何人无论如何都无权使用这个称号。此外,合撒儿(xosar)和成吉思汗其他兄弟的后裔,在元朝以后的时代常袭用王(蒙古语为 ong＜vang)的称号。在元代只有皇太子才能使用的 xong-taiji(鸿台吉)的称号,当时得到了广泛的使用。回到"草原"以后,许多宗王开始用这个称号来显示他们领地的广大和权势的强盛,而这个称号直到现在还是被保存着的。③

符拉基米尔佐夫论述的是北元或明代中期以前的状况。如据 17 世纪初写成的佚名《黄金史纲》记载,买的里八喇额勒伯克·尼古埒苏克齐汗(1394—1399 年在位)之弟叫"qarqučaγ dügüreng temür qong taiǰi"(哈尔固楚克都古楞特穆尔洪台吉)。④ 除了此人之外,在前书中很难找到其他称为台吉的黄金家族后裔。而查看 1662 年形成的《蒙古源流》就知道台吉这一名称逐

---

① 〔日〕田山茂著,潘世宪译:《清代蒙古社会制度》,第 127—128 页。
② 〔法〕伯希和:《卡尔梅克史评注》,第 60—61 页。
③ 《蒙古社会制度史》,第 224 页。
④ 《汉译蒙古黄金史纲》,第 169、51 页。

渐广泛使用的过程。16世纪中期至17世纪初期,不仅也速该和成吉思汗的后裔都可以冠以台吉称号,西蒙古卫拉特的部长们也开始使用这一贵族称号了。据帕拉斯载:

> 在卡尔梅克部和蒙古诸部,拥有一部人民(兀鲁思)的王公叫做台吉,由该王族的长子继任。王族其余的男性继承人,不管是王公家族的家庭成员(包括继任的王公的兄弟),还是王族隔代的旁系亲属,都只配称诺颜(即主人)。卡尔梅克部和蒙古部势力最大的王公,其中一部分由宗教首领达赖喇嘛、另一部份由中国和俄国统治者授予洪台吉(即皇太子)头衔。……洪台吉的地位高于普通王公,一旦授予就具有合法性。

> 根据普遍规测,王公(台吉)一般将统治其人民(兀鲁思)或臣民(阿勒巴图)的权力在他死后传继给他的长子。其他儿子分得几户家庭作为补偿,他们就靠这些家庭维持生计。与王公是人民的主人一样,他们也是这些家庭的诺颜,不过这些家庭并不从继承王位的王公那里脱离出来,而是仍依附臣服于王公,平时和战时还必须听从王公的命令。

> 台吉或诺颜对他们的阿勒巴图享有无限的权力。他可以随心所欲地将阿勒巴图赠与或遗赠给他人,可以对他们施以酷刑,可以剌之刵之或砍去四肢,但不得当众杀戮,因为喇嘛教禁止这样做。……至于臣民必须向王公交纳的贡赋(阿勒巴),也由王公随意规定。所有臣民都要交纳阿勒巴,只有在先朝司职于达赖喇嘛和其他菩萨的沙弥们以及王族或卡尔梅克人所说的白骨头的子嗣才免于赋税。①

其实,在卫拉特四部当中除了和硕特之外,各部长都非黄金家族成员。但他们后来也称为台吉或诺颜了,这是成吉思汗帝国分裂的一个表现。

明代王士琦的《三云筹俎考》卷二《封贡考》是记述16世纪晚期至17世纪初的明蒙关系的。其中有一节叫做《夷语解说》,解释道:"台吉,是王子家子孙。"②明代汉籍则更能证明以上论点的正确性。《北狄顺义王俺答谢表》

---

① 〔德〕P. S. 帕拉斯著:《内陆亚洲厄鲁特历史资料》,183—184页。
② (明)王士琦:《三云筹俎考》卷2。

反映的是隆庆五年(1571)蒙古右翼头目俺答汗和明朝建立互市关系,受封顺义王后向明朝皇帝所上的"谢恩表"。书后罗列了包括俺答汗在内的64名土默特和喀喇沁大小头目的姓名、职衔等。应该比其他资料记述的人名更为正式。其中48名人员都称作台吉,反映了台吉这一名称的广泛使用和一般黄金家族成员都可以冠以这一称号的事实。

我们还经常碰到的另外一些黄金家族成员的名称冠以汗、诺颜、济农、塔布囊等,都是从台吉名称分化而来的。后来这些名称和台吉一起形成了一种新的贵族爵位号。从15世纪末蒙古"中兴"之后,随着黄金家族地位的提高,这一冠号更为广为传播了,一直到后来滥用。其明显的表现之一是各部诸多"洪台吉"的出现。

以上就是17世纪初以前蒙古台吉的基本情况。再来看看满洲的情况。后金初期也普遍采用蒙古爵位号——台吉,在努尔哈赤和舒尔哈齐兄弟二人的子孙当中除了汗、贝勒之外一般都称作台吉。如天命九年(1624)对喀尔喀恩格德尔立誓的后金的人员有"大贝勒、阿敏贝勒、莽古尔泰贝勒、皇太极贝勒、阿巴泰台吉、德格类台吉、斋桑古台吉、济尔哈郎台吉、阿济格台吉、杜度台吉、岳托台吉、硕托台吉、萨哈廉台吉"①等。因为誓词人员的称呼是非常正式的,除了大贝勒代善等四人称为贝勒之外其他的都称作台吉。贝勒是在后金国家中最高一层的统治者们。天命、天聪年间,除了以上提到的四大贝勒之外,还有四小贝勒。他们八人就是后来的和硕贝勒们。在此期间任议政的16名贝勒当中,10人一直到天聪末年都是议政贝勒,崇德元年(1636)被封为和硕亲王、多罗郡王和多罗贝勒等爵位。② 然而,努尔哈赤死后皇太极即汗位,《实录》载:

> (天命十一年九月)是日,天气清明,日朗风静,人皆欣欣然有喜色。时国中文士谓,太祖名第八子为皇太极者,殆天意笃生,有为君之福者也。国中原不知汉与蒙古书籍文义。太祖初未尝有必成帝业之心,亦未尝有此子可继世为君之心,后国运渐盛,请习文义,及太祖称帝,阅汉与蒙古书籍,汉之储君曰皇太子,蒙古之继位者曰皇太极。由是观

---

① 《满文原档》第五册,第23页。
② 〔日〕神田信夫:《关于清初的贝勒》,《清朝史论考》,山川出版社,2005年。

之,其命名默相符合者,盖天意已预定云。是年丙寅,仍用太祖年号,以明年丁卯为天聪元年。①

这纯粹是一种皇权天授思想式的解释。皇太极(洪台吉)应该是他的本名,当时满洲社会中取蒙古语名称的人很多,这并不奇怪。只是他取得这一名称比较特殊,在蒙古社会取洪台吉号的一般都是家族内的嫡长子,但皇太极并不是努尔哈赤的嫡长子。

关于满洲人对当时蒙古头目们的称呼,据《满文原档》载,天命四年(1619)十一月,后金汗准备和内喀尔喀五部各部之长盟誓,遣使致书,提到的内喀尔喀首领有"喀尔喀执政之杜楞洪巴图鲁、奥巴戴青、厄参台吉、巴拜台吉、阿索特金、莽古尔岱、额布格德依黄台吉、乌巴希台吉都棱、古尔布什、岱达尔汉、莽古尔岱戴青、毕登图、叶尔登、楚胡尔、达尔汉巴图鲁、及恩格德尔、桑噶尔寨、布塔齐都棱、桑噶尔寨、巴雅尔图、多尔济、内齐汗、卫征、鄂尔哲依图、布尔噶图、额登、额尔济格"②等。这些人名中包括了他们各自的职衔或爵位,与蒙古人自称是一致的。但《满文原档》在一些非正式场合,对蒙古头目的称呼带有贝勒字样,这应该是满洲式的称呼。如斋赛贝勒、巴克贝勒、囊努克贝勒、巴噶达尔汉贝勒、巴拜贝勒、内齐贝勒、兀鲁特诸贝勒,等等。满洲人把蒙古的"台吉"这一称呼理解、等同于他们自己的"贝勒"。理解基本上是正确的。

二、编入八旗的蒙古台吉

《八旗满洲氏族通谱》卷六六至七一等共 6 卷记载了编入八旗满洲(不包括蒙古八旗)的 235 个蒙古姓氏。其中有些姓氏因部族庞大,又按所住地分为几种,如将博尔济吉特氏分为西拉木伦地方的、兀鲁特地方的、扎鲁特地方的、克尔伦地方的、把岳忒地方的和其他地方的。日本学者楠木贤道曾对扎鲁特蒙古编入八旗的问题进行过探讨。③

---

① 《清太宗实录》康熙本卷一,天命十一年九月庚午朔。《清朝太祖太宗世祖朝实录蒙古史史料抄》,第 103 页。

② 《满文原档》第一册,第 312 页;《内阁藏本满文老档》19,第 42 页。

③ 〔日〕楠木贤道著,玉芝译:《编入清朝八旗的扎鲁特部蒙古族》,《中国边疆民族研究》第二辑,中央民族大学出版社,2009 年。

天命四年(1619),扎鲁特的巴克、色本和弘吉剌部的斋赛及其子色特奇尔、柯希克图、科尔沁明安台吉之子桑噶尔寨共六名蒙古首领一同被俘,因此他们没有资格参加和后金的盟誓仪式,没有列在这一名单中。立誓时,因所居遥远,钟嫩也没有赴盟,后来努尔哈赤又遣使前往至钟嫩台吉处盟誓。① 钟嫩的系谱是:虎喇哈赤长子伟征诺颜,有二子,长巴颜达尔伊勒登,有子五,长忠图,传子内齐;次赓根,次忠嫩(或写钟嫩),次果弼尔图,次昂安(即昂阿)。② 他们历代都是扎鲁特部的首领。《实录》对征讨部分扎鲁特的过程记述得较为详细:

[1]（天命十一年十月）己酉,上命大贝勒代善、阿敏,贝勒德格类、济尔哈朗、阿济格、岳托、硕托、萨哈廉、豪格等率精锐万人,往征蒙古喀尔喀扎鲁特部落,并遗书声其罪。书曰:"前己未年,擒贝勒介赛时,曾刑白马乌牛,誓告天地云,我满洲及喀尔喀,协力征明,无相携贰,战与和,均当共议以行。若喀尔喀听明人巧言厚赂,背弃盟誓,而先与明私和者,天地谴责,令喀尔喀溅血暴骨而死。我满洲若背弃盟言,谴责亦如之。乃喀尔喀五部落竟潜通于明,听其巧言,利其后赂,以兵助之,是尔之先绝我好也。又尔卓礼克图贝勒下有托克退者,犯我台站,且扰害我人民,掠取我财畜,至再至三,甚至将所杀之人,献首于明,畴昔盟言安在哉？昔盟誓时,尔五部落执政诸贝勒卓礼克图贝勒,俱与此盟,而昂安不从。尔等因以昂安委我裁置,我是以兴师诛昂安。嗣后,尔扎鲁特诸贝勒复云,昂安之罪,固应诛戮,我部落仍愿修旧好,不似东四部落,或食言败盟也。我故归桑土妻子及昂安之子。癸亥年(1623),复申盟誓云,察哈尔,我仇也,科尔沁,我戚也,尔慎无与察哈尔通好,或要截我遣往科尔沁之人,致起兵端。无何尔又背此盟。于甲子年(1624)尔扎鲁特右翼袭我使于汉察喇地方。乙丑年,又追我使于辽河畔,恣行劫夺。是年,又要截我使臣顾锡,刃伤其首,尽夺其牲畜财物,尔扎鲁特何其贪利而背义也。然我犹念前好,不问尔罪,远征巴林,所俘获尔使百余人,悉行遣释。后桑土以诳言而来窥我,我已洞悉其奸,仍不执桑土,

---

① 《内阁藏本满文老档》19,第46页。
② 《蒙古回部王公表传》卷二九《扎鲁特部总传》。

遣之归，以观动静。盖我之推诚于尔，不欲终弃前盟如此。丙寅年，尔扎鲁特左翼诸贝勒，觇我使臣之出，屡次要截道路，劫夺财畜，并行残害，是尔扎鲁特之贪诈不仁，妄加于我者，终无已时也。我之所以兴师致讨者，职是故耳。"是日，大军起行，上率大贝勒莽古尔泰，贝勒多尔衮、多铎、杜度出城送至蒲河山冈而还。①

[2]（天命十一年十月）甲子，大贝勒代善自军中遣使奏言，喀尔喀扎鲁特部落贝勒巴克与其二子及喇什希布、戴青、桑噶尔寨等十四贝勒俱已擒获，杀其贝勒鄂尔寨图，尽俘获其子女人民牲畜而还。是役也，大贝勒阿敏亲党，行事变常，语言乖异，有谁畏谁，谁奈谁何等语。比遣使奏捷于上，语侵代善，欲相诟詈。代善容忍，以善言解之。方遣使，以克敌事奏闻。②

[3]（天命十一年十二月）癸卯，给阵获蒙古扎鲁特部落巴克、戴青、多尔济、喇什希布、桑噶尔寨、俄齐尔桑、俄朵隆、扎木苏、阿木克、喇布什希等衣服、财物、银器及日用等物有差。③

后金通过征伐，先后杀死了扎鲁特的昂安、鄂尔寨图等首领。昂安是乌巴什伟征诺颜长子巴颜达尔伊勒登之季子。④ 鄂尔寨图是右翼杜布瑚墨尔根诺颜子额登巴图尔之子。他们都是扎鲁特部的大小首领。⑤ 在构成左翼的巴颜达尔伊勒登的子孙中，内属并编入八旗的只是喀喇巴拜的系统。在构成右翼的都喇勒诺颜的子孙中内属并编入八旗的只有巴克贝勒的系统。⑥ 当然，其他的扎鲁特部首领们被封为王公、台吉，其部众编入扎鲁特左右翼扎萨克旗。

《八旗满洲氏族通谱》则记载了其他几个地方的博尔济吉特氏部长们被编入八旗满洲的过程。

第一，西拉木楞地方博尔济吉特氏。在此出现的人员，其实都是内喀尔

---

① 《清太宗实录》卷一，天命十一年十月己酉。
② 《清太宗实录》卷一，天命十一年十月甲子。
③ 《清太宗实录》卷一，天命十一年十二月癸卯。
④ 《蒙古回部王公表传》卷二九传第十三《扎鲁特部总传》。
⑤ 《金轮千辐》，第219页。
⑥ 〔日〕楠木贤道：《编入清朝八旗的扎鲁特部蒙古族》。

喀五部之一巴约特的台吉们,他们大概都跟着恩格德尔归附后金后编入八旗满洲的。

古尔布什额附:"镶黄旗人,恩格德尔额驸同族,世居西拉木楞地方,国初率部属来归,授三等子,尚公主,封为额驸,赐清卓理克图号。将率来部属编佐领,使统之。"①后任过兵部尚书。

达赖:"镶黄旗人,古尔布什之弟也。以来归功授骑都尉。后围锦州,攻宁远击贼有功,授为三等轻车都尉。"②

巴拜:"镶白旗人,恩格德尔额附同族,世居西拉木楞地方。国初率部属首先来归,授三等子,编佐领,令伊属人昂阿统之。"③

拉普什喜:"正白旗人,恩格德尔额驸同族也。世居西拉木楞地方。国初来归授骑都尉。三遇恩诏加至二等轻车都尉卒。"④

第二,兀鲁特地方博尔济吉特氏。兀鲁特部原是漠南五投下之一。据《实录》载他们来归时的情况:

> (天命七年二月)壬午,蒙古兀鲁特部落明安、兀尔宰图、锁诺木、绰乙喇札尔、达赖、密赛、拜音代、噶尔马、昂坤、多尔济、顾禄、绰尔齐、奇笔他尔、布彦代、林齐、特灵、石里胡那克凡十七贝勒,及喀尔喀各部落台吉,各率所属军民三千余户,并驱其畜产归附。上御殿,宴劳之,谕曰:"我国习俗所尚,守忠信,奉法度,贤而善者,举之不遗,悖且乱者,治之不贷,以致盗窃潜消,暴乱不作,拾遗于道,必还其主。习俗如此,所以获膺天眷。尔蒙古人,所持者念珠,所称者佛号,而不息盗窃之风,遂遭天谴,俾尔诸贝勒自乱其心,殃及于国。今尔等既归我,贤而善者,嘉其贤而优礼之,即不能之人,亦因其归顺而善遇焉。今而后,慎勿萌盗窃暴乱之心。倘旧恶不悛,国法不汝贷也。"于是厚赐诸贝勒等狻猊狼、貂、虎、狐、貉等裘,蟒衣、绮服、锦币、布帛、金银、田庐、僮仆、牛马、糇粮、器具等物。各授职有差。⑤

---

① 《八旗满洲氏族通谱》卷六六。
② 同上。
③ 同上。
④ 同上。
⑤ 《清太祖实录》卷六,天命七年二月壬午。

据《八旗满洲氏族通谱》载,明安,"正黄旗人,世居兀鲁特地方。国初率子弟及全属部落首先来归,授三等子,将率来部落编佐领,令伊属人阿邦统之。明安三遇恩诏,优晋二等伯,卒。"①昂坤和多尔济是他的长子和次子。多尔济后来在天聪年间任职承政。索诺木、垂尔札尔、齐普塔尔等也是明安同族,该书提到的其他一些首领应该也是他的同族。

当时,兀鲁特和同时来附的喀尔喀部被编为八旗之外的蒙古二旗,但后来到天聪六年(1632),两旗因犯法被取消,其人员部众编入满洲八旗。

第三,克尔伦地方博尔济吉特氏。据考证,他们是伊苏特部贵族。噶尔马叶尔登,"正黄旗人,世居克尔伦地方。国初同兄弟率部属首先来归,授三等子,卒"。②内秘书院档也记载了他的事迹:"噶尔马叶尔登,尔为阿鲁部杜思噶尔济浓同族,率领兄弟部众,在阿鲁诸部诺颜当中首先来归,授为三等精奇尼哈番,准袭十二次。崇德元年五月十六日。"③可见阿鲁部归附后金以前居住在兴安岭以北克尔伦(或写克鲁伦河)流域。其他来归后编入八旗的首领有:"夸巴特马,噶尔马叶尔登亲叔布岱之子也。"④"祁他特卫征,正黄旗人,噶尔马叶尔登叔祖古鲁格之孙也。"⑤还有一些噶尔马叶尔登同族人。有关噶尔马叶尔登及其同族部众的情况比较复杂,将在后文专门探讨。

第四,把岳忒地方博尔济吉特氏。"巴喇,镶黄旗人,世居把岳忒地方。国初来归,其子萨瑚原任佐领。孙桑赛由佐领定鼎燕京时入山海关,击败流贼马步兵二十万众,又追至庆都县、延安府等处大败之。叙功授骑都尉。三遇恩诏加至二等轻车都尉。后从征云南、贵州等处,在陆噶地方击贼李定国等兵二万余众,授为一等轻车都尉,卒。"⑥"阿尔萨,正白旗包衣人,世居把岳忒地方。天聪时来归,其长子拜思瑚郎由二等侍卫从征浙江、福建等处,连败贼伪都督杨禄等兵二万余众,后在乌龙江击海寇郑锦等兵阵亡。"⑦可以推测这些把岳忒(即巴约特)部人和恩格德尔的把岳忒原住地不同,因此《氏族

---

① 《八旗满洲氏族通谱》卷六六。
② 同上。
③ 《清内秘书院蒙古文档案汇编》第二辑,第201—202页。
④ 《八旗满洲氏族通谱》卷六六。
⑤ 同上。
⑥ 同上。
⑦ 同上。

通谱》也没有记录在一起。

如上所述,这些台吉们归附八旗后,被授为佐领、骑都尉等八旗官员,个别人也任过尚书等一品官。又一部分人被授予世职世爵。但是得到这种爵位的人拥有的权力,也与外藩蒙古诸王公的权力无法同日而语。编入八旗的蒙古各部首领台吉失去了对他们属民的领属权、征赋权等传统权利,走上了官僚化的道路。内喀尔喀五部中除了上述翁吉喇特、乌济业特、把岳式的大部分之外,其他一些部落也归入满洲八旗。

当然,《氏族通谱》所记都是编入满洲八旗的各部首领及其部众。除此之外在内有独立编制的蒙古八旗,其正式成立是天聪九年的事情。对蒙古八旗的成立及部众的结构问题,前人都有所涉及。① 在外,以八旗制组织起来的蒙古部众还有察哈尔八旗等。②

三、清初伊苏特部政治变迁

17世纪是蒙古史上一个重要的转型时期。其时,在清朝崛起的大背景中,诸多蒙古部落面临被重新组织划分。其中,有一些部落的历史颇为曲折。在此以伊苏特部为例,探究其部落渊源和清初的历史走向。这或许有益于蒙古部落史和清代八旗制的深入研究。

一种较普遍的看法是,阿鲁(又写阿禄)蒙古诸部中翁牛特(ongniɣud)③、喀喇车里克(qar-a cerig)、伊苏特(蒙古语 yisüd 或 isüd,满语 yesut)三部都是以哈赤温后裔为首领的部落。对此,最近的研究提出质疑。④ 其中,最大的疑问是有关伊苏特部的情况很不明朗,该部的渊源和清初的变迁等问题都是模糊不清的。从以上问题意识出发,在此希望利用近

---

① 如郭成康:《清初蒙古八旗考释》(《民族研究》1986年第3期)、赵琦:《明末清初的哈喇慎与蒙古八旗》(《蒙古史研究》第五辑)等。
② 相关研究参见达力扎布:《清代八旗察哈尔考》,《明清蒙古史论稿》,民族出版社,2003年。
③ 有关翁牛特和阿鲁(或写阿禄)部的研究主要有,贾敬颜:《阿禄蒙古考》,《蒙古史研究》第三辑,内蒙古大学出版社,1989年;宝音德力根:《往流和往流四万户》,《蒙古史研究》第五辑,内蒙古大学出版社,1997年;胡日查、长命:《科尔沁蒙古史略》,民族出版社,2000年,第140—149页;乌兰:《〈蒙古源流〉研究》,辽宁民族出版社,2000年,第337—339页;齐木德道尔吉:《四子部落迁徙考》,《蒙古史研究》第七辑,内蒙古大学出版社,2003年;玉芝:《蒙元东道诸王及其后裔所属部众历史研究》,内蒙古大学博士学位论文,2006年,第60页。
④ 张永江:《从顺治五年蒙古文档案看明末清初翁牛特、喀喇车里克部的若干问题》,*Quaestiones Mongolorum Disputatae* 1,东京,2005年。

期公布的档案和《八旗满洲氏族通谱》《八旗通志初集》等资料澄清清初伊苏特部的一些史实。

阿鲁部与后金发生联系是在天聪三年年底。第二年三月,阿鲁部的主要首领们和后金官员举行盟誓,建立对察哈尔的军事同盟关系。但当时伊苏特部并没有参加这一和议。

据《实录》载,伊苏特部从其原牧地兴安岭北部南下而归附后金是天聪四年十一月的事情。其原文记载如下:

> (天聪四年十一月)壬寅,阿禄伊苏忒部落贝勒为察哈尔汗兵所败,闻上善养人民,随我国使臣察汉喇嘛来归,留所部于西拉木轮河,先来朝见,上命诸贝勒至五里外迎之。①
>
> 癸卯,上御殿,诸贝勒毕集。时阿禄班首寨桑达尔汉、噶尔马伊尔登、摆沁伊尔登三贝勒率小台吉五十六人,遥拜行二叩头礼,三贝勒复近前,行一叩头礼,抱上膝相见。上令三贝勒坐御座下,众台吉依次列坐,大宴之。②

由此看来,伊苏特归附清朝的原因与察哈尔林丹汗袭击阿鲁部密切相关。据研究,天聪四年八月,察哈尔征讨阿鲁诸部。③据上述资料推测,伊苏特部被察哈尔部袭击后南下归附后金之后一直住牧于西拉木伦河流域,再也没有回到原牧地。

以往的研究中总是把伊苏特和喀喇车里克列为哈赤温后裔部落,又把伊苏特的噶尔马伊尔登和喀喇车里克的噶尔马混为一谈。④ 魏焕《皇明九边考》等书中虽然提到"冈流"三营,但没有具体营名,与蒙古文文献中出现的翁牛特、喀喇车里克、伊苏特三部对号入座,只是一种猜测。⑤ 其中存在诸多模糊之处。如有一份蒙古文档案就把噶尔马伊尔登说成和阿鲁部杜思噶尔济农同族。其实后者是成吉思汗异母弟别里古台的后裔,是为阿霸垓部之

---

① 《清太宗实录》卷七,天聪四年十一月壬寅。
② 《清太宗实录》卷七,天聪四年十一月癸卯。
③ 玉芝:《蒙元东道诸王及其后裔所属部众历史研究》,第69页。
④ 宝音德力根:《往流和往流四万户》;玉芝:《蒙元东道诸王及其后裔所属部众历史研究》,第74页。
⑤ 张永江:《从顺治五年蒙古文档案看明末清初翁牛特、喀喇车里克部的若干问题》。

长。这份档案文书的原文和汉译如下：

> γarma yaldang či iǰaγur aru-yin tusγar ǰinüng-in törül bölüge. aqa nar degüü nar kiged ulus-iyan abču aru-yin aliba noyad-aca urida orbaǰu irelüge. tegüber γudaγar ǰerge ǰingkini qafan čula soyurqabai. ene čula-yi arban qoyar üy-e boltala ǰalγamǰilaqu boi. degedü erdemtü-yin terigün on ǰun-u domdadu sara-yin arban ǰirγuγana.

> 噶尔马伊尔登，尔原系阿鲁部杜思噶尔济农同族，同兄弟率领部属较其他阿鲁部诺颜们首先来归，授三等精奇尼哈番。准世袭十二次。崇德元年四月十六日。①

另外，《八旗通志初集》名臣传里也说和噶尔马伊尔登同族的祁他特卫征(又写奇塔特魏征)为阿鲁杜思噶尔济农之族。② 这就愈发令人怀疑当时噶尔马伊尔登率领的伊苏特部和翁牛特、喀喇车里克同是哈赤温后裔的属民。依照这些材料,伊苏特和阿霸垓(或译阿巴噶)两部之长是同族,有血缘关系。伊苏特从兴安岭山阴南下归附前的牧地,大概在呼伦贝尔以西克鲁伦河流域,和驻牧于鄂嫩河、克鲁伦河中间地区的阿霸垓等部落是近邻。但是,在没有发现其他史料可以佐证的情况下,依然难以进一步推定这两个部落之间的关系。③

伊苏特首领噶尔马伊尔登和喀喇车里克首领噶尔马不是同一个人,这是确定无疑的。清初的资料里也写得非常清楚,当时为了区别这两个同名的阿鲁部首领而分别称之为噶尔马伊尔登(或汉译为噶尔马叶尔登)和喀喇车里克的噶尔马。其实,喀喇车里克的噶尔马有时候也被称为噶尔马洪台吉。洪台吉和伊尔登都是名号,这类名号在当时蒙古各部首领中只有最高级别的人物才有资格拥有。

从前面的材料还可以看到,和噶尔马伊尔登一起前来归附后金的伊苏特部首领有寨桑达尔汉、摆沁伊尔登二贝勒即二诺颜,他们率领着小台吉五

---

① 《清内秘书院蒙古文档案汇编》第二辑,内蒙古人民出版社,2003年,第201—202页。
② 《八旗通志初集》卷一五〇《名臣列传十》。
③ 最近玉海发表论文指出,伊苏特部贵族是成吉思汗弟弟别里古台后裔领导的部众。参见《伊苏特部贵族祖源考》,《中国蒙古学》(蒙古文)2015年第5期。

十六人。看来，伊苏特的绝大部分人众当时已经和他们一同前来归附了。

有一部乾隆九年成书的旗人谱书称为《八旗满洲氏族通谱》，到目前为止，蒙古史界很少利用。该书提供一些清初编入八旗的蒙古人姓氏、世系和原住地(即原属部落)等信息。其中较详细介绍了噶尔马伊尔登家族的世系情况，从其内容来看，和噶尔马伊尔登同时在天聪年间来归的是一些同族首领。其中，可以了解到，噶尔马伊尔登有一个叔祖叫古鲁格，还有一个亲叔叔叫布岱。再据《初集》名臣传提到一个镶蓝旗的巴特玛。首先应弄清楚的是这一巴特玛并不是《通谱》里所说的夸巴特马，而是"伊苏特贝子之孙也"。① 他的伯父是寨桑和硕齐。当然，《初集》所说天命年间巴特玛和伯父来归后金之事明显是把天命与天聪弄混导致的。结合《初集》和《通谱》的资料来看，巴特玛祖父和噶尔马伊尔登祖叔古鲁格可能是指同一个人或者两人是兄弟关系。因此可以理解为巴特玛的祖父也是伊苏特部最高级别的首领之一。因为满语"贝子"(beise)一词，是贝勒(beile)的复数形式，而贝勒相当于蒙古的诺颜。

《通谱》还记载，和噶尔马伊尔登一同来归者有他的亲弟弟图尔噶图、从弟夸巴特马、祁他特卫征和额尔格尔珠尔等。另外提到的首领有寨桑达尔汉和硕齐、塞冷、琐诺木塔思瑚尔海、纳木等。② 这些人应该就是属于《实录》中所言"小台吉五十六人"吧。

其中寨桑达尔汉和硕齐，原名为寨桑古英豁绍齐，有时也称为古英豁绍齐，在天聪八年三月才从天聪汗皇太极那里获得新号"达尔汉和硕齐"。据《实录》载："丁亥朔。阿禄伊苏忒部落古英和硕齐先为两国往来议和，后阿禄济农为察哈尔所侵，率族属来归。因赐号达尔汉和硕齐，令行军居前，田猎居中，及其子孙永照此行。赐以敕书。"③

另外，从一些零散的朝觐材料看，当时还有一些伊苏特部的首领一同来归后金。其中，有一个首领即贝勒(诺颜)的名字称为"章"，天聪九年时皇太

---

① 《八旗通志初集》卷一六九《名臣列传二九》。
② (清)乾隆九年敕撰：《八旗满洲氏族通谱》卷六六《克尔伦地方博尔济吉特氏》，《四库全书》本。
③ 《清太宗实录》卷一八，天聪八年三月丁亥朔。

极路经其坟墓旁边,"追念其贤,亦奠以酒"。① 看来此人归附后金不久后死了。

综合以上信息,天聪四年伊苏特归附后金时,该部并没有一个首领统一领导。该部和翁牛特、喀喇车里克二部的关系也并非如以往所断定的那么密切。这些因素都影响了其未来的走向。

天聪四年归附后金后至崇德初期间,伊苏特部的大部分人众似乎一直游牧在西拉木伦河流域。从一份满文档案看,天聪五年噶尔马伊尔登、寨桑和硕齐等首领两次前来盛京觐见皇太极。寨桑和硕齐还求得粮食等物品。② 当时,伊苏特的牧地应该离喀喇车里克部的牧地不远。天聪五年十二月,皇太极遣使蒙古各部时,派孙达里往巴林、伊苏特、哈喇车里克、喀喇沁、土默特部诸台吉、塔布囊等处,所赍书云:"汗谕曰:管旗诸台吉等,携所有交换之罪人,当于正月初六日集于四子部落处。倘有不如期来集齐者,则盟长等令其下马,驰驿之时令台吉等自乘马驹,其余普通人犯可乘牛驼,切勿劳累壮马。明抢之盗有几,均执之来。倘有隐匿贼犯或纵令逃跑者,则罪其主。"③ 史料提到的这些部落的牧地相距应该不远。同时也显示了伊苏特部来归后,后金就开始了对其进行法制管辖。

天聪六年后金西征察哈尔,皇太极驻兵西拉木伦河时伊苏特和喀喇车里克首领们率所部兵来会。④ 这也可以旁证当时伊苏特部就在西拉木伦河流域游牧这一事实。另外,一份天聪九年档⑤也可以佐证,该年噶尔马伊尔登并没有驻牧于盛京及其附近地区,而是从较远的驻牧地前来觐见皇太极的。

崇德元年,阿鲁翁牛特等部编佐设旗时,伊苏特并没有像喀喇车里克一样并入翁牛特左右翼扎萨克二旗。而太宗崇德时期伊苏特的首领们得到一些世职,如上节档案文书所反映的授噶尔马伊尔登三等子。《实录》的记载

---

① 《清初内国史院满文档案译编》上,光明日报出版社,第158页。
② 台北"故宫博物院":《满文原档》第七册,第366、382页;《内阁藏本满文老档》,第1122、1173—1174页。
③ 《满文原档》第七册,第399页;《内阁藏本满文老档》20,第599—600页。
④ 《满文原档》第八册,第142页;《内阁藏本满文老档》20,第629—630页。
⑤ 〔日〕神田信夫、松村润、冈田英弘译注:《旧满洲档·天聪九年》1,东洋文库,1972年,第111页。

也证明伊苏特的其他首领也几乎同时得到爵职的事实。如《实录》崇德三年八月乙未条:"授博瑃、席讷布库、何尼齐俱为三等梅勒章京,阿拜泰巴图鲁、巴特玛、塞冷、托克托会俱为三等甲喇章京,以其自伊苏特部落来归故也。"①史料中提到的巴特马、塞冷,《通谱》中有其传记。托克托会是祁他特卫征的弟弟。又《实录》崇德八年记载了寨桑和硕齐子安坦(或写安丹)病故后,其弟博斯希袭职的事情。② 还有一些首领以及其后裔任佐领、轻车都尉等世职,而噶尔马伊尔登同族当中,祁他特卫征之弟喀兰图曾任理藩院尚书,品秩最高。③

从以上的文献看,崇德末年前,伊苏特没有设立单独的佐领,很可能是零散地编入各固山的。还有一条材料是从《初集》名臣传中找到的,即镶蓝旗巴特玛传略中:"天聪二年,念巴特玛归诚之功,始授世职为游击,分隶大贝勒济尔哈朗下行走。太宗文皇帝曰:'尔在蒙古地方择地而居,今虽在大贝勒属下,然朝夕侍朕左右,朕必加恩恤。'"④这一条史料亦可作为对以上推论的旁证。

相关史料不成系统,只有《初集·旗分志》里有一条有用的史料,提到崇德八年将各固山下伊苏特、喀喇车里克部落之闲散蒙古编入牛录即佐领的情形。记载如下:

> 崇德八年六月庚寅,谕户兵二部曰:"各固山下,所有伊苏忒、喀喇车里克部落之闲散蒙古,无得令其隐漏。户部宜清察人丁,编入牛录。兵部再加察核,俱令披甲。其现在满洲固山下察哈尔、喀尔喀等部落蒙古,亦当察其壮丁增减,勿令隐匿。至于诸王、贝勒、贝子、公等家下闲散蒙古,亦编为小旗,设壮达管辖。"⑤

需要说明的是,喀喇车里克部并非全部并入翁牛特扎萨克二旗,其一小部分人众也和伊苏特部一同编入八旗各佐领中。《初集·旗分志》里有一条伊苏

---

① 《清太宗实录》卷四三,崇德三年八月己未。
② 《清太宗实录》卷六五,崇德八年八月戊辰。
③ 《八旗满洲氏族通谱》卷六《克尔伦地方博尔济吉特氏》;《皇朝通志》卷六《氏族略六·蒙古八旗姓》。
④ 《八旗通志初集》卷一六九《名臣传二九》。
⑤ 《八旗通志初集》卷一《旗分志一》。

特编入八旗的非常有说服力的史料：

> 正黄旗满洲都统第四参领所属十八佐领之第十八佐领，系国初以阿霸垓地方来归人丁编立，始以噶尔玛管理。噶尔玛故，以其子伊纳穆管理。伊纳穆故，以其子班达尔沙管理。班达尔沙故，以其弟赛音查管理。赛音查退任，以其兄之子巴礼密管理。巴礼密缘事革退，以其弟阿尔纳管理。阿尔纳故，以其叔祖之子二等侍卫纳兰管理。①

这里所说阿霸垓地方是指伊苏特的原驻地。在此提到的噶尔玛就是伊苏特的噶尔玛伊尔登无疑。因为，其子孙的世系情况和《通谱》中所记没有区别。这就证明正黄旗满洲都统第四参领所属十八佐领中的第十八佐领是为编立伊苏特部来归人丁而设立的。

另外，据光绪《大清会典事例·察哈尔官制》所述，"顺治初年，伊苏特由阿巴噶地方率众来归，编设半分世职佐领一人，附隶正黄旗"。② 又据嘉庆《大清会典》，当时在宣化、大同边外游牧的八旗察哈尔六十二佐领中就有一个伊苏特佐领。③ 就此可以理解，顺治初年的半分佐领人丁到嘉庆时滋生成为一个佐领。这两条史料和上述《初集》史料相结合看，属于正黄旗满洲都统第四参领的佐领和游牧八旗察哈尔的佐领应该不是指同一个佐领。看来，崇德末年至顺治初期间伊苏特部众分别编入八旗的两个系统之中。

当然，伊苏特部于天聪四年来归之后就有义务在军事上支援后金。天聪五年的大凌河之战，虽说阿鲁部参与其中，但史料并未记载其带兵首领。不过从《通谱》来看，伊苏特的祁他特卫征、额尔格尔珠尔等首领和其他蒙古部落首领们一同从征其役。④

天聪六年，皇太极再次组织蒙古各部兵与后金军一同出征察哈尔林丹汗。当年四月初十日，大军驻营于西拉木伦河。据满文档案记载：

> 喀喇车里克部落阿尔纳诺木齐，伊苏忒部落噶尔玛伊尔登巴图鲁、伊绥、绰思熙、巴拜、塔实，扎鲁特部落内齐、色本达尔汉巴图鲁、马尼青

---

① 《八旗通志初集》卷四《旗分志四》。
② 光绪《大清会典事例》卷九七七《理藩院·设官·察哈尔官制》。
③ 嘉庆《大清会典·理藩院·典属清吏司·游牧内属者》。
④ 《八旗满洲氏族通谱》卷六六《克尔伦地方博尔济吉特氏》。

巴图鲁、喀巴海、拜浑岱、喇巴泰、弼登图、巴牙尔图、额腾、根度尔、寨桑侯痕、济尔噶朗、恩克参、桑土、商佳布、额一德、额参德、戴青、桑噶尔寨、博尔济、昂阿、桑阿尔、猎烈忒、特精克、塔占诸贝勒各率所部兵来会。①

清前期大规模的战争除了天聪五年的大凌河之战和天聪六年的远征察哈尔之外,还有崇德元年的征伐朝鲜、崇德五年至七年的松锦大战、顺治元年入关定鼎燕京之战,以及入关后与南明、各路农民军的血战,追讨腾机思叛逃事件,直至康熙三十五年昭莫多之役等,诸多战争中都有伊苏特人跟随八旗兵征战。当然,有战争就有流血,伊苏特人也为清朝的征战付出了生命的代价。如祁他特卫征就是从征大凌河击锦州兵时阵亡的。② 康熙三十五年昭莫多之战以后,在文献中很少见到有关伊苏特的消息了。

通过以上的探讨,清初蒙古伊苏特部的有关史实逐渐清晰,试做如下结论:

第一、伊苏特部的噶尔马伊尔登和喀喇车里克部的噶尔马是两个不同的人物,清初天聪年间他们各自率领部属归附后金。

第二、伊苏特部并非和喀喇车里克一同编入翁牛特扎萨克二旗。研究证明,伊苏特部被编入八旗满洲和八旗察哈尔两个系统之中。编入八旗的伊苏特部人众和其他八旗蒙古如早期归附的内喀尔喀的乌济业特、巴约特、扎鲁特三部和兀鲁特部,以及较后编入八旗的喀喇沁、察哈尔二部相比人众不多,这样自然就引不起史家的特别注意,导致史书很少有相关记述。

另外,伊苏特首领的早期世系很不清楚,蒙汉史书的著者可能始终没有厘清传承。③ 再有,如《金轮千辐》的作者答里麻和《蒙古博尔济吉忒氏族谱》作者罗密,分别出自扎鲁特部和喀喇沁部,是本部人为自己的部落作史。正因如此,两位著者略知各自部落内编入八旗人众的情况。而伊苏特部没有出现这样的史家,这可能也是学界至今对其历史源流并不清楚的一个重要原因。

---

① 《满文原档》第八册,第393页;相同的内容编入《清太宗实录》,天聪六年四月丙子。
② 《八旗满洲氏族通谱》卷六六《克尔伦地方博尔济吉特氏》。
③ 有关伊苏特部的最新研究参见玉海《伊苏特部贵族祖源考》。

四、崇德元年对漠南蒙古诸部之长的册封

后金初期来归者,刚开始虽然基本都被编入到八旗满洲中。但在天命晚期,随着归附蒙古的增多,成立了兀鲁特和喀尔喀二旗,其首领有比较独立的行动权力。后金对蒙古诸部之长的封赠也是从此时就开始了。其开端是承认蒙古各部之长原有名号和册封新号。天命七年(1622)三月,赐恩格德尔额驸同族人巴拜台吉以宾图达尔汉台吉名号。① 天命十一年(1626)六月,科尔沁部长奥巴前来沈阳酬谢努尔哈赤在上一年对察哈尔争战中的援助。这次奥巴和努尔哈赤重新盟誓,巩固联盟关系,并得到后金汗努尔哈赤的赐号。《实录》载:

> 戊寅,张筵,宴科尔沁台吉奥巴,赐号曰汗。上曰:"为恶而蒙天谴,国乃败亡。为善而蒙天佑,国乃昌炽。总之,主宰在天也。察哈尔汗起兵侵奥巴台吉,天佑奥巴,获免于难,来归附我。朕仰承天意,赐以名号。当察哈尔兵至时,其兄弟属下人皆遁去,独奥巴台吉奋力抗战,故号为土谢图汗,兄土梅号代达尔汉,弟布塔齐号札萨克图杜棱,贺尔禾代号青卓礼克图。"复赐铠甲及四时衣,各种银器、雕鞍、蟒币、布帛等物有加。土谢图汗奥巴叩谢而退。②

这就是清《文献通考》所云"天命十一年(1626)蒙古之归顺,其尊者赐号汗"。③ 这一说法的来源,也是后金唯一一次给漠南蒙古首领赐号"汗"。这一汗号一直持续到奥巴逝世为止。当时后金朝廷中也只有一个拥有"汗"号者,由此可知其地位的显赫。"土谢图汗"是新号,奥巴原来的号为"巴图尔洪台吉"或"巴图尔汗"。④ 敖汉部之长索诺木杜棱,"天聪元年,来归,赐济农号"。⑤ 天聪九年(1636),削敖汉索诺木杜棱的济农号。⑥ 这应该与他参与

---

① 《内阁藏本满文老档》19,第131页。
② 《清太祖实录》卷十,天命十一年六月戊寅;汉译《满文老档》,第700页。
③ (清)乾隆官修《清朝文献通考》卷二五五《封建考·外藩封爵》。
④ 宝音德力根:《关于嫩科尔沁首领奥巴自称〈巴图鲁汗〉的问题》,《内蒙古大学学报》蒙古文版,2006年第5期。
⑤ 《蒙古回部王公表传》卷二六传第十《敖汉部总传》;汉译《满文老档》,第883页。
⑥ 《蒙古回部王公表传》卷二六传第十《敖汉部总传》。

了莽古尔泰的反叛活动有关。到顺治五年(1648),又追封他为多罗郡王。①有一些部落之长、首领是因有战功赐予新号的。如天聪元年(1627)九月,"十三日,奈曼部贝勒洪巴图鲁弟之子鄂齐尔台吉,往征察哈尔,杀人百,获牲畜约二百,前来进献汗。十六日,汗与诸贝勒集殿,鄂齐尔台吉因察哈尔汗不道,来投天聪汗,往征察哈尔,杀人并俘获来献,赐号鄂齐尔豁绍齐,赏甲一副。"②天聪二年(1628)八月,"初七日,汗御殿,赐奈曼部贝勒洪巴图鲁号为达尔汉,扎鲁特部台吉喀巴海号为卫征。赐号之缘故,即洪巴图鲁、喀巴海台吉以察哈尔汗不道,欲依傍天聪汗,俱来归附。后出征察哈尔阿喇克绰特部,杀其台吉噶儿图,俘获人口七百,以所获献汗"。③ 不过,后来后金就取消以蒙古式的名号册封王公台吉了。

对漠南诸部之长的普遍册封是从崇德元年(1636)改国号为"大清"以后开始的。④ 当时,奉汗新尊号和改国号的活动已从上一年的年底开始。据说,崇德元年(1636)二月初二日,"命户部承政英古尔岱为使往朝鲜,与国王面议一切事宜,遣马富塔为使臣往吊朝鲜王妻丧。时内八和硕贝勒之使臣及外藩四十九部贝勒之使臣同行,为定汗之尊号与朝鲜国王商议"。⑤ 信中提到了蒙古16部49名首领的姓名:

> 今我四十万众之外藩蒙古汗之子太子孔果尔,科尔沁土谢图济浓、卓里克图黄台吉、大阿巴盖、孔果尔冰图、扎萨克图杜棱、达尔汉洪巴图鲁、拉玛斯希墨尔根台吉、东果尔伊尔都齐,扎赖特部蒙夸达尔汉和硕齐、昂阿伊尔都齐,杜尔伯特部塞冷达尔汉台吉、甘地斯辖布台吉,郭尔罗斯部古木哈坦巴图鲁、布木巴伊尔登,敖汉部驸马班迪、索诺木杜棱,奈曼部洪巴图鲁,巴林部满珠习礼台吉、阿玉希台吉,土默特部格根汗之孙鄂木布楚虎尔、索诺木墨尔根台吉、耿格尔古英塔布囊、沙木巴塔布囊,扎鲁特部达尔汉巴图鲁、内齐、坤杜伦戴青、喀巴海卫征、果毕尔图杜棱、青巴图鲁、济尔哈朗,察哈尔部土巴济浓,阿鲁部达尔汉卓里克

---

① 《蒙古回部王公表传》卷二六传第十《敖汉部总传》。
② 《内阁藏本满文老档》20,第475页。
③ 同上书,第491页。
④ 崇德元年册文本身的研究有,〔日〕楠木贤道:《清初对蒙政策史研究》,第167—188页。
⑤ 《内阁藏本满文老档》20,第671页。

图、伊尔扎木墨尔根台吉、达赖达尔汉诺颜、穆章黄台吉,翁牛特部杜棱济浓、东额尔德尼戴青、达喇海寨桑黄台吉、班迪卫征黄台吉,喀喇车里克部噶尔玛黄台吉、阿喇纳诺木齐,喀喇沁部古鲁斯喜布、塞冷塞臣、万丹卫征、马济都里胡,乌喇特部土门达尔汉、土巴额尔克台吉、塞冷伊尔登等十六部四十九贝勒,约于十二月齐集于汗之盛京城,与在内诸贝勒共议,同奏汗曰,今诸国已归服,得有玉玺,天意佑助,信兆昭然,宜建汗主尊号,以顺人之心等语。①

显然,在此提到的 16 部中没有包括后来编为扎萨克旗的克什克腾、茂明安、鄂尔多斯等部和锡林郭勒盟的各部。另外,一般附入翁牛特部的喀喇车里克也被单独列出。但是,奇怪的是到当年四月真正举行尊奉新汗号仪式时,代表漠南蒙古诸部参加的头目不到 49 名。先看《实录》的记载:

己卯,大贝勒代善,和硕贝勒济尔哈朗,和硕墨尔根戴青贝勒多尔衮,和硕额尔克楚虎尔贝勒多铎,和硕贝勒岳托、豪格,贝勒阿巴泰、阿济格、杜度,超品公额驸杨古利,固山额真谭泰,宗室拜尹图、叶克书、叶臣、阿山、伊尔登达尔汉,宗室篇古阿格,蒙古八固山额真,六部大臣,都元帅孔有德,总兵官耿仲明、尚可喜、石廷柱、马光远,外藩蒙古贝勒科尔沁国土谢图济农巴达礼、萨克图杜棱布塔齐、卓礼克图台吉吴克善、喇嘛斯希、木寨,杜尔伯特部落塞冷,扎赖特部落蒙夸,郭尔罗斯部落布木巴、古木、杜棱济农,奈曼部落衮出斯巴图鲁,巴林部落阿玉石、满珠习礼,扎鲁特部落内齐、车根,吴喇忒部落土门、杜巴、塞冷,喀喇沁部落古鲁思辖布、塞冷,土默特部落塔布囊耿格尔、单把及满洲、蒙古、汉人文武各官恭请上称尊号。管吏部和硕墨尔根戴青贝勒多尔衮捧满字表文一道,科尔沁国土谢图济农巴达礼捧蒙古字表文一道,都元帅孔有德捧汉字表文一道,率诸贝勒大臣文武各官诣阙跪进。时上御内楼,御前侍卫转闻。上命满洲、蒙古、汉人三儒臣捧表入。诸贝勒大臣行三跪九叩头礼,左右列班侯旨。儒臣捧表至御前,跪读表文。表曰:"诸贝勒大臣文武各官及外藩诸贝勒上言。恭惟我皇上承天眷佑,应运而兴,辑宁

---

① 《内阁藏本满文老档》20,第 672—673 页。

诸国,爱育群黎,当天下昏乱之时,体天心,行天讨,逆者以兵威之,顺者以德抚之,宽温之誉,施及万方。征服朝鲜,混一蒙古,更获玉玺,受命之符,昭然可见。上合天意,下协舆情。臣等遇景运之丕隆,信大统之攸属,敬上尊号。一切仪物,俱已完备,伏愿俯赐俞允,勿虚众望。"读毕,上谕曰:"数年来,尔诸贝勒大臣劝朕受尊号,已经屡奏。但朕若受尊号,恐上不协天心,下未孚民志,故未允从。今内外诸贝勒大臣,复以劝进尊号,再三固请,朕重违尔等之意,弗获坚辞,勉从众议。朕思既受尊号,岂不倍加乾惕,忧国勤政,唯恐有志未逮,容有错误,唯天佑启之。尔诸贝勒大臣,既固请朕受尊号,若不各恪共乃职,赞襄国政,于尔心安乎。"于是,令儒臣遍谕诸贝勒大臣毕,众皆踊跃欢欣,行三跪九叩头礼而出。①

在此只出现10个部落的22名蒙古部落首领,而内秘书院档所列参加仪式的蒙古各部首领共有13个部落的27名,比前述多了郭尔罗斯的杜棱济农和四子部落的达尔汉卓里克图、达赖楚琥尔及翁牛特的杜棱济农、栋额尔德尼岱青等5名。② 可见编纂《实录》时疏忽之大。然而,这两处记述都没有记载察哈尔额哲洪果尔的名字,察哈尔部一名代表都没有出现。

四月二十三日,宽温仁圣汗下谕旨册封内外诸贝勒、台吉等。《实录》载:

> 丁酉,分叙诸兄弟、子侄军功。册封大贝勒代善为和硕礼亲王,贝勒济尔哈朗为和硕郑亲王,墨尔根戴青贝勒多尔衮为和硕睿亲王,额尔克楚虎尔贝勒多铎为和硕豫亲王,贝勒豪格为和硕肃亲王,岳托为和硕成亲王,阿济格为多罗武英郡王,杜度为多罗安平贝勒,阿巴泰为多罗饶余贝勒。各赐银两有差。
>
> 分叙外藩蒙古诸贝勒军功。封科尔沁国巴达礼为和硕土谢图亲王,吴克善为和硕卓礼克图亲王,固伦额驸额哲为和硕亲王,布塔齐为多罗扎萨克图郡王,满朱习礼为多罗巴图鲁郡王,奈曼部落衮出斯巴图

---

① 《清太宗实录》卷二八,崇德元年四月己卯。
② 《清内秘书院蒙古文档案汇编》第一辑,第5—6页。

鲁为多罗达尔汉郡王,孙杜稜为多罗杜稜郡王,固伦额驸班第为多罗郡王,孔果尔为冰图王,东为多罗达尔汉戴青,俄木布为多罗达尔汉卓礼克图,古鲁思辖布为多罗杜稜,单把为达尔汉,耿格尔为多罗贝勒。各赐雕鞍、甲胄、金银器皿、彩缎、文绮有差。

是日,上以受尊号礼成,赐外藩蒙古诸王贝勒贝子彩缎、银器、甲胄、雕鞍等物有差。仍大宴于崇政殿。①

当时被册封的满洲贝勒有9名。其中6名被封为亲王,剩下的3名中1名为郡王,2名为贝勒。然而,被册封的蒙古台吉、诺颜等共14名。其中有3名亲王、5名郡王、1名贝勒,另有5人获其他爵位,蒙古的地位在当时还是非常尊贵的。按部落来分,册封的14名王公中科尔沁部5名、察哈尔部1名、敖汉部1名、奈曼部1名、翁牛特部2名、四子部1名、喀喇沁部1名、土默特部2名。其中,《实录》把奈曼部之长的姓名写成"衮出斯巴图鲁",而《满文原档》写成"洪巴图鲁",②则都与《王公表传》写法不同。后书说同一人的时候,写其姓名为"衮楚克",号为巴图鲁台吉。③ 看来,《实录》编纂者根据满文档案编写人名时,没有分清书写时容易弄混的 g 和 s 两个音,把 g 写成了 s。由此认定,《王公表传》的记述正确。有关本次册封还有几个问题:

第一,册封的理由。中国第一历史档案馆所藏《内国史院档》第11册是崇德元年册封诸王的册封文的档册。该册在00040页的开头,首先记载:"视贝勒们立功大小册封。凡立功显赫者,应赐予王位;凡有所成就者,也应赐予相应封号",随后是被册封的蒙古诸部首领的名录。④ 看来,这次册封的确很严格。虽说上新尊号、改国号活动时前来参加的蒙古王公有几十名,但其中只有14名得到册封,这足以证明要求的严格。除了额哲以出身优势被册封亲王之外,其他的人都是因为有显著的军功而得封的。战功不显著、有违法行为或不积极响应后金法令者,没有得到册封。早期归附者当中,巴林和扎鲁特的首领们没有受封应该是由于这些原因。那么,较晚才来归附者,

---

① 《清太宗实录》卷二八,崇德元年四月丁酉;《满文原档》第十册,第145—146页。
② 《满文原档》第十册,第146页。
③ 《蒙古回部王公表传》卷二七传第十一。
④ 转引自楠木贤道:《清太宗皇太极的册封蒙古王公》。

如阿鲁科尔沁、乌喇特等部的首领们就更没有资格受封了。总之,这次册封主要考虑的是军功,而出身和与清统治者的姻亲关系及举国首服①等因素都是次要的。

第二,爵位等级问题。上述册封文里出现的爵位等级只有亲王、郡王、贝勒三级,而其下的固山贝子、镇国公、辅国公等三级没有出现。据乾隆年间纂修的《文献通考》载:"崇德元年定诸藩爵六等,一和硕亲王,二多罗郡王,三多罗贝勒,四固山贝子,五镇国公,六辅国公。秩视在内王公世袭罔替。"②康熙朝《大清会典》也证明这一说法:"初,外藩四十九旗,或以功,或以亲,或以举国首服,封亲王、郡王、贝勒、贝子、镇国公、辅国公,秩阶照内王等。台吉、塔布囊等,俱给以品级。设都统以下、骁骑校以上等官,照内管理。盖国家一体之仁,周遍如此。"③《王公表传》各部的受封情况也证明崇德元年蒙古爵位就有六等的情况(见文后附录)。为此,我们应先了解满洲的爵位。据说"崇德元年四月,始定王公以下九等爵,以封宗室。一等和硕亲王,二等多罗郡王,三等多罗贝勒,四等固山贝子,五等镇国公,六等辅国公,七等镇国将军,八等辅国将军,九等奉国将军。叙兄弟子侄军功,封亲王、郡王、贝勒有差。"④由此可以推断,蒙古爵位的等级是以当时满洲宗室爵位为标准的。但是,有两点不同。第一,蒙古的爵位只有六等。第二,在称呼上也保持了蒙古的特色。如当时蒙古语把"贝子"称为"固山台吉"等。此外,还适当照顾而保持了蒙古首领们的原号。如在"和硕亲王"这一标准爵位号上再加"土谢图"这一原来的赐号等。

另外,封扎萨克和准许世袭罔替的年代。据《王公表传》载,从崇德元年(1636)以前开始,有些王已经被认可为扎萨克,又从崇德元年开始准许这些受封的王公世袭罔替(见文后附录)。内秘书院崇德元年(1636)的册封文也证明了这一点,⑤因此可以说崇德元年(1636)受封的王公都是扎萨克,并都获准世袭罔替。

---

① 康熙朝《大清会典·理藩院·录勋清吏司》。
② 《皇朝文献通考》卷五五五《封建考·外藩封爵》,浙江古籍出版社,2000年。
③ 康熙朝《大清会典·理藩院·录勋清吏司》。
④ 《皇朝文献通考》卷二四六《封建考》。
⑤ 《清内秘书院蒙古文档案汇编》第五辑,第258—260页。

五、崇德元年以后对漠南蒙古首领们的册封

崇德元年(1636)以后,对蒙古各部的册封主要集中于册封从前未受封者和调整旧封两方面。新册封的部落有后来组成锡林郭勒盟的几个部落和鄂尔多斯部等。对他们的册封是在崇德六年(1641)到康熙初的这一段时间之内完成的。

崇德六年八月,先是乌珠穆沁和阿巴噶二部的两个多尔济来归受封。《实录》载:

> 丁未,册封乌朱穆秦部落多尔济济农为和硕苏勒亲王。阿霸垓部落多尔济额齐格诺颜为卓礼克图郡王,其妻为多罗福金。赐多尔济济农册文曰:"奉天承运宽温仁圣皇帝制曰:自古应运之君,必有藩屏之佐,故叙功定名以别封号者,乃古圣王之典也。朕爱仿古制,不分内外,视为一体。凡我诸藩,俱因功授册,以昭等威,受此册者,必忠以辅国,恪守矩度,自始至终,不忘信义,则光前裕后,而奕世永昌矣。尔多尔济济农乃蒙古察哈尔汗苗裔,乌朱穆秦之贝勒也。因察哈尔汗暴虐其国,宗族摧残,肆行不道,尔避居于喀尔喀兄弟处,后察哈尔国为朕所灭,尔顺时达务,遂弃喀尔喀兄弟,率所属之民尽来归诚,朕嘉尔勋,册封为和硕苏勒亲王。除负朕厚恩,谋反大逆,削除王爵,及行军败逃,依律治罪外,其一应过犯,永不削夺,子孙世袭。钦哉。勿负朕命。"赐额齐格诺颜册文同。①

当年十月,又册封苏尼特部落墨尔根台吉腾机思为多罗墨尔根郡王。②清廷非常重视这些原属察哈尔,现在又从外喀尔喀前来归附的各部。因为,当时清朝和外喀尔喀之间摩擦不断,清统治者想方设法削弱对方的实力,乌珠穆沁等部的归附正中下怀。第二年(1642)十一月,苏尼特的另一个头目叟塞济农来归。"庚午,册封苏尼特部落叟塞济农为多罗杜稜郡王,赐以多罗郡王服色、旗纛、仪仗。叟塞济农以册封恩,具筵于清宁宫进上,并献驼、马。酌纳之。"③阿巴噶部的多尔济是郡王都思噶尔从弟,号达尔汉诺颜。崇德四年(1639),偕额齐格诺颜多尔济来归。"顺治三年(1646),封固山达尔

---

① 《清太宗实录》卷五七,崇德六年八月丁未。
② 《清太宗实录》卷五八,崇德六年十月壬申。
③ 《清太宗实录》卷六三,崇德七年十一月庚午。

汉贝子,诏世袭罔替。"①浩齐特部的台吉和诺颜顺治三年(1646)、十年(1653)来归受封。② 阿巴噶纳尔部的归附最晚,其首领是在康熙四年(1665)、六年(1667)受封为王公的。③

鄂尔多斯部的归附,④虽说是天聪九年(1635)清兵追击察哈尔林丹汗入河套时的事情。但是,从顺治六年(1649)大扎木素和多尔济的叛乱来看,清廷在当地的统治并不稳固。当年发生叛乱时,九月,"鄂尔多斯部落额林臣、布达岱、顾禄、阿济格扎穆苏皆举国来降,封额林臣为多罗郡王,布达岱子伊廪臣、顾禄子色冷俱为固山贝子,阿济格扎穆苏为镇国公"。⑤ 而另外两个台吉受封是第二年的事情。顺治七年正月,"癸酉,封鄂尔多斯部落单达为贝勒,沙克查为贝子,以其举国投诚也"。⑥ 以上就是鄂尔多斯六名扎萨克的受封情况。《王公表传》没有把两年的事情分开,而都叙述在顺治六年,有误。

还有一些原属于外喀尔喀的部落也是在清喀矛盾、冲突中投奔到清朝后受封的。喀尔喀右翼扎萨克本塔尔是顺治年间从外喀尔喀来附的。"顺治十年(1653)三月,封扎萨克和硕达尔汉亲王,诏世袭罔替"。⑦喀尔喀左翼扎萨克多罗贝勒衮布伊勒登,"康熙三年(1664),由瀚海来归,与诸子相失,上悯其播迁,优赍马牛羊各百。寻封扎萨克多罗贝勒,诏世袭罔替"。⑧ 这就是清代漠南喀尔喀左右翼两旗的来源。

另外一些台吉、诺颜等虽然受封,但没有成为扎萨克,而成为闲散王公。如,本巴什希是达尔汉亲王本塔尔弟,在顺治十年(1653)封固山贝子,诏世袭罔替。"衮布,达尔汉亲王本塔尔从子。顺治十年,封多罗卓里克图亲王。"⑨他们都附牧于喀尔喀右翼旗。喀尔喀多罗贝勒巴勒布冰图,康熙元年(1662)来归,附土默特,四年(1665)封多罗贝勒。茂明安的固穆巴图尔是扎

---

① 《蒙古回部王公表传》卷三七传第二一。
② 《蒙古回部王公表传》卷三五传第一九。
③ 《蒙古回部王公表传》卷三八传第二二。
④ 《蒙古回部王公表传》卷四三传第二七。
⑤ 《清世祖实录》卷四六,顺治六年九月甲子。
⑥ 《清世祖实录》卷四七,顺治七年正月癸酉。
⑦ 《蒙古回部王公表传》卷四二传第二六。
⑧ 《蒙古回部王公表传》卷三三传第一七。
⑨ 《蒙古回部王公表传》卷四二传第二六。

萨克台吉僧格叔祖。"顺治三年,从豫亲王多铎剿苏尼特部叛人腾机思,至喀尔喀,败土谢图汗、车臣汗援兵。五年,叙功,封辅国公。七年,晋多罗贝勒,诏世袭罔替。"①都是一些闲散王公。

此外,一些王公或因犯法或因其它原因,没有令其领旗,或被剥夺扎萨克的权力。其中科尔沁亲王乌克善是个特例。乌克善于崇德元年(1636)受封和硕卓里克图亲王,世袭罔替。从崇德二年(1637)的档案看,乌克善当时确实领有蒙古左翼的两个旗。②但是,他后来没有当上扎萨克而成为闲散亲王,这应与他屡次犯法有关。"四年(1639),以岁贡减常额,议削爵,仍罚马五百,诏免削,罚马五十。寻以部校满达赖随猎盗马罪,议倍罚牲畜九九,诏从宽罚三之一。……顺治十六年(1659),以奉诏不即至,议削亲王,降贝勒。谕曰:'廷议削乌克善王爵,固属罪所应得,但念系太宗皇帝所封,朕心不忍降夺,仍留之,罚马千。'寻谕免输所罚马。"③

概括而言,北元时期的蒙古各部汗、诺颜、台吉等首领们,在与后金(清)的接触当中,有些被消灭,部众也失散了;有些则因为主动投奔后金(清),虽被编入八旗满洲和蒙古八旗,但保持了一定的权力。然而,漠南蒙古的大部分部落在林丹汗死后归附后金(清),崇德元年开始受封六等爵位。这些受封的王公们绝大部分被封为扎萨克,领有旗,保有很大的传统领属权益。清初蒙古台吉、诺颜们的分流,虽然剥夺了一些人的权力,但对蒙古社会的安定和清朝统治的巩固起到了很积极的作用。

第三节　小　结

满洲兴起之前,女真和蒙古地区政治的特质是在分封制下处于大小贵族各自分治的状态。从来北亚、东北亚社会的规律就是由多个贵族并立向统一汗权转变的过程。蒙古与女真的不同之处在于前者拥有从成吉思汗继承来的大汗身份。但是,15世纪初达延汗死后整个东蒙古处于不断分裂的

---

① 《蒙古回部王公表传》卷四十传第二四。
② 《清内秘书院蒙古文档案汇编》第一辑,第207页。
③ 《蒙古回部王公表传》卷十八传第二。

态势。而成吉思汗一系的血统是历代蒙古地区大小汗王们难以逾越的鸿沟。在蒙古，传统成为桎梏。

然而，满蒙地区的贵族分治状态无疑给努尔哈赤的兼并战争提供了方便，他领导建州女真左卫，逐渐兼并其周围的部落。一般情况下，抵御强大部落的方式是部落联盟的形态。但是，到林丹汗时期，蒙古大汗的宗主权或盟主地位大大削弱，蒙古诸部的联盟再也没有能够组织起来，反而被新崛起的满洲各个击破。在此状况下，后金逐步和蒙古内喀尔喀、科尔沁、喀喇沁、敖汉、奈曼、阿鲁等各个部落组成联盟即军事攻守同盟。军事同盟伊始较为平等的满蒙关系，随着太宗皇太极时期后金国势力的增强，在统一军事行动和划定牧地的过程中，主导权逐渐向后金倾斜。

蒙古各部落首领率领其部众属民归附后金、清朝的途径有所不同。努尔哈赤时代归附的内喀尔喀、兀鲁特部落在一段时间内有较为独立行动的权力，但后来都被并入满洲八旗。喀喇沁、察哈尔等大部落归附后，在天聪九年被单独组成蒙古八旗。蒙古的扎萨克旗则是在天聪年间开始由自愿来归的蒙古贵族及其属民组成的另一种组织方式。其特点是拥有较多的自治权及处理内部事务的权力。就这样，原先的蒙古贵族即汗、台吉等实现了身份转变，编进了清朝的政治结构之内，实现了再次的组织化。

附录：

清初漠南蒙古诸部首任扎萨克王公爵位表

序号	人名（与最初来归者的关系或原称号）	清代册封与赐号、爵位	赐号与册封年代	旗（部）属	准许世袭罔替的年代
1	巴达礼	土谢图济农；扎萨克和说土谢图亲王	天聪七年；崇德元年	科尔沁右翼中旗	崇德元年
2	满珠习礼	达尔汉巴图鲁；扎萨克多罗巴图鲁郡王；扎萨克和硕达尔汉巴图鲁亲王；	天聪二年；崇德元年；顺治十六年	科尔沁左翼中旗	崇德元年

续表

序号	人名(与最初来归者的关系或原称号)	清代册封与赐号、爵位	赐号与册封年代	旗(部)属	准许世袭罔替的年代
3	布达齐	扎萨克图杜棱；扎萨克多罗扎萨克图郡王	天命十一年；崇德元年	科尔沁右翼前旗	崇德元年
4	洪果尔	扎萨克多罗冰图郡王	崇德元年	科尔沁左翼前旗	崇德元年
5	栋果尔(明安子)	镇国公；多罗贝勒；扎萨克郡王	崇德元年；顺治五年(追封)；顺治七年	科尔沁左翼后旗	顺治七年
6	喇嘛什希(图美子)	扎萨克镇国公	崇德元年	科尔沁右翼后旗	崇德元年
7	蒙衮	达尔汉和硕齐；固山贝子(追封)	天命九年；顺治五年	扎赉特旗	顺治五年
8	色棱(阿都齐达尔汉台吉子)	辅国公；扎萨克固山贝子	崇德元年；顺治五年	杜尔伯特旗	顺治五年
9	布木巴(莽果子)	扎萨克镇国公	顺治五年	郭尔罗斯前旗	顺治五年
10	固穆	扎萨克辅国公	顺治元年	郭尔罗斯后旗	顺治元年
11	固鲁思奇布(苏布地子)	扎萨克；固山贝子(赐号多罗杜棱)；多罗杜棱贝勒	天聪九年；崇德元年；顺治七年	喀喇沁右翼旗	崇德七年
12	色棱	扎萨克；镇国公；	天聪九年；顺治五年；	喀喇沁左翼旗	顺治五年
13	格哷勒	一等塔布囊；扎萨克	崇德元年；康熙四十四年	喀喇沁中旗	

续表

序号	人名(与最初来归者的关系或原称号)	清代册封与赐号、爵位	赐号与册封年代	旗(部)属	准许世袭罔替的年代
14	善巴	达尔汉镇国公	崇德元年	土默特左翼旗	崇德元年
15	固穆(鄂木布楚琥尔子)	鄂木布楚琥尔被封扎萨克;镇国公;固山贝子	天聪九年;顺治五年;康熙二年	土默特右翼旗	康熙二年
16	班第(塞臣卓里克图子)	赐号都喇尔巴图鲁;扎萨克多罗郡王	天聪元年;崇德元年	敖汉旗	崇德元年
17	衮楚克	达尔汉;扎萨克多罗达尔汉郡王	天聪二年;崇德元年	奈曼旗	崇德元年
18	色布腾(色特尔子)	扎萨克辅国公;多罗郡王	顺治五年;顺治七年	巴林右翼旗	顺治七年
19	满珠习礼	扎萨克固山贝子	顺治五年	巴林左翼旗	顺治五年
20	尚嘉布(内齐子)	多罗贝勒(追封)	顺治五年	扎鲁特左翼旗	顺治五年
21	桑噶尔(色本子)	达尔汉巴图鲁;多罗达尔汉贝勒(追封)	天聪三年;顺治五年	扎鲁特右翼旗	顺治五年
22	穆彰	扎萨克;扎萨克固山贝子	崇德元年;顺治元年	阿鲁科尔沁	顺治五年
23	孙杜棱(济农)	扎萨克多罗杜棱郡王	崇德元年	翁牛特右翼旗	崇德元年
24	栋岱青	多罗达尔汉岱青	崇德元年	翁牛特左翼旗	崇德元年
25	索诺木	扎萨克一等台吉	顺治九年	克什克腾旗	顺治九年

续表

序号	人名(与最初来归者的关系或原称号)	清代册封与赐号、爵位	赐号与册封年代	旗(部)属	准许世袭罔替的年代
26	衮布伊勒登	扎萨克多罗贝勒	康熙三年	喀尔喀左翼	康熙三年
27	多尔济(原号车臣济农)	扎萨克和硕亲王(留车臣号)	崇德六年	乌珠穆沁右翼旗	崇德六年
28	色棱(原号额尔德尼台吉)	扎萨克多罗贝勒(留额尔德尼号)	顺治三年	乌珠穆沁左翼旗	顺治三年
29	博罗特(原号额尔德尼诺木齐)	扎萨克多罗贝勒(留额尔德尼号);多罗郡王	顺治三年;顺治七年	浩齐特左翼	顺治三年
30	噶尔玛色旺	扎萨克多罗郡王	顺治十年	浩齐特右翼	顺治十年
31	腾机思(原号墨尔根台吉)	扎萨克多罗郡王(留墨尔根号)	崇德六年	苏尼特左翼	崇德六年
32	叟塞(原号巴图尔济农)	扎萨克多罗杜棱郡王	崇德七年	苏尼特右翼	崇德七年
33	多尔济(原号额齐格诺颜)	扎萨克多罗卓里克图郡王	崇德六年	阿巴噶左翼	崇德六年
34	都思噶尔(原号巴图尔济农)	扎萨克多罗郡王	顺治八年	阿巴噶右翼	顺治八年
35	色棱墨尔根	扎萨克多罗贝勒	康熙六年	阿巴哈纳尔右翼	康熙六年
36	栋伊思喇布	扎萨克固山贝子	康熙四年	阿巴哈纳尔左翼	康熙四年
37	鄂木布	授扎萨克,赐号达尔汉卓里克图;多罗君王	崇德元年;顺治六年	四子王旗	顺治六年
38	僧格	扎萨克一等台吉	康熙三年	茂明安	康熙三年

续表

序号	人名(与最初来归者的关系或原称号)	清代册封与赐号、爵位	赐号与册封年代	旗(部)属	准许世袭罔替的年代
39	图巴(原号额尔赫台吉)	扎萨克镇国公	顺治五年	乌喇特中旗	顺治五年
40	谔班	扎萨克镇国公	顺治五年	乌喇特前旗	顺治五年
41	巴克巴海	扎萨克镇国公	顺治五年	乌喇特后旗	顺治五年
42	本塔尔	扎萨克和硕达尔汉亲王	顺治十年	喀尔喀右翼	顺治十年
43	额璘臣(济农)	济农;多罗郡王	天聪九年;顺治六年	鄂尔多斯左翼中旗	顺治六年
44	善丹	扎萨克多罗贝勒	顺治七年	鄂尔多斯右翼中旗	顺治七年
45	小扎木素	扎萨克镇国公	顺治六年	鄂尔多斯右翼后旗	顺治六年
46	沙克扎	扎萨克固山贝子	顺治七年	鄂尔多斯左翼后旗	顺治七年
47	额琳沁	扎萨克固山贝子	顺治六年	鄂尔多斯右翼前旗	顺治六年
48	色棱	扎萨克固山贝子	顺治六年	鄂尔多斯左翼前旗	顺治六年

资料来源:《蒙古回部王公表传》《蒙古游牧记》等。

总结与余论

回顾先行专题研究和一般通史性著作可以发现,对清史和满族史的评价存在以下几种明显倾向:

首先,只强调清朝在制度上与明朝的继承关系。学界出现这一评价倾向的原因,很大程度上是由于我国清史界对满文史料的挖掘还不够充分,而片面依赖单一的汉文官书史料的结果,就是得出的结论难免失之偏颇。当然不可否认的是,后金(清)的汉化程度是逐渐强化的。尤其是入关后为了统治关内地方,清统治者比其入关前更为积极地吸收了明朝的制度和经验。那么,后金早期制度渊源在哪里?这是一个值得关注的问题。有些学者的研究在这方面停留在短时期、局部的考察上,未能从长时段、总体的视角追寻后金(清)制度的渊源。

其次,忽视对清朝关外历史的认知。这种状况容易导致一些似是而非的结论,如认为清朝统治268年,这一简单的提法很容易导致忽略满洲崛起时期的关外半个多世纪的时间(从16世纪80年代至1644年),而导致在后期清朝国家特征认识上的模糊。其实,入关以前的时间是清朝国家各种制度的奠定时期,在整个清代的意义不同凡响。

第三,谈论满洲先祖时,只是关注与肃慎、挹娄、勿吉、女真等满洲-通古斯族的源流关系,而忽略了与满洲临近的蒙古等族群的相关联系,导致对满洲崛起原因的评价不够全面。一个主要原因是,从入关至清中期的逐渐汉化过程中，清廷主持编写官书时有一个去蒙古化的过程，即逐渐淡化和模糊化了清初蒙古的影响。虽然有些学者也注意到了"扎尔固齐""巴克什""巴图鲁"等名号的渊源问题，但联系到更广阔的历史背景中去探讨时，得出的结论则往往解释力不强，甚至发生错误。

另外，东北地区史及其与蒙古关系史研究还不深入，女真（包括满洲）和蒙古关系的源远流长被忽视。蒙古元朝在东北地区建立辽阳行省实行统治。北元时期，蒙古与女真地区的联系也没有中断过，尤其是15世纪中期和16世纪中晚期之后双方的关系更为密切。东部蒙古的察哈尔、内喀尔喀、科尔沁等部不断影响着女真各部的政局变动。这就是本书强调的满洲崛起中的蒙古背景、蒙古因素问题，也就是蒙古影响女真的基础和条件问题。

基于以上研究倾向，以往的研究中在评价蒙古在清代的地位时，一般将蒙古置于"边疆"的范围之内考察。究其出发点无非是默认了中原"王朝正统论"，再加上近代民族主义和国家建构论等理论，而忽略了清朝的多元文化特色。尤为甚者，把清代蒙古史置于"少数民族"史范畴中探讨。其实，蒙古在清代的政治地位经历了一个由"中心"到"边疆"化的演变过程，入关后清朝统治的中心逐渐转变到汉地。可以说蒙古地区基本上处于边疆的位置是从清朝与准噶尔部战争结束之后开始的。这是值得细致探究的问题。可以肯定地说，在后金太宗朝和清初时代，蒙古绝非处于"边疆"的位置，而应处在一种政治"中心"的地位。那么，蒙古在清代的地位是怎样建立起来的？其过程如何？值得我们去追根溯源。

本书首先提出这样一个问题：后金（清）早期的制度主要是继承了女真、中原或是蒙元的？后金（清）统治者是用怎样的运作机制来逐渐臣服蒙古各部的？

早已形成共识的说法是：满洲建立后金封建国家，努尔哈赤、皇太极既强调他们是女真人所建立金朝的继承者，又坚持学习中原制度文化，团结、吸引、利用大批汉族官僚和知识分子。皇太极改国号为"大清"，直至入主中原以后统治全中国，清统治者积极地吸收了明朝的制度和经验。显然"参汉酌金"是满洲贵族建立后金的一个重要政策。

那么，如何解释后金早期的"蒙古因素"？

元朝退出中原后，洪武二十年(1387)，明廷派冯胜等将军大举征讨在东北的元遗军首领纳哈出，纳哈出和辽王阿札失里相继表示归附明朝，明在东北建立了统治。但这并非表示蒙古势力在东北女真地区的终结。尤其是明永乐朝(1403—1424)以后，蒙古势力逐渐恢复，明朝再也没有力量彻底消灭北元，反而北元势力准备重新向原元朝的统治区域伸展。明正统四、五年(1440—1441)，瓦剌脱欢之子也先袭位。"这个也先的势力最为桀骜，远远胜过他的祖父马哈木和脱欢，日益肆行征略四方，西自中亚，东越满洲直到朝鲜，北起西伯利亚的南境，南逼明朝的北边，几乎形成了元灭以后的最大势力，竟至越过边塞俘获了大明英宗皇帝。"①当时，乌梁海三卫充当瓦剌先锋，其势力东侵到辉发河流域。② 占据东边的脱脱不花汗是乌梁海三卫的统治者，并进而经略东方的女真。但脱脱不花大肆蹂躏女真各部，并不在此时，其实是在同明和议既成以后，景泰二年(1451)春初时期。③"脱脱到白马儿大泊去处，将都督刺塔、伯勒哥、都指挥三角儿及野人头目约有三四百人，尽数都杀了。"④和田清说，刺塔、伯勒哥是当时女真唯一的大酋。"总之，这些酋长说有三四百人，虽有些夸张，但大都被杀或投降，既然说自松花江至恼温江(嫩江)传箭而定，可见海西地方已完全被征服了。"⑤蒙古势力的重新崛起，一方面对女真各部的此起彼伏和迁移起到作用，另一方面使双方在政治和文化上的联系和相互影响也得以持续。

15世纪晚期，蒙古达延汗崛起，统一蒙古诸部。其后即位的打来逊库登汗、图们札萨克图汗等相继控制女真的一部分地区。图们札萨克图汗在位的16世纪后半期"从女真、捏流、答吉兀儿三种部族处收取贡赋"。⑥

概括而言，蒙元统治以来，经过四个世纪，大部分女真地区一直处于蒙古的控制或影响之下，女真经历了很长时间的蒙古化过程，这也是一段他们与原女真因素产生隔阂的时期。在此期间，满洲吸收了蒙古文化、制度的诸

---

① 〔日〕和田清：《明代蒙古史论集》上册，第221页。
② 同上书，第227页。
③ 同上书，第268页。
④ 《少保于公奏议》(卷八)景泰二年五月十二日《兵部为关隘事》，钱塘丁氏重刻杭州府本。
⑤ 〔日〕和田清：《明代蒙古史论集》上册，第271页。
⑥ 乌兰：《〈蒙古源流〉研究》，第360页。

多元素。

本书强调满洲的关外经历。通过深入研究清初满洲和蒙古的关系,从满洲的立场出发可以将清初的满蒙关系分为三个阶段,即学习模仿阶段、同盟阶段和管辖阶段。书中考察了清初满蒙政治关系中的有关制度,如汗、扎尔固齐、巴克什、达尔汉、巴图鲁等努尔哈赤至皇太极年间后金国家中枢机构中的名号、官号,盟誓、质子、九白之贡等政治生活中的惯例及太宗、世祖时期管理漠南蒙古的措施及制度等一系列问题。当然,在与蒙古关系中运用的一些制度惯例,并非全部都是从蒙古那里借用的。如盟誓、质子习俗等政治运作方式,或在内亚民族中较为普遍使用,或在满洲-通古斯族人中较早运用,这是需要注意的。此外,清初满蒙关系中的其他一些重大问题,如满文的创制、蒙古八旗、扎萨克旗的建立、满蒙联姻、传国玉玺、麻哈噶剌护法神等,前人已有深入研究,在此没有展开讨论。

全书围绕制度史(主要以政治制度中的官制为中心),探寻清朝早期继承蒙元遗产的进程。虽说这一过程大体经历三个阶段,但其中的细节是难以用一句话概括的。为了强调主题,下面提出这样一个问题:漠南蒙古的臣服对后金(清)的意义是什么? 在于从三个方面总结清初后金(清)与漠南蒙古关系的短期的、长期的和直接的、间接的结果,以此回答这个问题。

第一,蒙元遗产与后金升级到大清。从形式上看,公元1636年后金国升级到"大清",似乎是天聪朝仿效中原王朝的一个新台阶。因为,在5年前的天聪五年(1631),后金建立六部,这看起来是满洲汉化的开端。蔡美彪在观察这段历史后得出的结论是:"努尔哈赤在立汗号的同时所建立的国家统治机构,在许多方面也采取了蒙古的制度。""在大清国的统治机构中,蒙古贵族在许多方面依然起着重要作用。但就国家总体制度来说,却由依仿蒙古汗国制转变到依仿汉族王朝的体制。皇太极的建号乃是这一转变的重要标志。"① 在后金国的政权构造方面蔡先生的结论无疑是正确的。三田村泰助也提出类似的论点:"在统治机构组织方面,蒙古和女真是极其相似的。"②

---

① 蔡美彪:《大清国建号前的国号、族名与纪年》,《历史研究》1987年第3期。
② 〔日〕三田村泰助:《穆昆塔坦制成立的背景和意义》,《民族译丛》1987年第6期。三田村的结论是在对比成吉思汗蒙古国的政权构造和努尔哈赤后金国的政权构造后得出的,并没有注意到其中的源流和继承关系。

但就"大清国"建立过程中蒙古作用问题的评价而言,有进一步重新审视的必要。天聪八年(1634)、九年的历史表明,这次国家政权升级与察哈尔的灭亡直接有关。

天聪元年(1627),漠南最强大的部落、蒙古大汗察哈尔部林丹汗率部西迁打败蒙古右翼各部,控制东起辽西、西至甘肃一带地区。其后,原察哈尔属部离他而去,纷纷投奔到后金或外喀尔喀。当年,敖汉、奈曼归附后金。乌珠穆沁、苏尼特、浩齐特及阿巴噶、阿巴哈纳尔等部则北附外喀尔喀车臣汗硕垒。林丹汗虽然占据了右翼,但在与后金的力量对比中逐渐处于弱势。天聪二年(1628),皇太极组织满洲八旗和新旧归附的蒙古各部准备发动对察哈尔的第一远征。这次远征虽然没有实现预期目标,但加强了后金对蒙古各部兵丁的组织演练。后金对察哈尔的第二次远征是天聪六年(1632)。当年皇太极集中10万兵出击,而林丹汗自知不敌仓皇出逃。在此期间,漠北的阿鲁科尔沁、四子、翁牛特、茂明安等阿鲁各部相继南下投奔后金。在后金所继承蒙元遗产中的有形资产即人民、土地等逐年增加。

林丹汗率部驻牧于河套西面的明甘肃、宁夏边外,同时也失去明朝的信任,不再得到赏赐。到1634年,林丹汗得知后金军队又要出征,只好率部向青海方向转移,途中病故于大草滩。当年七月,皇太极亲自率兵到明大同、宣府边外,收集察哈尔溃散东来的部众。其中有林丹汗的大臣和克什克腾、浩齐特及内喀尔喀的部分台吉们。另外,萨迦派喇嘛莎尔巴胡图克图的徒弟等带着蒙古大汗的护法神麻哈噶喇佛像前来归附后金。1635年,后金又出兵搜寻林丹汗幼子额哲洪格尔。以多尔衮为首的四贝勒率兵寻找额哲,途中俘获林丹汗妻囊囊太后。在河套托里地方,额哲及其母苏泰太后被迫率部投降,交出传国玉玺,北元亡。不久,多尔衮遣使将这些事情报告给太宗皇太极。

当年八月癸未,"文馆甲喇章京鲍承先奏言,皇上圣德好生,仁政旁达,天赐玉玺,乃非常之兆也。当敕一部制造宝函,至日,躬率诸臣郊迎,由南门进宫,以敬天赐。仍以得玺之来历,书于敕谕,缄用此宝,颁行满、汉、蒙古,俾众通晓,识天命之攸归也。上是之"。① 九月初,出师诸贝勒回盛京,皇太极亲自迎接传国玉玺。

十二月二十八日,"诸贝勒、大臣定议,令弘文院希福、刚林、秘书院罗硕、礼部启心郎祁充格奏汗曰:孔、耿、尚三将军已来降,察哈尔部又归附,外边诸部一统。欲请汗进称尊号,汗以未知天意,不能承受尊号,必待上天眷佑,式廓疆域,大业克成,彼时受尊号,未为迟为辞,不允众情。今察哈尔汗太子,举国来降,又得历代帝王相传玉宝玺,是天心默佑,大可见矣。今当仰承天意,早正大号等语具奏"。② 后金诸贝勒、大臣以明朝三大将军的来降和察哈尔部的归附等两项条件来劝皇太极受尊号,但遭到拒绝。为此他们又加了一个条件,即"得历代帝王相传玉宝玺",这次虽然又遭到皇太极委婉的拒绝,但从崇德元年(1636)四月受尊号、改国号的文献记载来看,"混一蒙古,更获玉玺"③明显是其必备条件。如果没有实现这一条件,皇太极当年很难接受尊号"宽温仁圣"汗,改国号"大清"。因此,以察哈尔为代表的漠南蒙古的全部归附即蒙元遗产的主要继承者之臣服,对后金政权的升级提供了至关重要的因素。由此看来,后金继承蒙元遗产并非到天聪初期就停止了,直至天聪朝后期后金(清)国的内亚特征(包括满、蒙特征)也是非常明显的。

此外,据多种文献记载,清太宗皇太极一再强调辽金元三朝的重要性。④ 后金政权从努尔哈赤开始吸收辽金元三朝的制度遗产,是一个从无意识到有意识的过程。但仅就政权结构而言,其中只有继承蒙元遗产是非常现实的,辽和金的影响相对来讲较小。事实上,后金(清)基本上没有直接受到契丹辽朝的影响。女真的因素也在蒙古影响面前逐渐淡化,而蒙古因素的存在是真实和持续不断的。

从制度史的视角评论,在蒙古的影响下,蒙古与女真地区拥有共同的政

---

① 康熙本《清太宗实录》卷二四,天聪九年八月癸未。《清朝太祖太宗世祖朝实录蒙古史史料抄》,第341页。
② 《清初内国史院满文档案译编》上,第221页。
③ 《清太宗实录》卷二八,崇德元年四月乙酉。
④ 〔美〕欧立德:《这将是谁人之天下?17世纪初叶满人对历史进程的描述》,《世界时间与东亚时间中的明清变迁》上卷,三联书店,2009年。

治文化。在此基础上,努尔哈赤的后金国家在政权构造上和同时代的蒙古各部的政权极为相似,它继承和发展了13世纪蒙古帝国的衣钵。但这并不是说后金时期的国家制度全部都是从蒙古那里借鉴过来的,如牛录——八旗制的创制,是在女真传统社会组织基础上实现的。从蒙古的视角评价,一个"蒙古化"的、和蒙古结成军事同盟关系的满洲在17世纪初叶崛起并随后攻入关内统治中国两个世纪之多。在这一点上,我们的研究似乎部分契合了"新清史"①的研究旨趣,也回答了有关"谁是满洲人"的问题。其实,观察研究路径和学术历程,中国的满族史研究与美国"新清史"的不同之处也是显而易见的。

第二,军事同盟的意义。正如在第二章所探讨的那样,后金通过盟誓制度逐渐和漠南蒙古各部建立同盟关系。这一关系在有清一代始终影响着清朝战场上的胜败和整个国家统治的稳定性。

札奇斯钦分四个阶段来探讨蒙古兵力支援清朝的问题:一、自入关前到三藩之乱的削平;二、对准噶尔的作战;三、对太平天国、英法联军及捻军的战争;四、对付西北回乱。他又把清初的战争分几个步骤,如绥服漠南蒙古,平定察哈尔;东征朝鲜;攻略明朝,统一中国;以及削平三藩之乱,底定全国等。札氏说:"在满洲的三个世纪之间,蒙古人几乎在一半的时间都为他们的满洲统治者流血、输资、作战。当然这不能避免给自己的民族带来损伤,导致衰弱;可是对满洲而言,的确建立了'忠勤'的战果,赢得皇室的'嘉慰'。"②我们观察过的蒙古王公得到很高的世爵世职与此战功直接有关。如天聪六年(1632)九月,"初五日,蒙古嫩科尔沁部主土谢图额驸卒。至是来报。汗素服,坐于东门下屋内,垂泪曰:'悲哉!往日临阵彼独当一面,于政事亦多有裨益,且长于参议。奈何哉,既与友之,愿其长寿也。'恸哭之。侍臣慰藉曰:'汗不必过哀,因彼为一部之主,天乃减其寿算耳。'汗曰:'凡人无益于事,而徒取憎于人者,虽属近亲,我不伤心。若喀喇沁苏布迪、土谢图额驸此二人,乃为最优。如此贤能之人,何可再得而与之为友耶?我曾以我所

---

① 有关美国"新清史"的研究和介绍可以参考党为:《美国新清史三十年——拒绝汉中心的中国史观的兴起与发展》,上海人民出版社,2012年。只是该书所定"新清史"概念过于宽泛。

② 札奇斯钦:《满清开国时期蒙古兵力的支援》,《东洋法史探究》,东京:汲古书院,1987年。

服之狐软皮袄、黑狐帽、金腰带、缎靴赐之也。闻彼执我所赠金腰带泣曰：征察哈尔时,我曾欲于汗前奋进,期获嘉奖,可惜未能报汗养育之恩等语。彼乃我之一翼也。'垂泪毕,遣宗室费扬古阿哥、扬古利额驸为首,率车尔格依、阿什达尔汉、吴善、韩岱、乌赖、图赖、鄂罗色臣等,按丧例往焚纸一万张、纸锞一千,杀牛祭之。"①皇太极对科尔沁部奥巴和喀喇沁部苏布迪的评价是公允的,他们在天聪初年的几次战役中表现出各自卓越的军事才能。他们二人就是漠南诸部在后金(清)内外战争中的杰出代表。

此外,对长城北面沿线的控制对后金(清)也有非凡的战略意义。在努尔哈赤时代,后金与明朝的战争集中在山海关外辽东地区,后金相继占领或劫掠开原、铁岭,以及沈阳、辽阳、广宁、锦州等整个辽东地区。皇太极即位后,天聪元年(1627)发动对明朝战争,但在宁远、锦州遭到抗击而退兵。后金对明战争的转折是随着林丹汗西迁而出现的。尤其是在天聪三年(1629),后金与多数漠南部建立同盟关系,皇太极亲自统帅八旗、蒙古兵,避开锦州、宁远,取道塞北,越过长城,直逼明京城。这就使明朝在辽西地区的防御线失去意义。战线的拉长,使危难中的明朝处境更为困难,而后金则占据了战略上的主动地位。其后,后金用几年的时间征讨了察哈尔。崇德元年(1636),皇太极登基后,至崇德七年(1642)共发动3次对明战争,都是由北部长城入口,对直隶及附近的鲁、豫地区进行大规模的扫荡。太宗皇太极时期对明宁、锦一线战争的胜利几乎都是在这种分散明朝兵力的情况下取得的。因此说后金对漠南蒙古地区及长城北面沿线的控制,使它在对明朝的战争中处于主动地位。

另外,历史上的中原王朝衰败的一个重要原因是北方民族的不断侵蚀战争。然而,在清代,蒙古各部的相继臣服不仅给中原地区带来安定,也成为清朝安定的后方。在这方面,康熙帝有一段话评论长城作用的失效,概括得很深刻。《实录》载康熙三十年多伦会盟之后:

> 四十九旗王、贝勒、贝子、公、台吉等跪路左,喀尔喀土谢图汗、车臣汗及王、贝勒、贝子、公、台吉等跪路右,驾过,喀尔喀土谢图汗、车臣汗、

---

① 《内阁藏本满文老档》20,第657—658页。

王、贝勒、贝子、公、台吉等皆依恋不已,伏地流涕。上谕曰:"朕欲携尔等至京师,路遥天暑,尔等生长北边,恐不习内地水土。朕再出边时,即召尔等来见也。"又谕四十九旗王、贝勒、贝子、公、台吉等曰:"边外无城郭墙垣,故不肖之人易于偷盗。比年以来此风日炽,马牛牲畜多被攘窃。边外蒙古俱赖畜牧为业,其家有牲畜可以资生之。人恐被偷盗,各将牲畜圈絷,不行放牧,必致瘦毙。如此,则虽可以资生之人,亦必致穷蹙,而贫富同归于困苦矣。尔等宜不时晓谕所属之人,严加禁止,使盗贼永息,各安生业,以副朕中外一体至意。"

是日,上驻跸鄂尔哲图阿尔宾敖拉地方。

谕扈从诸臣曰:"昔秦兴土石之工,修筑长城。我朝施恩于喀尔喀,使之防备朔方,较长城更为坚固。"①

清朝把蒙古比作比长城还要坚固的屏藩。这种观点前人已经提到过,在此本文强调的是漠南蒙古归附后金(清)这一事件的重大意义。到顺治初年时,漠南蒙古诸部基本都已归附清朝,后来虽有几次小型叛逃事件,但对清朝的后方没有构成太大的威胁。甚至在康熙中期,准噶尔噶尔丹率兵深入到离北京几百里地方,但终因漠南各部没有响应,很快被清军(包括蒙古兵)打败。这些都证明漠南蒙古的安定对整个清朝的重要性。

第三,漠南蒙古的归附与清朝版图的扩张。这可以说是漠南蒙古臣服后金(清)的间接意义,即清朝版图的一半以上是从蒙古手里接管过来的。清朝对蒙古各部的征服也是一步步实现的。刚开始是漠南,接着是漠北的外喀尔喀,再接着青海的和硕特部(四卫拉特之一)、新疆的准噶尔、土尔扈特等。如果清朝未能征服以科尔沁、察哈尔为首的漠南诸部就很难实现对其他蒙古部的征服。尤其是察哈尔部是蒙元遗产的主要继承者,虽说在它未归附后金以前即失去了很多宗主权,但其象征意义是非常重大的。一旦这个蒙古诸部的中心倒下,其他各部的相继归附只是时间问题了。如就外喀尔喀的归附来讲,外喀尔喀和后金(清)的最早联系是从林丹汗死后的天聪九年(1635)开始的。当时,喀尔喀部车臣汗给额哲去信,表示欢迎他们率

---

① 《清圣祖实录》卷一五一,康熙三十年五月壬辰。

众前往喀尔喀。然而,后金以武力威胁来迫降察哈尔遗众,并有意采取施压政策胁迫喀尔喀早日来归。崇德三年(1638),"丁卯,谕西北蒙古喀尔喀部落查萨克图汗下使臣达尔汉囊苏喇嘛曰:'朕以兵讨有罪,以德抚无罪,惟行正义,故上天垂佑,将蒙古诸国悉以与朕。今蒙古国主察哈尔汗之子,见在朕皆抚养,尔喀尔喀当念尔主既在我国,即应归顺,以安其生。'"①在此清朝以额哲为助,对喀尔喀施加压力。当时,外喀尔喀各部准备和卫拉特建立同盟关系,以应对从清朝方面来的压力。但是,正如前文所述,随着时间的推移,喀尔喀各部也逐渐遵照清朝的规定完成"九白之贡"而与之建立朝贡关系。最后在准噶尔噶尔丹的军事打击下,南下归附清朝。清廷打败噶尔丹之后,加紧对和硕特部控制下的青藏高原地区的渗入,并逐步实现对卫拉特各部统治下的青藏、新疆地区的控制。

从版图面积的角度看,将漠南蒙古、漠北蒙古、青海和原先处于蒙古控制下的西藏、新疆地区加起来,其面积远多于清朝整个版图的一半。由此观察,从漠南蒙古的归附开始所产生的多米诺骨牌式的连锁效应,对清朝和当今中国意义之大可想而知。

纵观清初三朝满蒙关系的历史进程,是随着历史的发展以及努尔哈赤、皇太极心理认知的成熟而逐渐演变的。刚崛起时期的努尔哈赤自称"蒙古遗种",以提高自己的地位、威望。太宗皇太极则对辽、金和元三朝加以推崇。后来在与科尔沁、内喀尔喀等蒙古诸部的接触中,后金统治者逐渐深入地认识到蒙古的历史和现状,开始采取消灭敌人、拉拢朋友的分化策略。在天命年间的努尔哈赤看来,包括满州在内的女真和蒙古"语言各异,其衣饰风俗皆通也"。② 随着后金势力的壮大,在内亚各族中的地位明显上升,努尔哈赤的自信心也提高了。他对扎鲁特部人说:"尔蒙古以养牲、食肉、衣皮为生。而我国则以耕田食谷为生矣。我等本非一国,乃语言相异之国也。"③努尔哈赤的认知逐渐深入,看到了满、蒙不同的一面。天命八年(1623),努尔哈赤又言:"蒙古之势,犹天空云生而雨也。其合众而发兵,我则披蓑而从。

---

① 《清太宗实录》卷四二,崇德三年七月丁卯。
② 《内阁藏本满文老档》19,第34、41页。
③ 同上书,第43页。

其众兵散,我则蹑其踪而取之。"①至此,后金统治者通过与蒙古这个邻居的频繁交往,已比较全面地掌握了蒙古社会的规律和制度性问题,在与蒙古的关系中逐渐处于主动地位。

在实力和认知提高的基础上,后金(清)在对蒙古的较量中转败为胜,逐渐征服了蒙古各部。尤其是到太宗崇德和世祖顺治时期,在与外喀尔喀的较量过程中,清统治者更表现出其高人一等的策略。如顺治二年(1645)清朝给喀尔喀车臣汗硕垒的信中说:"吾等红缨之国由来一体",②以创造一种亲近感而号召外喀尔喀首领们前来投奔。应该说这种利用满蒙相同特征的心理攻势,是清朝在与蒙古对抗中屡屡获胜的原因之一。

当然,蒙古的影响并未终结在清初。蒙古在清初所具有的强大持续的影响力,也延伸到整个清代,影响了有清一代的国家特质。其表现形式为多文字公文、官书的撰写,设置理藩院统治境内的藩部(包括前期有关俄罗斯的交往),重视藏传佛教,避暑山庄的建造等等。

满洲入关后,开始接受中原王朝的传统,改变着其"贵族联合"特质的政治传统,向中央集权制的中原传统倾斜,权力逐渐集中到皇帝一人身上。当然,"贵族联合"的政体与中央集权制比较,更容易联合众多势力而处于扩张的有利地位,这对清初的发展是有益的,但入关后形势发生了改变,从此,清朝的统治中心逐渐位移,蒙古的"边疆化"进程开始了。

---

① 《内阁藏本满文老档》19,第179页。据《清太祖武皇帝实录》卷四:"蒙古之国犹此云然,云合则致雨,蒙古部合则成兵,其散犹如云收而雨止也。俟其散时,吾当亟取之。"
② 《清内秘书院蒙古文档案汇编》第二辑,第61页。

参考文献

一、史料
(一) 档案

1. 历史语言研究所编:《明清史料》,历史语言研究所,北平,1930、1936 年;台北,1953、1954、1957、1958、1960、1962、1967、1975 年。

2. 李光涛、李学智:《明清档案存真选辑》一、二、三集,台北历史语言研究所,1959—1973 年。

3. 《旧满洲档》,台北"故宫博物院"影印本,1969 年。

4. 广禄、李学智译:《清太祖朝满文原档(第一册荒字老满文档册)》《清太祖朝满文原档(第二册昃字老满文档册)》,台北历史语言研究所,1970、1971 年。

5. 《旧满洲档译注》清太宗朝(一、二),台北"故宫博物院",1977、1980 年。

6. 重译《满文老档》,辽宁大学历史系,1978 年。

7. 《明代辽东残档选编》,辽宁大学历史系,1979 年。

8. 辽宁省档案馆、辽宁省社会科学院历史所编:《明代辽东档案汇编》上、下,辽沈书社,1985 年。

9. 中国人民大学清史所、中国第一历史档案馆编译:《盛京刑部原档》,群众出版社,1985 年。

10. 关嘉禄、佟永功、关照宏译:《天聪九年档》,天津古籍出版社,1987 年。

11. 季永海、刘景宪译:《崇德三年满文档案译编》,辽沈书社,1988 年。

12. 中国第一历史档案馆:《清初内国史院满文档案译编》上、中、下,光明日报出版社,

1989年。

13. 中国第一历史档案馆、中国社会科学院历史所译注:《满文老档》上、下,中华书局,1990年。

14. 李保文、南快:《写于17世纪初叶的43份蒙文书信》,《内蒙古社会科学》,1996年第1期。

15. 李保文整理:《十七世纪蒙古文文书档案(1600—1650)》,内蒙古少儿出版社,1997年。

16. 中国第一历史档案馆、辽宁省档案馆编辑:《中国明朝档案总汇》,广西师范大学出版社,2001年。

17. 中国第一历史档案馆、内蒙古自治区档案馆、内蒙古大学蒙古学研究中心编:《清内秘书院蒙古文档案汇编》第一——七辑,内蒙古人民出版社,2003年。

18. 乌云毕力格:《明朝兵部档案中有关林丹汗与察哈尔的史料》,*Researching Archival Documents on Mongolian History Observations on the Present and Plans for the Future*,东京外国语大学,2004年。

19. 中国第一历史档案馆、内蒙古大学蒙古学学院:《清内阁蒙古堂档》(共二十二卷),内蒙古人民出版社,2005年。

20. 冯明珠主编:《满文原档》,台北"故宫博物院",2005年。

21. 中国第一历史档案馆:《内阁藏本满文老档》,辽宁民族出版社,2009年。

22. 〔日〕满文老档研究会译注:《满文老档》(全七册),东洋文库,1955—1963年。

23. 〔日〕东洋文库清代史研究室译注:《内国史院档·天聪九年》(全二册),财团法人东洋文库,1972—1975年。

24. 〔日〕东洋文库清代史研究室译注:《内国史院档·天聪七年》,东洋文库,2003年。

25. 〔日〕楠木贤道等译注:《内国史院档·天聪八年》,东洋文库,2009年。

(二) 史籍

1. 《大清太宗文皇帝实录》(顺治初纂满文本),中国第一历史档案馆藏。
2. 康熙《御制清文鉴》,康熙四十七年(1708)殿刻本。
3. 《清太祖武皇帝弩儿哈奇实录》,北平故宫博物院影印本,1932年。
4. 王在晋:《三朝辽事实录》,江苏省国立图书馆,1933年。
5. 王士琦:《三云筹俎考》,《国立北平图书馆善本丛书》第一集,商务印书馆,1937年。
6. 《北虏世代》,《国立北平图书馆善本丛书》第一集,商务印书馆,1937年。
7. 程开祜:《筹辽硕画》,《国立北平图书馆善本丛书》第一集,商务印书馆,1937年。
8. 魏焕:《皇明九边考》,《国立北平图书馆善本丛书》第一集,商务印书馆,1937年。

9. 《满洲金石志》,满日文化协会刊本,1937年。
10. 《明代满蒙史料·明实录抄》,京都大学文学部,1954－1959年。
11. 瞿九思:《万历武功录》,中华书局影印本,1962年。
12. 何秋涛:《朔方备乘》,文海出版社,1964年。
13. 张穆:《蒙古游牧记》,文海出版社,1965年。
14. 《清太祖武皇帝实录》,《图书季刊》第一卷第一期,1970年。
15. 《辽史》,中华书局,1974年。
16. 《金史》,中华书局,1975年。
17. 《元史》,中华书局,1976年。
18. 《清史稿》,中华书局,1976年。
19. 王钟翰辑:《朝鲜李朝实录中的女真史料选编》,《清史史料丛刊》第七辑,辽宁大学历史系,1979年。
20. 吴晗辑:《朝鲜李朝实录中的中国史料》,中华书局,1980年。
21. 《明实录》,台北"中研院"校勘本,上海书店,1982年。
22. 彭大雅、徐霆:《黑鞑事略》,王国维遗书本,上海书店出版社,1983年。
23. 道布整理、转写、注释:《回鹘式蒙古文文献汇编》,民族出版社,1983年。
24. 罗卜藏丹津:《黄金史纲》,乔吉校注本,内蒙古人民出版社,1983年。
25. 内蒙古大学蒙古史研究所编印:《蒙古史研究参考资料》新编第36辑,1984年。
26. 魏源:《圣武记》,中华书局,1984年。
27. 昭梿:《啸亭杂录》,中华书局,1984年。
28. 《清入关前史料选辑》一、二、三,中国人民大学出版社,1984、1989、1991年。
29. 光绪朝《大清会典事例》,(台湾)新文丰出版公司影印,1985年。
30. 杨宾:《柳边纪略》,辽海丛书本,辽沈书社,1985年。
31. 李辅等:《全辽志》,辽海丛书本,辽沈书社,1985年。
32. 毕恭等:《辽东志》,辽海丛书本,辽沈书社,1985年。
33. 佚名著,乌力吉图校注:《大黄史》,民族出版社,1985年。
34. 朱风、贾敬颜译:《汉译蒙古黄金史纲》,内蒙古人民出版社,1985年
35. 《清实录》,中华书局,1986年。
36. 鄂尔泰等修,李洵、赵德贵点校:《八旗通志初集》,东北师范大学出版社,1986年。
37. 王钟翰点校:《清史列传》,中华书局,1987年。
38. 徐梦莘:《三朝北盟会编》(上下),上海古籍出版社,1987年。
39. 乔吉校勘:《金轮千辐》,内蒙古人民出版社,1987年。

40. 郭造卿：《卢龙塞略》，台湾学生书局，1987年。
41. 《北京图书馆藏中国历代石刻拓片汇编》（清代），中州古籍出版社，1989年。
42. 王之春：《清朝柔远记》，北京：中华书局，1989年。
43. 罗密著，那古单夫、阿尔达扎布校注：《蒙古博尔济吉特氏族谱》，内蒙古人民出版社，1989年。
44. 西清：《黑龙江外记》，《小方壶斋舆地丛钞》本，兰州古籍书店，1990年。
45. 萧大亨：《夷俗记》附《北虏世系》，《北京图书馆古籍珍本丛刊》11，书目文献出版社，1990年。
46. 《华夷译语》，《北京图书馆古籍珍本丛刊》6，书目文献出版社，1990年。
47. 光绪朝《大清会典》，中华书局，1991年。
48. 《满洲名臣传》，黑龙江人民出版社，1991年。
49. 珠荣嘎校注：《阿拉坦汗传》，北京：民族出版社，1991年。
50. 康熙朝《大清会典》，（台湾）文海出版社，1993年。
51. 祁韵士纂：《皇朝藩部要略》，全国图书馆文献缩微复制中心影印本，1993年。
52. 《亲征平定朔漠方略》，中国藏学出版社，1994年。
53. 阿旺洛桑嘉措著，陈庆英、马连龙、马林译：《五世达赖喇嘛传》，中国藏学出版社，1997年。
54. 福格：《听雨丛谈》，中华书局，1997年。
55. 《钦定理藩部则例》，天津古籍出版社，1998年。
56. 包文汉、奇·朝克图整理：《蒙古回部王公表传》第一辑—第二辑，内蒙古大学出版社，1998、2010年。
57. 噶尔丹著，阿尔达扎布注释：《宝贝念珠》，内蒙古人民出版社，1999年。
58. 乾隆官修：《皇朝通典》，浙江古籍出版社，2000年。
59. 乾隆官修：《皇朝文献通考》，浙江古籍出版社，2000年。
60. 张存武、叶泉宏编：《清入关前与朝鲜往来国书汇编（1619—1643）》上、下，台北"国史馆"印行，2000年。
61. 方孔炤：《全边略记》，《四库禁毁书丛刊》，北京出版社，2004年。
62. 郑晓：《皇明北虏考》，《四库禁毁书丛刊》，北京出版社，2004年。
63. 薄音湖、王雄编辑点校：《明代蒙古汉籍史料汇编》第一—七辑，呼和浩特：内蒙古大学出版社，2000—2011年。
64. 余大钧译注：《蒙古秘史》，河北人民出版社，2001年。

65. 齐木德道尔吉、巴根那编：《清太祖太宗世祖朝实录蒙古史史料抄——乾隆本康熙本比较》，内蒙古大学出版社，2002年。
66. 齐木德道尔吉等编：《清圣祖朝实录蒙古史史料抄》，内蒙古大学出版社，2003年。
67. 《八旗满洲氏族通谱》，《文渊阁四库全书》本，上海古籍出版社，2003年。
68. 阿桂等：《满洲源流考》，《文渊阁四库全书》本，上海古籍出版社，2003年。
69. 阿桂等：《皇朝开国方略》，《文渊阁四库全书》本，上海古籍出版社，2003年。
70. 《钦定辽金元三史国语解》，《文渊阁四库全书》本，上海古籍出版社，2003年。
71. 乾隆《御制增订清文鉴》，《文渊阁四库全书》本，上海古籍出版社，2003年。
72. 阿桂等：《钦定盛京通志》，《文渊阁四库全书》本，上海古籍出版社，2003年。
73. 祁韵士等：《钦定蒙古回部王公表传》，《文渊阁四库全书》本，上海古籍出版社，2003年。
74. 罗密、博卿额：《蒙古家谱》，中国公共图书馆文献珍本会刊（史部）《清代蒙古史料合辑（一）》，全国图书馆文献缩印复制中心，2003年。
75. 陶宗仪：《南村辍耕录》，中华书局，2004年。
76. 《明清史料丛书八种》，北京图书馆出版社，2005年。
77. 吴振棫：《养吉斋丛录》，中华书局，2005年。
78. 《外藩蒙古回部王公表传》，《国朝耆献类征初编》本，广陵书社，2007年。
79. 冯瑷：《开原图志》，玄览堂丛书本，广陵书社，2010年。
80. 茅瑞征：《东夷考略》，《玄览堂丛书》本。
81. 张鼐：《辽夷略》，《玄览堂丛书》本。
82. 乌兰校勘：《元朝秘史》，中华书局，2012年。
83. 〔德〕海西希：*Mongolische Ortsnamen*，威斯巴登，1966年。
84. 〔朝鲜〕李民宬：《建州闻见录》，辽宁大学历史系，1978年。
85. 〔朝鲜〕申忠一：《建州纪程图记》，辽宁大学历史系，1979年。
86. 〔荷〕伊兹勃兰特·伊台斯、〔德〕亚当·勃兰德著，北京师范大学俄语翻译组译：《俄国使团使华笔记(1692—1695)》，商务印书馆，1980年。
87. 〔波斯〕拉施特主编，余大钧、周建奇译：《史集》第一、二、三卷，商务印书馆，1983—1986年。
88. 〔韩〕《燕行录全集》，东国大学校出版部，2001年。
89. 〔德〕P.S.帕拉斯著，邵建东、刘迎胜译：《内陆亚洲厄鲁特历史资料》，云南人民出版社，2002年。

二、今人论著

（一）著作

1. 谢国桢:《清开国史料考》,国立北平图书馆,1931年。
2. 萧一山:《清代通史》,商务印书馆,1947年。
3. 陈捷先:《满洲丛考》,《台湾大学文史丛刊》,1963年。
4. 王钟翰:《清史杂考》,人民出版社,1957年。
5. 邓衍林编:《中国边疆图籍录》,商务印书馆,1958年。
6. 札奇斯钦:《北亚游牧民族与中原农业民族间的和平、战争与贸易之关系》,正中书局,1972年。
7. 段昌国、刘纫尼、张永堂译:《中国思想与制度论集》,(台湾)联经出版事业公司,1976年。
8. 黄彰健:《明清史研究丛稿》,台湾商务印书馆,1977年。
9. 编写组编:《满族简史》,中华书局,1979年。
10. 中国社会科学院历史研究所清史研究室编:《清史论丛》第一——三辑,中华书局,1979—1982年。
11. 中国人民大学清史研究所编:《清史论文选集》第一辑,中国人民大学出版社,1979年。
12. 戴逸:《简明清史》,人民出版社,1980年。
13. 周远廉:《清开国史研究》,辽宁人民出版社,1981年。
14. 范传培:《清代政治制度之研究》,台中书恒出版社,1982年。
15. 中国社会科学院民族研究所社会历史室资料组编译:《民族史译文集》12,1984年。
16. 金启孮:《女真文辞典》,文物出版社,1984年。
17. 《中国大百科全书·中国历史》元史,中国大百科全书出版社,1985年。
18. 中国蒙古史学会编:《蒙古史研究》第1—10辑,内蒙古人民出版社、内蒙古大学出版社,1985—2010年。
19. 韩儒林主编:《元朝史》上册、下册,人民出版社,1986年。
20. 《蒙古人民共和国历史》(二)上册,内蒙古人民出版社,1986年。
21. 李光涛:《明清档案论文集》,(台湾)联经出版事业公司,1986年。
22. 谭其骧主编:《中国历史地图集》(元明清时期),地图出版社,1987年。
23. 张晋藩、郭成康:《清入关前国家法律制度史》,辽宁人民出版社,1988年。
24. 王钟翰主编:《满族史研究集》,中国社会科学出版社,1988年。
25. 《中国历史地图集·释文汇编·东北卷》,中央民族学院出版社,1988年。

26. 赵云田：《清代蒙古政教制度》，中华书局，1989年。
27. 商鸿逵等编著：《清史满语辞典》，上海古籍出版社，1990年。
28. 滕绍箴：《满族发展史初编》，天津古籍出版社，1990年。
29. 王承礼主编：《辽金契丹女真史译文集》，吉林文史出版社，1990年。
30. 曹永年：《蒙古民族通史》第三卷，内蒙古大学出版社，1991年。
31. 李洵、薛虹：《清代全史》，辽宁人民出版社，1991年。
32. 阎崇年主编：《满学研究》第1辑，长春：吉林文史出版社，1992年；第2—7辑，北京：民族出版社，1994—2002年。
33. 李鸿彬：《清朝开国史略》，齐鲁书社，1992年。
34. 安双成主编：《满汉大辞典》，辽宁民族出版社，1993年。
35. 胡增益主编：《新满汉大词典》，新疆人民出版社，1994年。
36. 马汝珩、马大正主编：《清代的边疆政策》，中国社会科学出版社，1994年。
37. 刘小萌：《满族的部落与国家》，吉林文史出版社，1995年。
38. 马戎编：《西方民族社会学的理论与方法》，天津人民出版社，1997年。
39. 宝音德力根：《十五世纪前后蒙古政局、部落诸问题研究》，内蒙古大学博士学位论文，1997年。
40. 达力扎布：《明代漠南蒙古研究》，内蒙古文化出版社，1998年。
41. 刘小萌：《满洲的社会与生活》，北京图书馆出版社，1998年。
42. 郑天挺：《清史探微》，北京大学出版社，1999年。
43. 成崇德：《18世纪的中国与世界》边疆民族卷，辽海出版社，1999年。
44. 《明清档案与蒙古史研究》1、2，内蒙古人民出版社，2000、2002年。
45. 乌兰：《〈蒙古源流〉研究》，辽宁民族出版社，2000年。
46. 马大正主编：《中国边疆经略史》，中州古籍出版社，2000年。
47. 亦邻真：《亦邻真蒙古学文集》，内蒙古人民出版社，2001年。
48. 胡日查：《科尔沁蒙古史略》，民族出版社，2001年。
49. 特木勒：《朵颜卫研究——以十六世纪为中心》，南京大学博士学位论文，2001年。
50. 陈寅恪：《陈寅恪集》，生活、读书、新知三联书店，2001年。
51. 张永江：《清代藩部研究——以政治变迁为中心》，黑龙江教育出版社，2001年。
52. 王柯：《民族与国家：中国多民族统一国家思想的系谱》，中国社会科学出版社，2001年。
53. 乌云毕力格、成崇德、张永江编：《蒙古民族通史》第四卷，内蒙古大学出版社，2002年。

54. 孟森:《明清史论著集刊正续编》,石家庄:河北教育出版社,2002年。
55. 韩儒林:《穹庐集》,河北教育出版社,2002年。
56. 《中亚文明史》第1—5卷,中国对外翻译出版公司,2003—2006年。
57. 达力扎布:《明清蒙古史论稿》,民族出版社,2003年。
58. 杜家骥:《清朝满蒙联姻研究》,人民出版社,2003年。
59. 阎崇年主编:《20世纪世界满学著作提要》,民族出版社,2003年。
60. 朱诚如主编:《清朝通史》,紫禁城出版社,2003年。
61. 《清史译丛》第一—第九辑,中国人民大学出版社,2004—2010年。
62. 马戎编著:《民族社会学——社会学的族群关系研究》,北京大学出版社,2004年。
63. 袁闾琨等著:《清代前史》上、下卷,沈阳出版社,2004年。
64. 耿世民:《古代突厥文碑铭研究》,中央民族大学出版社,2005年。
65. 杨联陞:《国史探微》,新星出版社,2005年。
66. 乌云毕力格:《喀喇沁万户研究》,内蒙古人民出版社,2005年。
67. 白初一:《清太祖时期满蒙关系若干问题研究》,内蒙古大学博士学位论文,2005年。
68. 敖拉:《从〈旧满洲档〉到〈满文老档〉》,内蒙古大学博士学位论文,2005年。
69. 玉芝:《蒙元东道诸王及其后裔所属部众历史研究》,内蒙古大学博士学位论文,2006年。
70. 白心良:《清史考辨》,人民出版社,2006年。
71. 孟森:《明清史论著集刊》上、下,中华书局,2006年。
72. 孟森:《满洲开国史讲义》,中华书局,2006年。
73. 孟森:《清朝前纪》,中华书局,2006年。
74. 孟森:《心史丛刊》,中华书局,2006年。
75. 达力扎布:《蒙古史纲要》,中央民族大学出版社,2006年。
76. 马大正、成崇德主编:《卫拉特蒙古史纲》,新疆人民出版社,2006年。
77. 宝音初古拉:《察哈尔蒙古历史研究——以十七世纪察哈尔本部历史为中心》,内蒙古大学博士学位论文,2006年。
78. 图雅:《〈桦树皮律令〉研究——以文献学研究为中心》,内蒙古大学博士学位论文,2007年。
79. 李勤璞:《蒙古之道:西藏佛教和太宗时代的清朝国家》,内蒙古大学博士学位论文,2007年。
80. 姚大力:《北方民族史十论》,广西师范大学出版社,2007年。
81. 赵志强:《清代中央决策机制研究》,科学出版社,2007年。

82. 杜家骥:《八旗与清朝政治论稿》,人民出版社,2008年。
83. 姚念慈:《清初政治史探微》,辽宁民族出版社,2008年。
84. 孙静:《"满洲"民族共同体形成历程》,辽宁民族出版社,2008年。
85. 王宝平:《明初至后金兴起前蒙古与女真关系研究》,内蒙古大学硕士学位论文,2008年。
86. 林士铉:《清代蒙古与满洲政治文化》,(台湾)政治大学历史学系,2009年。
87. 哈斯巴根:《清代蒙古史》,内蒙古人民出版社,2009年。
88. 乌云毕力格:《〈阿萨喇克其史〉研究》,中央民族大学出版社,2009年。
89. 乌云毕力格:《十七世纪蒙古史论考》,内蒙古人民出版社,2009年。
90. 罗新:《中古北族名号研究》,北京大学出版社,2009年。
91. 刘凤云、刘文鹏编:《清朝的国家认同——"新清史"研究与争鸣》,中国人民大学出版社,2010年。
92. 赵志强主编:《满学论丛》第一—五辑,辽宁民族出版社,2011—2015年。
93. 姚大力:《蒙元制度与政治文化》,北京大学出版社,2011年。
94. 滕绍箴:《明代女真与满洲文史论集》,辽宁民族出版社,2012年。
95. 刘凤云、董建中、刘文鹏编:《清代政治与国家认同》上册、下册,社会科学文献出版社,2012年。
96. 杨富学:《中国北方民族历史文化论稿》,甘肃民族出版社,2012年。
97. 党为:《美国新清史三十年》,上海人民出版社,2012年。
98. 《纪念王钟翰先生百年诞辰学术文集》,中央民族大学出版社,2013年。
99. 杜家骥:《杜家骥讲清代制度》,天津古籍出版社,2014年。
100. 尚永琪:《莲花上的狮子——内陆欧亚的物种、图像与传说》,商务印书馆,2014年。
101. 罗新:《黑毡上的北魏皇帝》,海豚出版社,2014年。
102. 朱永嘉:《明代政治制度的源流与得失》,中国长安出版社,2015年。
103. 〔日〕服部宇之吉:《清国通考》,三省堂书店,1905年。
104. 〔日〕稻叶岩吉、箭内亘、松井等撰:《满洲历史地理》第二卷,南满洲铁道株式会社,1913年。
105. 〔日〕箭内亘著,陈捷、陈清泉译:《元代经略东北考》,商务印书馆,1934年。
106. 〔日〕历史学研究会编辑:《历史学研究》第5卷第2号(满洲史研究),1935年。
107. 〔日〕今西春秋译:《满和对译〈满洲实录〉》,日满文化协会刊,1938年。
108. 〔日〕稻叶岩吉著,杨成能译:《满洲发达史》,萃文斋书店,1940年。
109. 〔日〕小野川秀美:《突厥碑文译注》,《满蒙史论丛》第四,东京,1943年。

110.〔日〕稻叶岩吉:《清朝全史》,东京:早稻田大学出版社,1944年。
111.〔日〕园田一龟:《明代建州女真史研究》,东洋文库,1948年。
112.〔日〕园田一龟:《明代建州女真史研究(续篇)》,东洋文库,1953年。
113.〔日〕和田清:《东亚史研究(满洲篇)》,东洋文库刊,1955年。
114.〔日〕和田清:《东亚史研究(蒙古篇)》,东洋文库,1959年。
115.〔日〕田村实造:《明代满蒙史研究》,京都大学文学部,1963年。
116.〔蒙古〕纳楚克多尔济:《喀尔喀简史》(西里尔文),乌兰巴托:国家出版事务局,1963年。
117.〔日〕三田村泰助:《清前期史研究》,东洋史研究会出版,1965年。
118.〔日〕三上次男:《金代政治制度研究》,中央公论美术出版,1970年。
119.〔日〕安部健夫:《清代史研究》,创文社,1971年。
120.〔日〕阿南惟敬:《清初军事史论考》,甲阳书房,1980年。
121.〔苏〕符拉基米尔佐夫著,刘荣焌译:《蒙古社会制度史》,中国社会科学出版社,1980年。
122.〔日〕萩原淳平:《明代蒙古史研究》,同朋舍,1980年。
123.〔日〕岛田正郎:《清朝蒙古例研究》,创文社,1982年。
124.〔日〕和田清著,潘世宪译:《明代蒙古史研究》上下,商务印书馆,1984年。
125.〔日〕三上次男著,金启悰译:《金代女真研究》,黑龙江人民出版社,1984年。
126.〔日〕田山茂著,潘世宪译:《清代蒙古社会制度》,商务印书馆,1987年。
127.〔美〕加布里埃尔·A.阿尔蒙德、小宾厄姆·鲍威尔著,曹沛霖等译:《比较政治学:体系、过程和政策》,上海译林出版社,1987年。
128.〔日〕石桥秀雄:《清代史研究》,绿荫书房,1989年。
129.〔美〕加布里埃尔·A.阿尔蒙德、西德尼·维伯著,徐湘林等译:《公民文化——五个国家的政治态度和民主制》,华夏出版社,1989年。
130.〔蒙〕孔格尔:《喀尔喀史》,内蒙古教育出版社,1990年。
131.〔美〕恒慕义主编:《清代名人传略》,青海人民出版社,1990年。
132.〔法〕勒尼·格鲁塞著,魏英邦译:《草原帝国》,青海人民出版社,1991年。
133.〔美〕魏斐德:《洪业:清朝开国史》,江苏人民出版社,1992年。
134.〔美〕牟复礼、〔英〕崔瑞德编,张书生等译:《剑桥中国明代史》上卷,中国社会科学出版社,1992年。
135.〔日〕河内良弘:《明代女真史研究》,同朋舍,1992年。
136.〔日〕《清朝与东亚:神田信夫先生古稀纪念论集》,山川出版社,1992年。

137.《日本学者研究中国史论著选译》第六卷(明清),中华书局,1993年。
138.《日本学者研究中国史论著选译》第九卷(民族),中华书局,1993年。
139.〔美〕费正清、刘广京编:《剑桥中国晚清史》,中国社会科学出版社,1993年。
140.〔法〕伯希和著,耿昇译:《卡尔梅克史评注》,中华书局,1994年。
141.〔日〕石桥秀雄编:《清代中国的诸问题》,山川出版社,1995年。
142.〔日〕松蒲茂:《清太祖努尔哈赤》,白帝社,1995年。
143.〔日〕森正夫等编著:《明清时代的基本问题》,汲古书院,1997年。
144.〔俄〕史禄国著,高丙中译:《满族的社会组织——满族氏族组织研究》,商务印书馆,1997年。
145.〔日〕江岛寿雄:《明代清初女直史研究》,中国书店,1999年。
146.〔日〕松村润:《清太祖实录研究》,东北亚文献研究会,2001年。
147.〔日〕石桥崇雄:《大清帝国》,讲谈社,2001年。
148.〔日〕织田万撰,李秀清、王沛点校:《清国行政法》,中国政法大学出版社,2003年。
149.〔日〕内田吟风著,余大钧译:《北方民族史与蒙古史译文集》,昆明:云南人民出版社,2003年。
150.〔日〕神田信夫:《清朝史论考》,山川出版社,2005年。
151.〔美〕拉铁摩尔著,唐晓峰译:《中国的亚洲内陆边疆》,江苏人民出版社,2005年。
152.〔英〕崔瑞德、〔美〕牟复礼编,杨品泉等译:《剑桥中国明代史》下卷,中国社会科学出版社,2006年。
153.〔美〕丹尼斯·塞诺著,北京大学历史系民族史教研室译:《丹尼斯·塞诺内亚研究文选》,中华书局,2006年。
154.〔德〕傅海波、〔英〕崔瑞德编:《剑桥中国辽金西夏金元史(907—1368年)》,中国社会科学出版社,2006年。
155.〔日〕冈洋树:《清代蒙古盟旗制度研究》,东方书店,2007年。
156.〔日〕松村润:《明清史论考》,山川出版社,2008年。
157.〔日〕楠木贤道:《清初对蒙古政策史研究》,汲古书院,2009年。
158.〔美〕司徒琳主编,赵世瑜等译:《世界时间与东亚时间中的明清变迁》上、下卷,生活·读书·新知三联书店,2009年。
159.〔美〕费正清编,杜继东译:《中国的世界秩序——传统中国的对外关系》,中国社会科学出版社,2010年。
160.〔日〕石桥秀雄著,杨宁一、陈涛译:《清代中国的若干问题》,山东画报出版社,2011年。

161.〔日〕松村润著,晓春译:《清太祖实录研究》,民族出版社,2011年。

162.〔日〕杉山清彦:《大清帝国的形成与八旗制》,名古屋大学出版会,2015年。

(二)论文

1. 李涵:《蒙古前期的断事官、必阇赤、中书省和燕京行省》,《武汉大学学报》1963年第3期。

2. 陶晋生:《金代的政治结构》,《历史语言研究所集刊》第41本,1969年。

3. 李光涛:《明清档案与清代开国史料》,《历史语言研究所集刊》第42本,1970年。

4. 王钟翰:《关于满洲形成中的几个问题》,《社会科学战线》1981年第1期。

5. 宝日吉根:《清初科尔沁与满洲的关系》,《民族研究》1981年第1期。

6. 李鸿彬、郭成康:《努尔哈赤一六〇一年建旗考辨》,《故宫博物院院刊》1981年第4期。

7. 韩儒林:《蒙古答剌罕考》,《穹庐集》,上海人民出版社,1982年。

8. 赵云田:《清代理藩院初探》,《中央民族学院学报》,1982年第1期。

9. 白翠琴:《明代前期蒙古与女真关系述略》,《中国蒙古史学会论文选集》,内蒙古人民出版社,1983年。

10. 滕绍箴:《试论明代女真与蒙古的关系》,《民族研究》1983年第4期。

11. 亦邻真:《中国大百科全书·中国历史·元史》"札鲁忽赤"条,中国大百科全书出版社,1985年。

12. 滕绍箴:《浅论明代女真与蒙古关系演变中的经济问题》,《辽宁师范大学学报》1986年第2期。

13. 郭成康:《清初蒙古八旗考释》,《民族研究》1986年第3期。

14. 蔡志纯:《清代蒙古封建等级制度初探》,《中国民族史研究》,1987年2月。

15. 蔡美彪:《大清国建号前的国号、族名与纪年》,《历史研究》1987年第3期。

16. 札奇斯钦:《满清开国时期蒙古兵力的支援》,《东洋法史探究:岛田正郎博士颂寿纪念论集》,汲古书院,1987年。

17. 傅克东:《后金设立蒙古二旗及漠南牧区旗新探》,《民族研究》1988年第2期。

18. 王雄:《察哈尔西迁的有关问题》,《内蒙古大学学报》,1989年第1期。

19. 杜家骥:《清代宗室分封制述论》,《社会科学辑刊》1991年第4期。

20. 奇文瑛:《满蒙文化渊源关系浅析》,《清史研究》1992年第4期。

21. 季永海:《清代赐号考释》,《满语研究》1993年第2期。

22. 曹永年:《关于喀喇沁的变迁》,《蒙古史研究》第四辑,内蒙古大学出版社,1993年。

23. 李红:《清代笔帖式》,《历史档案》1994年第2期。

24. 齐木德道尔吉:《外喀尔喀车臣汗硕垒的两封信及其流传》,《内蒙古大学学报》1994年第4期。
25. 宝音德力根:《往流与往流四万户》(蒙古文),《蒙古史研究》第五辑,1997年。
26. 阎崇年:《满洲初期文化满蒙二元性解析》,《故宫博物院院刊》1998年第1期。
27. 何芳川:《"华夷秩序"论》,《北京大学学报》1998年第6期。
28. 邹兰欣:《简述满语赐号"巴图鲁"》,《满族研究》1999年第4期。
29. 齐木德道尔吉:《腾机思事件》,《明清档案与蒙古史研究》第二辑,呼和浩特:内蒙古人民出版社,2002年。
30. 齐木德道尔吉:《四子部落迁徙考》,《蒙古史研究》第七辑,内蒙古大学出版社,2003年。
31. 李志敏:《可汗名号语源问题考辨》,《民族研究》2004年第2期。
32. 罗新:《可汗号研究——兼论中国古代"生称谥"问题》,《中国社会科学》2005年第2期。
33. 宝音德力根:《应绍不万户的变迁》,《中国人文社会科学博士硕士文库(续集)·历史学卷(上)》,浙江教育出版社,2005年。
34. 达力扎布:《清初外藩蒙古朝贡制度初探》,《蒙元史暨民族史论集——纪念翁独健先生诞辰一百周年》,社会科学文献出版社,2006年。
35. 祁美琴:《对清代朝贡体制地位的再认识》,《中国边疆史地研究》2006年第1期。
36. 白初一:《试论明朝初期明廷与北元和女真地区的政治关系》,《内蒙古社会科学》,2006年第5期。
37. 苏红彦:《试析清代蒙古王公年班的创立与发展》,《内蒙古大学学报》2007年第2期。
38. 齐木德道尔吉:《"蒙古衙门"与其首任承政阿什达尔汉》,《内蒙古大学学报》2007年第4期。
39. 蒙古勒呼:《蒙古文文献中的"古英(güying)"称号考释》,《蒙古史研究》第九辑,内蒙古大学出版社,2007年。
40. 乌云毕力格:《清太宗与喀尔喀右翼扎萨克图汗素班第的文书往来——兼谈喀尔喀-卫拉特联盟的形成》,《西域研究》2008年第2期。
41. 达力扎布:《清太宗邀请五世达赖喇嘛史实考略》,《中国藏学》2008年第3期。
42. 哈斯巴根:《清早期扎尔固齐官号探究》,《满语研究》2011年第1期。
43. 哈斯巴根:《清初巴克什与满蒙关系》,《满族研究》2011年第4期。
44. 哈斯巴根:《清初汗号与满蒙关系》,《民族研究》2012年第2期。

45. 哈斯巴根:《清初达尔汉名号考述》,《清史研究》2012 年第 2 期。
46. 哈斯巴根:《清太祖朝臣工起誓档的初步研究》,《满学论丛》第三辑,辽宁民族出版社,2013 年。
47. 哈斯巴根:《九白之贡:喀尔喀和清朝朝贡关系建立过程再探》,《民族研究》2015 年第 2 期。
48. 〔日〕白鸟库吉:《可汗及可敦称号考》,《东洋学报》第 11 卷第 3 号,1921 年。
49. 〔日〕白鸟库吉:《汗及可汗称号考》,《帝国学士院记事》第 11 卷第 6 号,1926 年。
50. 〔日〕田川孝三:《沈馆考》,《小田先生颂寿记念朝鲜论集》,1933 年。
51. 〔日〕鸳渊一:《喀尔喀的秒花和宰赛》,《史林》28－2,1943 年。
52. 〔日〕中山八郎:《清初努尔哈赤王国的统治机构》,《一桥论丛》14－2,1944 年。
53. 〔日〕鸳渊一:《清初来归者和出身地的研究》,《游牧社会史探究》第 20 册,1961 年。
54. 〔日〕海老泽哲雄:《关于蒙元时期的五投下》,《山崎先生退官纪念东洋史论集》,东京教育大学,1967 年。
55. 〔日〕田村实造:《元朝札鲁忽赤考》,《中国征服王朝研究》,1971 年。
56. 〔日〕川越泰男:《关于脱脱不花王经营女真的一些问题》,《军事史学》7－4,1972 年。
57. 〔日〕冈田英弘:《清太宗嗣位的事情》,《山本博士还历纪念东洋史论丛》,东京:山川出版社,1972 年。
58. 〔日〕冈田英弘:《达延汗六万户的起源》,《榎博士还历纪念东洋史论丛》,1975 年。
59. 〔日〕田中通彦:《明代女真族的社会构成》,《木村正雄先生退官纪念东洋史论集》,汲古书院,1976 年。
60. 〔日〕田中通彦:《15 世纪女真族社会与初期努尔哈赤政权的结构》,《筑波大学历史人类学》3,1977 年。
61. 〔日〕宫胁淳子:《十七世纪归属清朝时的喀尔喀蒙古》,《蒙古学资料与情报》1983 年第 3 期。
62. 〔日〕鸳渊一:《清太祖初期对蒙古关系的一个侧面》,内蒙古大学蒙古史研究所编:《蒙古史研究参考资料》新编第 36 辑,1984 年。
63. 〔日〕田中克己:《太祖努尔哈赤和东部内蒙古》,内蒙古大学蒙古史研究所编:《蒙古史研究参考资料》新编第 36 辑,1984 年。
64. 〔日〕田中克己:《喀尔喀五部的形成及住地》,内蒙古大学蒙古史研究所编:《蒙古史研究参考资料》新编第 36 辑,1984 年。
65. 〔日〕松村润著,王桂良译:《大清国号考》,《社会科学辑刊》1987 年第 1 期。
66. 〔日〕三田村泰助:《穆昆塔坦制成立的背景和意义》,《民族译丛》1987 年第 6 期。

67. 〔日〕石桥崇雄:《清初汗权的形成过程》,《榎博士颂寿记念东洋史论丛》,汲古书院,1988年。
68. 〔日〕三田村泰助著,齐福康译:《满文〈太祖老档〉的编纂》,《满语研究》1990年第2期。
69. 〔日〕细谷良夫:《关于〈满文原档〉的"黄字档"——对其涂改的检讨》,《东洋史研究》49卷4号,1991年。
70. 〔日〕本田实信:《蒙古的誓词》,《蒙古时代史研究》,东京大学出版会,1991年。
71. 〔日〕冈洋树:《关于清朝与喀尔喀"八扎萨克"》,《东洋史研究》52-2,1993年。
72. 〔日〕冈洋树:《清朝国家特征与蒙古王公》,《史滴》16号,1994年。
73. 〔日〕冈田英弘:《清初满洲文化中蒙古的因素》,《松村润先生古稀纪念清代史论丛》,东京:汲古书院,1994年。
74. 〔日〕冈田英弘:《蒙古帝国及其继承国家》,《地域文化研究》第2,1997年。
75. 〔日〕冈田英弘著,李勤璞译:《清初满洲文化中的蒙古文学传统》,《满语研究》1998年第1期。
76. 〔日〕山杉清彦:《清初正蓝旗考——从婚姻关系看旗王权力的基础构造》,《史学杂志》107-7,1998年。
77. 〔日〕石桥崇雄:《清初入关前无圈点满文档案〈先庚寅汗贤行典例〉》,《东洋史研究》第58卷第3号,1999年。
78. 〔日〕楠木贤道:《清初入关前的汗·皇帝与科尔沁部首长层的婚姻关系》,《明清档案与蒙古史研究》第一辑,内蒙古人民出版社,2000年。
79. 〔日〕楠木贤道:《从天聪五年大凌河攻城战看爱新国政权的构造》,《东洋史研究》59-3,2000年。
80. 〔美〕司徒琳著,范威译:《世界史及清初中国的内亚因素——美国学术界的一些观点和问题》,《满学研究》第五辑,民族出版社,2000年。
81. 〔日〕柳泽明:《八旗再考》,《历史与地理》541号,2001年。
82. 〔日〕增井宽也:《gucu考:以努尔哈赤时代为中心》,《立命馆文学》2001年。
83. 〔日〕山杉清彦:《八旗旗王制的成立》,《东洋学报》第83卷第1号,2001年。
84. 〔日〕山杉清彦:《清初八旗的最有力军团》,《内陆亚洲史研究》第16号,2001年。
85. 〔美〕欧立德著,华立译《清代满洲人的民族主体意识与满洲人的中国统治》,《清代研究》2002年第4期。
86. 〔日〕楠木贤道:《清太祖皇太极的册封蒙古王公》,北京社科院满学研究所主办《满学研究》第七辑,民族出版社,2002年。

87. 〔日〕楠木贤道:《天聪年间爱新国对蒙古诸部的法律支配进程》,《蒙古史研究》第七辑,内蒙古大学出版社,2003年。
88. 〔日〕岸本美绪:《"后十六世纪问题"与清朝》,《清史研究》2005年第2期。
89. 〔日〕神田信夫:《关于清初的贝勒》,《清朝史论考》,山川出版社,2005年。
90. 〔日〕梅山直也:《八旗蒙古的成立与清初对蒙古的统治——以喀喇沁蒙古为中心》,《社会文化史学》第48号,2006年。
91. 〔日〕增井宽也:《满洲国〈五大臣〉设置年代考》,《立命馆文学》第601号,2007年。
92. 〔日〕楠木贤道著,玉芝译:《编入清朝八旗的扎鲁特部蒙古族》,《中国边疆民族研究》第二辑,中央民族大学出版社,2009年。
93. 〔日〕山杉清彦著,张宇译:《大清帝国的满洲区域统治与帝国的统治构造》,《日本中国史研究年刊(2008年度)》,上海古籍出版社,2011年。
94. 〔日〕真下裕之:《关于莫卧儿帝国的巴克什职》,《东洋史研究》第71卷第3号,2012年。

索引（人名、地名、部落名）

A

阿巴噶 52

阿巴哈纳尔 202

阿巴泰 6,7,15,73,94,139,170,186,187

阿都齐达尔汉 12,42,90

阿尔蒙德 131

阿尔萨 12,175

阿敦辖 36

阿骨打 7,99

阿济格 15,81,87,94,139,140,141,170,172,187,191

阿勒坦（地名）62,63,96,129,135

阿敏姐姐 9

阿林察（阿林恰）巴克什 33,34

阿勒坦 62,96,129,135

阿鲁（阿禄）44,52,95,111,112,113,141,143,148,149,161,176,177,179

阿鲁察罕 120

阿鲁科尔沁 6,95,96,138,141,143,144,146,189,202

阿鲁浑 77

阿敏 9,16,81,87,94,103,170,172,173

阿希达尔汉（阿什达尔汉）97,148,149,163

爱新国 92,96,143

艾松古 134,150,151,153

安费扬古（硕翁科洛巴图鲁）27,49

俺答汗 4,19,66,67,170

昂安 6,86,88,172,173

昂革台州 23

奥巴 5,6,12,19,24,42,43,51,84,85,89,90,91,92,141,171,184,205

敖汉 57,94,96,97,132,133,136,137,138,140,141,142,143,144,145,161,163,164,184,185,188,193,195,202

B

巴拜台吉 84,184

巴达礼 6,186,187,193

巴克 14,23,31—47,59,73,75,76,81,82,
83,84,100,103,104,131,136,138,
139,140,141,148,151,152,162,
171,172,173,197,199,201

巴克巴海 197

巴尔达齐 45

巴尔斯博罗特(巴儿速孛罗吉囊) 4

巴噶阿尔 163,164

巴噶什鲁苏台(巴噶什鲁苏忒) 138

巴哈萨尔 137

巴喇 175

巴勒布冰图(巴尔布冰图) 118,119,191

巴林 83,88,89,96,97,115,118,121,124,
125,126,133,135,136,137,138,
140,141,142,143,144,146,149,
151,157,160,161,162,163,164,
172,180,185,186,188,195

巴雅喇(卓礼克图) 28,147

巴雅斯哈勒(老把都) 4

巴颜达尔伊勒登(巴颜达喇伊勒登) 6,
172,173

班第(敖汉部) 7,111,113,114,138,148,
149,165,188,195

班第伟征 138

白初一 69

白洪大 4,5

白鸟库吉 2

白新良 139

摆沁伊尔登 177,178

鲍承先 202

伯勒哥 200

本塔尔 191,197

北京(燕京) 1,2,3,18,19,20,21,53,107,
115,118,119,120,122,127,206

北房 31,32,48,50,66,67,77,159

北魏 98

北亚 2,4,11,18,59,77,86,97,108,
158,192

北元 3,4,19,22,47,48,49,77,92,100,
145,158,159,167,168,192,199,
200,202

毕席勒尔图汗 126,127

毕茹图杭安 137

布达齐(科尔沁部) 194

布岱(阿苏特部) 175,179

别里古台 21,177,178

孛罗乃 5

博第达喇 24

博罗特(原号额尔德尼诺木齐,浩齐特部)
4,5,48,196

伯希和 3,50,65,100,168

布塔尔 5,171,184,186,187

布达齐 194

卜儿亥 22,23

布木巴(郭尔罗斯部) 164,185

布木巴图 164

布占泰 1,8,9,17,26,42,49,102,104

博济巴克什 33

C

蔡美彪 11,15,18,201

察哈尔 4,5,6,7,12,13,17,20,22,24,38,
    42,43,44,46,50,51,52,53,54,57,
    80,82,86,88,89,90,91,92,93,94,
    95,97,110,116,133,135,136,137,
    139,141,142,144,145,148,151,
    152,153,157,159,160,172,176,
    177,179,180,181,182,183,184—
    188,190,191,193,199,202,203,
    204,205,206,207

察珲多尔济 7

察喜儿土察罕脑儿 116

长白山 9,33,34,41,56

长城 17,115,116,205,206

炒花 83

车臣汗 4,7,11,13,16,109,110,111,112,
    113,114,116,122,123,124,125,
    126,127,128,129,192,205,206,208

车根 5,6,143,164,165,186

陈捷先 50

成吉思汗(铁木真、帖木真) 3,14,21,47,
    49,63,64,65,95,99,168,169,177,
    178,192,193,201

褚英(阿尔哈图图们) 26,28,50,70,77

车满楚虎尔(楚虎尔喇嘛) 119

春科尔 163

绰儿满 135

绰诺郭勒 133

D

大蒙古国 21,30,59,77,99

大凌河 53,105,106,137,141,182,183

达雅齐 97,150,152,159,162,163

答补 22

达尔汉囊苏喇嘛 113,207

达古尔哈坦巴图鲁 135

达尔汉洪巴图鲁(奈曼部) 51

达尔汉恰扈尔汉 50

达尔汉台吉 12

达拉海诺木齐(达喇海) 138

达海 31,35,37,38,39,40,154

达尔湖 120

达力扎布 12,22,109,113,130,132,147,
    150,159,160,161,162,176

达赖楚呼尔 95,141,143,162

达延汗(答言合罕) 3,4,6,32,48,145,
    192,200

丹津喇嘛 54,117,122,124,125,126,127

丹尼斯·塞诺 61,77

党项 61

歹安儿 22

代善(古英巴图鲁) 15,16,45,50,73,88,
    103,104,140,142,143,170,172,
    173,186,187

戴鄠(哈达部) 9,33

戴青蒙科 12

德格类 15,73,87,94,141,142,170,172

都尔鼻 133

独石口 46,120,142

都英额(图音额) 41

东北亚 11,59,86,97,108,158,192
东代青(栋额尔德尼岱青) 165
东海兀吉部 9,50
东亚 31,34,66
东胡 2
栋伊思喇布 196
东洋文库 14,30,34,70,73,74
杜尔伯特部 12,90,146,185,186
杜稜济农(郭尔罗斯部) 143,148,164,
　　165,186,187
杜家骥 30
杜木大都藤格里克 164
多布图俄鲁木 164
多铎(额尔克楚虎尔) 45,50,73,76,87,
　　88,115,116,141,173,186,187,192
多尔衮(墨尔根岱青、睿亲王) 15,19,50,
　　73,88,114,115,116,118,119,120,
　　121,123,141,186,187,202
多伦 129,130,205
多诺依扎尔固齐 24

E

谔班 197
鄂本堆 137,142
倭朵尔台 164
额尔德尼巴克什 14,31,35,36,37,38,39,
　　73,75,76
额尔德尼台吉(外喀尔喀部) 123
额尔德尼陀音 115
额尔格尔珠尔 179,182
额琳沁 197

额林臣济农 150
额素勒巴克什 34
耳只革 22,23
鄂尔多斯部 4,48,150,190,191
鄂尔寨图 88,173
鄂尔泰 26
鄂尔图海布延图 5
鄂温克 78,107
额克兴额 41,84
额赫库伦 139
俄罗斯 109,110,113,208
俄木布(达尔汉卓礼克图,四子部) 143,
　　150,165,188
峨木布车臣戴青 118
鄂木布额尔德尼(俄木布额尔德尼) 118,
　　119,121,122,126－129
鄂嫩河 178
额勒同格巴克什 32
额哲 111,187,188,202,206,207
额孙大 22,23
额亦都巴图鲁 26,34,50,55,56,58
恩格德尔 10,82,83,84,87,88,139,140,
　　141,142,160,170,174,175

F

范文程 44,46
范文肃 40
冯瑗 22
费阿拉 9,20
费英东 26,27,28,29,30,31,50,56,100
伏尔加河 67

索引(人名、地名、部落名)　229

符拉基米尔佐夫 158,168
福临 18,19
福余(卫) 82

G

噶尔玛色旺 196
噶尔马叶尔登(噶儿麻银锭) 175,178
噶尔珠塞特尔 45,46,148,149
噶盖 26,27,28,29,31,35,100
噶古尔苏 164
噶海 96,135,164
甘肃 49,74,202
刚林 39,40,44,203
冈田英弘 180
高丽 99
格孚勒 194
格呼森扎扎赉尔珲台吉 6
(台北)故宫博物院 6,9,27,69,180
广宁 79,86,93,102,139,205
广禄 11,30,36,50,71,72,74
郭成康 21,31,176
光明日报出版社 45,73,180
衮布 109,110,115,118,122,123,191,196
衮布伊勒登 191,196
归化城 5,13,53,80,111,113,128,141
贵由 77
衮出斯(克)巴图鲁 143,150,164,165,186,187,188
庚根 6
古尔布什 84,171,174
古尔班察罕 161

古儿班口 116
顾尔马浑 39,40
古禄格 150
古鲁格 175,179
古鲁思辖布(固鲁思奇布) 143,150,186,188
固穆 191,194,195
顾实汗 116,118
古英和硕齐 52,179
果丙兔 23
果弼尔图 6,134,172
郭尔罗斯部 12,90,146,151,185,186
龚正陆 31,34
珪林齐巴图尔 49

H

哈赤温 176,177,178
哈达 1,8,9,19,28,29,33,41,42,43,55,57,75,76,78,79,100,101,138,163,164
哈尔巴噶巴尔 164
哈尔达苏台河 120
哈尔占 164,165
哈谈巴图鲁(科尔沁部) 43,156
汗阿海绰斯奇卜 5
海西女真 1,26
韩儒林 2,47
浩塔齐 137
何和礼额驸 50
赫席赫 11
浩齐特(蒿齐特部) 7,111,196,202

和田清 22,23,31,86
黑龙江 69,128,129
忽必烈 3,16,77,100
忽察儿 62,63
胡鲁苏台 164
呼伦贝尔 178
呼韩邪单于 61
虎儿哈部 9
瑚呼布哩都(胡虎布里都) 138
胡济尔阿达克 163
虎喇哈赤 22,23,24,33,82,86,172
扈拉琥 138
花当(人名) 137
黄把都儿 4
黄河 141,142,143
皇太极(清太宗) 1,6,11,12,13,15,16,
　　17,18,26,37,38,39,42,43,44,45,
　　50,52,57,58,73,80,81,84,89,90,
　　92,94,96,97,105,106,107,110,
　　111,112,113,120,122,123,132,
　　133,134,135,136,137,139,141,
　　142,143,147,161,166,170,171,
　　179,180,182,193,199,201,202,
　　203,205,207
黄彰健 7,16
回纥 2,47
弘吉剌部 33,89,172
浑河部 8,9
洪巴图鲁(衮出斯巴图鲁,奈曼部) 24,41,
　　51,57,83,84,97,133,134,137,143,
　　171,185,186,188

J

济尔哈朗 15,18,45,73,81,87,95,137,
　　139,141,162,172,181,185,186,187
季永海 59
贾敬颜 4,32,48,176
建州 1,9,10,15,26,31,100,193
建州左卫 100
金朝 8,87,99,108,137,134,184,199
吉林 97
锦州 104,105,106,174,183,205
江华岛 81

K

喀巴海 51,133,183,185
卡尔梅克 50,67,168,169
喀喇沁 4,5,11,12,13,19,24,33,42,43,
　　53,81,86,96,97,100,133,134,141,
　　143,144,146,147,149,150,151,
　　154,160,161,162,163,164,165,
　　170,173,176,177,178,180,181,
　　182,183,186,188,193,194,204,205
喀喇车里克 161,176,177,178,180,181,
　　182,183
喀吞布喇克(奎屯布喇克,奎腾布喇克,魁
　　屯布喇克) 119,120
康士坦丁堡 61
开原 22,23,24,28,32,33,60,71,72,79,
　　82,90,100,101,102,205
科尔沁 5,6,12,17,19,24,42,43,44,45,
　　46,51,52,53,79,81,88,89,90,91,

92,95,96,97,132,133,134,135,
136,138,139,141,143,144,145,
146,148,149,150,151,152,160,
161,162,163,165,166,172,176,
184,185,187,188,189,192,193,
194,199,202,204,205,206,207
瑚济尔阿达克 138
克哩叶哈达(克里叶哈达) 138
克尔伦(克鲁伦河) 171,175,179,181,
182,183
克什克腾 120,186,195,202
库尔缠(库尔禅) 39,42,81
孔果尔(洪果尔,科尔沁部) 46,51
空戈尔峨木布 119,120
昆都伦楚琥尔诺颜 158
昆都伦汗(昆都伦合罕) 4,7,11
昆都伦托音 128
库痕尼哈喇合邵 164
夸巴特马 175,179

L

拉布太扎尔固齐 26
喇嘛什希 194
剌塔 200
喇什希布 173
赍瑚尔 7
李保文 5,12,94,166
李光涛 69
李学智 11,30,36,69,71,72,74
李满住 100
李洵 26

李倧(朝鲜国王) 81
辽东 5,9,15,72,76,79,80,81,82,105,
106,108,205
辽河 82,88,133,154,172
辽阳 22,69,79,86,133,199,205
辽阳行省 22
林丹 7,12,52,86,111,132,177,182,191,
192,193,202,206
辽朝 61,203
刘小萌 21,30
罗木席额尔得尼戴青 118

M

玛尼 6
马哈木 200
买的里八喇 168
满太 8,9,79
满洲-通古斯 107
满朱习礼(科尔沁部) 43,51,144,187,193
满珠习礼(巴林部) 146,164,185,195
满族 16,22,30,57,69,198,204
莽古尔泰 15,16,72,73,87,88,92,94,
140,142,170,173,185
莽古斯 24,89
迈赖滚俄罗木 161
茂明安部 5,19
茅高阿大克 164
门绰克 96,135,137,164
蒙噶图 70
猛哥帖木儿 100
明英宗 22,200

墨尔根济农 118
漠南 6,16,20,60,81,94,97,110,113,132,
133,134,147,149,156,157,159,
160,161,162,174,184,185,186,
190,192,193,201,202,203,204,
205,206,207
木叶山 61,120
穆彰 146,195

N

纳楚克多尔济 108
纳哈出 22,200
纳喇苏台 164
纳穆赛 24
囊嘉台(囊家台) 138
囊囊太后 52
囊苏喇嘛 24,113,207
奈曼 51,57,81,94,96,97,132,134,135,
136,137,138,139,140,141,143,
144,145,150,151,161,162,164,
165,185,186,187,188,193,195,202
楠木贤道 18,92,96,134,141,171,173,
185,188
囊努克 51,171
尼堪外兰 9
内喀尔喀 6,7,10,17,22,23,24,28,31,
33,46,60,81,82,83,84,85,86,87,
88,89,92,93,97,103,108,132,138,
139,161,171,176,183,193,202,207
内阁大库 69
内田吟风 2

内齐汗 19,84,171
内齐托音喇嘛 156
内亚 61,77,130,131,201,203,207
内阴部 9
嫩江(恼温江) 42,90,200
女真 1,7,8,9,10,15,19,20,22,24,26,30,
55,59,78,79,82,99,100,101,102,
108,192,193,198,199,200,201,
203,204,207
暖兔 33
尼堪 9,36,148,149,150,151,152,153,
154,156,161,162,163,165
宁文毅 40
宁夏 202
诺米巴克什 33
诺诺和(挪挪何伟征诺颜) 6

O

欧亚大陆 31

P

帕拉斯 25,32,66,67,68,169
潘世宪 23,159,168
蒲河 88,173

Q

契丹 61,62
齐木德道尔吉 16,95,96,110,112,115,
121,140,147,176

索引(人名、地名、部落名)　233

祁他特卫征 175,179,181,182,183
乾隆 16,34,40,45,69,74,101,109,140,154,167,179,184,189
青海 27,123,202,206,207

R

日本 2,11,21,22,141,171
柔然 2,47

S

萨尔 9,24,36,41,72,80,81,82,96,102,135,137,139
萨尔浒 9,36,41,72,80,81,102,139
萨哈廉 15,87,94,95,137,141,143,162,170,172
塞臣济农 110
塞冷 113,149,151,153,154,155,163,179,181,185,186
沙克查(沙克扎) 191
善巴(土默特部) 146,195
善丹 197
山海关 105,175,205
尚嘉布 146
三角儿 200
三田村泰助 21,30,201
三世达赖喇嘛 7
桑噶尔寨 84,88,171,172,173
色本 6,60,82,83,86,102,103,104,134,146,148,149,172,182
色臣卓里克图 57,94,133

色棱(喀喇沁部) 146,194
色棱(巴林部部) 133,134
色棱(杜尔伯特部) 197
色棱(鄂尔多斯左翼前期) 197
色棱(原号额尔德尼台吉,乌珠穆沁部) 196
色棱(理藩院承政) 154,197
色楞洪台吉 83
色棱墨尔根 196
色特尔 97,133,134,136,148,195
色特希尔 102
森川哲雄 145
僧格(茂明安部) 95,192,196
社仑 2
舍剌把拜 23,24
神田信夫 171,180
盛京(沈阳) 19,20,45,106,111,113,114,142,151,161,180,186,203
石桥崇雄 11,18
世祖 15,16,19,20,45,46,114,115,116,118,119,121,122,124,125,126,127,128,130,140,166,171,191,201,203,208
什喇虎敖塔孛罗 164
舒尔哈齐(达尔汉巴图鲁) 11,91,170
顺帝 3
硕色巴克什 42,43
硕垒(硕雷,车臣汗部) 109,110,122,123,202,208
硕翁科尔 138,159
四子(部) 4,22,23,55,57,95,96,118,119,135,137,141,143,144,150,

161,162,163,164,176,180,187,
188,196,202
苏开 39
苏尼特 7,111,114,115,117,150,151,
155,190,192,196,202
苏泰太后 202
肃慎 198
琐诺木塔思瑚尔海 179
素班第 7,113,114
苏苏河部 9,70
苏克素护部 9
叟塞济农 190
隋(朝) 1
孙岛 164
孙杜稜(杜稜郡王、孙都陵) 150,162,188
松村润 180
松花江 200
索尼巴克什 43
索诺木(克什克腾部) 57,92,175,184,
185,195
索伦部 45,151
石泰安 74

T

塔尔浑 137
塔喇布喇克 164
塔喇尼河 7
塔里齐河 120
泰出 62,63
台湾 7,16,50,69,74,109
泰宁(路,卫) 82

唐(朝) 48,74,98,109,153
洮儿河 161
田山茂 159,168
铁岭 72,82,102,103,205
腾吉思 52,155
图巴(原号额尔赫台吉,乌喇特部) 86,
118,135,197
突厥 2,21,31,47,92,100
图尔噶图 179
图尔各依 147
图们扎萨克图汗 59
图孟肯昆都楞楚虎尔 118,119
图美扎雅气 5
吐蕃 61,74,77
土尔扈特部 25,67
土默特 1,4,5,13,19,53,66,111,113,
118,119,121,127,134,141,142,
143,144,146,149,150,151,154,
155,160,161,162,163,170,185,
186,191,195
土伦城 9
拓跋 2,98
脱卜户 23
托布戚 39
脱欢 200
脱脱不花(岱总可汗) 22,59,200
通古斯 107,201

W

瓦剌 49,200
外喀尔喀 6,11,19,24,32,54,110,111,

索引(人名、地名、部落名)　235

115,156,158,190,191,202,206,207,208
王汗 49,65,66
王家部 9
王台(万汗) 1,152
王忠 1
王士琦 23,32,47,48,66,67,169
伟征诺颜 6,86,118,172,173
卫拉特 24,25,26,32,100,112,114,118,123,124,129,158,169,206,207
魏源 110
兀班 33,82
五世达赖喇嘛 113,125
乌巴什(扎鲁特部) 6
吴巴什(笔帖式) 39,40,111,164
渥巴什威征诺颜 24
吴克善洪台吉 46,148,149
兀喇汉哈达 164
勿吉 198
乌济叶尔 135
吴喇忒 119,143,150,163,165,186
乌鲁斯博罗特 48
兀鲁特 92,93,94,97,132,137,139,171,174,175,183,184,193
吴内格(吴讷格、乌讷格巴克什) 46
窝阔台 3,77
我者(兀者) 88,134,173
吴振棫 40
斡儿哈部 9,79
兀捏孛罗王(乌讷博罗特王) 5
乌讷格图莽喀 164
乌拉(兀喇) 1,8,9,19,26,30,49,55,76,79,135
乌兰 3,4,108,109,176,200
乌云毕力格 5,7,81,109,114,118,123
乌珠穆沁 7,32,52,111,114,120,154,190,202
翁牛特(罔留,往流) 95,96,135,138,141,142,143,144,146,149,150,161,176,177,178,180,181,183,186,187,188,195,202
翁吉喇特 176

X

席巴尔台(西巴尔台) 119,120
西伯利亚 107,200
希福 19,35,41,42,43,44,45,46,47,84,90,112,136,148,150,152,153,160,162,163,165,203
西喇巴(西喇布) 29
西拉木伦河(潢河) 44,177,180,182
锡古苏特巴图尔(锡固苏特巴图尔) 49
锡喇奇塔特 5
锡林郭勒 186,190
喜峰口 134
西藏 129 207
新疆 100,206,207
匈奴 61,98
鲜卑 1,2
萧大亨 31,32,48,66,67,77,159
小扎木素 197
薛扯·别乞 63
宣府 80,141,142,148,152,164,202

Y

鸭绿江 9,33
鸭绿江部 9,33
雅希禅 41,84
杨联陞 98,102,106
姚大力 3
姚念慈 21,30
叶赫(夜黑) 1,28,34,46,76,79,82,87,89,100,101,103,151
也先 200
伊儿都齐(科尔沁部) 135
伊巴里 19
伊巴赉 32
挹娄 198
伊苏特 52,175,176,177,178,179,180,181,182,183
移相哥 3
伊兹勃兰特·伊台斯 78,107
英古尔岱 185
英俄尔岱 45,151
袁崇焕 16,105
元朝 3,16,21,22,47,49,59,99,100,168,199,200
岳碧尔山 120
岳托 15,73,81,87,139,141,151,170,172,186,187

Z

扎哈苏台(札噶苏台) 138
扎济布喇克 115
宰赛 82,102
扎赉特 90,194
扎鲁特部 6,7,19,44,51,86,88,103,133,134,136,138,140,143,149,154,156,162,171,172,173,182,183,185,186,207
扎萨克图杜稜 148,149
扎萨克图汗 4,7,59,91,110,112,113,114,120,122,123,124,126,127,129,156
寨桑达尔汉和硕齐(寨桑古英豁绍齐,古英豁绍齐) 179
张家口 115,116,152
张晋藩 21,31
张穆 110
彰武台河 147
哲布尊丹巴呼图克图 129
哲里木 161
赵德贵 26
赵云田 147
赵志强 21
昭莫多 183
昭乌达 161
中国第一历史档案馆 6,17,45,118,188
中华书局 4,6,9,10,27,35,40,50,61,77,110,147
钟嫩(忠嫩) 86,172
中亚 12,77,100,111,200
中原 2,3,8,16,18,21,32,60,61,62,77,78,130,131,170,199,200,201,205,208
忠图 6,86,172

索引(人名、地名、部落名)　237

准噶尔部 25,129,199
粧兔 23
邹兰欣 56
珠尔齐特霍尔坤 135
卓里克图洪巴图鲁 83,84

卓礼克图贝勒 8,172
卓索图 161
卓特巴车臣诺颜 119
祖大寿 105,106,108